Disneys

KINDERPARTYBUCH

Alison Boteler

KINDERPARTYBUCH

Deutsche Übersetzung von
Ulrike Teiwes-Verstappen
und Christiane Jung

Meinen besonderen Dank an:
Jackee Mason für ihre wertvolle Mithilfe,
Mary Beth Mueller für ihre Anregungen zu diesem Projekt,
Julia Child für ihre Ratschläge.

Weiter danke ich meinen Eltern und nicht zuletzt Walt Disney, der meine Kindheit mit soviel Phantasie verzaubert hat.

Deutsche Ausgabe:
ISBN 3-8212-1297-7
Erschienen 1994 bei XENOS Verlagsgesellschaft mbH
Am Hehsel 40, 22339 Hamburg

Text: Alison Boteler
Fotografie: Ed Freeman, White Light Inc.
Styling: Charla Boteler
Food styling: Alison Boteler
Deutsche Übersetzung: Ulrike Teiwes-Verstappen und Christiane Jung, Hamburg
Satz: KCS GmbH, Buchholz/Hamburg
Printed in Slovakia

Die amerikanische Originalausgabe erschien 1992
mit dem Titel »Disney Partyhandbook« im Verlag
Disney Press New York
Copyright © 1992 The Walt Disney Company

INHALT

EINLEITUNG

Die erste Geburtstagsfeier, an die ich mich noch erinnere, war eine Dumbo-Zirkus-Party, die meine Mutter für mich in unserem Garten veranstaltet hat. Ich erwachte am Morgen meines vierten Geburtstages – es sollte ein Traumtag werden. Es gab Eis zum Frühstück (sonst streng verboten... aber einmal im Jahr)! Doch ich war zu aufgeregt, um auch nur einen Bissen hinunterzubekommen. Vor dem Küchenfenster konnte ich ein rosa und weiß gestreiftes Zelt aus Bettlaken entdecken. Musik kam von einem Plattenspieler, und Fähnchen und Luftballons flatterten im Wind. Selbst mein kleiner Hund trug eine Clowns-Krause um seinen Hals. Auf dem Küchentisch stand eine Schachtel – in wunderhübsches Tupfenpapier gewickelt. Das war mein erstes Geschenk des Tages – ein Satinkostüm mit einem großen blauen Plastik-Elefantenkopf vorne dran. Es war Dumbo!

Ich kann mich daran erinnern, wie ich mich, kurz bevor meine Gäste kamen, in einem Spiegel bewunderte. Ich war Dumbo! Ich glaube, ich bekam von allen Freunden Hula-Hoop-Reifen geschenkt, denn wir spielten an jenem Nachmittag »Ringmeister« und hüpften durch die Reifen wie Tiere in einer Zirkusnummer. Die Krönung des Tages jedoch war der Kuchen, den meine Mutter gebacken hatte. Es war ein rosafarbener, mit Kirschen gefüllter Elefant. Keine Süßspeise wird mir jemals wieder so gut schmecken, wie es der Kuchen an meinem vierten Geburtstag tat.

In jenem Sommer wurde der 20. Geburtstag der Wiederaufführung des klassischen Walt-Disney-Films gefeiert. Meine Mutter nahm mich mit in die Vorstellung. Es war der gleiche Film, den schon meine Mutter als Kind gesehen hatte. Dumbo und das Geburtstagsfest, das ich in jenem Jahr feierte, wurden zu Kindheitserinnerungen, die ich mein Leben lang behalten werde.

Die Wahl des Party-Themas

Bei der Wahl eines Themas für die Disney-Party sollten Alter und Interessen ihres Kindes die Schlüsselrolle spielen. Die Disney-Filme korrespondieren mit vielen Altersgruppen. Das gleiche gilt für Feste unter einem bestimmten Motto. Kinder werden unterschiedliche Attraktionen einer Party zu verschiedenen Zeitpunkten ihrer Entwicklung schätzen (bis sie schließlich ganz etwas anderes wollen). Die Köstlichkeiten, Spiele und Aktivitäten, die wir Ihnen in diesem Buch zu jeder Party genau beschreiben, sollen übrigens nur als Anregungen gelten. Sie als Eltern werden sich diejenigen Elemente eines Festes heraussuchen, die am besten der Altersgruppe Ihres Kindes und seinen Interessen entsprechen.

Nicht nur die Interessen der Kinder wechseln mit steigendem Lebensalter – auch die Wünsche für eine Party verändern sich. Weiter unten finden Sie eine Liste mit der

»Grundausstattung«, nach Altersgruppen geordnet, die Sie bei Ihrer Planung im Kopf behalten sollten.

Jeder Partyvorschlag in diesem Buch richtet sich an eine bestimmte Altersgruppe, die von... bis... reicht (Seite VIII). Nehmen Sie die Altersangaben als Hilfestellung bei der Wahl des richtigen Partythemas.

1 bis 3 Jahre: Die ersten Parties sind immer Eltern-Kind-Feste – jeder Gast sollte von Mutter oder Vater begleitet werden. Ein Kind in diesem Alter braucht ein Elternteil um sich herum, damit es ruhig und glücklich ist. Zudem sind diese auch eine wunderbare Gelegenheit für die Familien, sich auszutauschen und die Fortschritte ihrer Kleinen zu beobachten. Ihre Party-Vorbereitungen richten sich deshalb mehr auf die Vergnügungen der Eltern als auf die der Kinder. Denken sie einfach daran, daß Kleinkinderfeste visuell anregend sein und auf einfachen Konzepten basieren sollten. Die Dumbo-Party, das Winnie-Puuh-Fest und die 101-Dalmatiner-Feier könne alle leicht für diese Altersgruppe arrangiert werden.

4 bis 6 Jahre: In diesem Alter wird das Geburtstagsparty-Konzept wirklich wichtig. Kinder dieser Gruppe sind eine begeisterte Zuhörerschaft – bereit, sich gut unterhalten zu lassen. Halten Sie Spiele kurz und einfach; zu viele Aktivitäten erschöpfen die Kinder nur. Diese Altersgruppe ermüdet noch schnell.

7 bis 9 Jahre: Jetzt ist die »Hoch-Zeit« für Parties. Die Kinder können aktiv in die Planung und Vorbereitung ihrer eigenen Feste mit einbezogen werden. Das Energie-Potential ist hoch, Spiele und Aktivitäten sollten immer eine kleine Herausforderung darstellen.

10 bis 12 Jahre: Kinder dieser Altersgruppe sind nicht mehr so leicht zu beeindrucken. Kinobesuche, Schwimmen oder Rollschuhparties sind sehr beliebt, Mädchen lieben beispielsweise Schlummerparties.

Wie groß? Wie lange?

Nach jahrelangen Erfahrungen auf diesem Gebiet bin ich zu der Schlußfolgerung gelangt, daß 12 Kinder die maximale Party-»Auslastung« darstellen. Es sind genug Kinder, um gute Spiele zu spielen und eine besondere Atmosphäre von Aufregung zu schaffen – ohne jedoch zu viel Chaos zu verbreiten. Vielleicht sollten Sie einen Erwachsenen pro drei Kinder extra einladen, um das Fest nicht aus den Fugen geraten zu lassen. Sechs Kinder und sechs Elternteile ist eine gute Größe für ein Fest für Kinder im Vorschulalter.

Leider ist die Wahl der Party-Teilnehmer nicht immer nach einer eingängigen Formel möglich. Manchmal möchte ein Kind sogar seine ganze Klasse einladen, um manche Kinder nicht zu verletzen. Vielleicht müssen Kinder sich auch für andere Geburtstagseinladungen »revanchieren«. Sollte sich eine große Feier wirklich nicht vermeiden lassen, geraten Sie nicht in Panik. Machen Sie eine Liste von Erwachsenen, die Ihnen eventuell helfen können, und ändern Sie einfach die ursprünglichen Party-Pläne entsprechend ab. Begrenzen Sie das Essen. Fühlen Sie sich nicht verpflichtet, ein vollständiges Menü auf den Tisch zu bringen. Bieten Sie einer großen Gruppe Kuchen und Eis (Rezepte einfach vergrößern) an.

Kleine Kinder sollten nicht zu lange feiern (1 bis 1 1/2 Stunden). Ältere Kinder und ein komplettes Essen benötigen mehr Zeit (etwa 2 1/2 Stunden). Für eine große Gruppe und auf Kuchen und Eis reduziertes Essen planen Sie etwa 1 1/2 Stunden ein. Denken Sie daran, eine Bringe- bzw. Abholzeit für die Kinder zu vereinbaren. Kinder kommen oder gehen sonst nicht immer pünktlich.

Einladungen

Eine kreative Party sollte mit einer kreativen Einladung beginnen. Sie können können diese zwar einfach in einem Schreibwarenladen kaufen – es macht jedoch viel mehr Spaß, die Karten selber zu entwerfen. Kann Ihr Nachwuchs bereits schreiben, sollte er oder sie bei den Einladungen helfen – und in den ganzen Planungsprozeß einbezogen werden.

Selbstgemachte Einladungen haben oft Übergrößen – suchen Sie in Ihrem Schreibwarengeschäft möglichst vorher schon nach Briefumschlägen mit verschiedenen Maßen. Die Einladungen sollten zwei bis drei Wochen vor der Party abgegeben oder verschickt werden. Geschieht dies früher, vergessen die Eltern häufig das Datum, kommt die Einladung zu kurzfristig, haben die Familien oft bereits andere Pläne. Praktisch ist ein Vermerk »U.A.w.g.«. (Um Antwort wird gebeten). Auf diese Art hören Sie wahrscheinlich von jedem. Keine Antwort heißt nämlich nicht unbedingt, daß alle Eingeladenen teilnehmen werden. Und wenn Sie der Teilnehmerzahl nicht sicher sind, können der Planungsprozeß und die Essensvorbereitungen zu einem Ratespiel werden.

Im Wettstreit?

Das Schielen auf andere Parties scheint fast unvermeidbar. Fast alle Geburtstagskinder kommen auf die Idee, seinen oder ihren Geburtstag an einem Samstagnachmittag feiern zu wollen.

Gestatten Sie niemals, daß ein weiteres Fest am gleichen Tag zu einem Wettlauf auf der Beliebtheitsskala führt. Sobald Sie von einer anderen Feier hören, setzen Sie sich mit den entsprechenden Eltern in Verbindung und versuchen Sie, einen Kompromiß zu finden. Wenn nötig, bieten Sie an, die Party Ihres Kindes zu verschieben. Ist das nicht möglich, stimmen Sie die Feiern aufeinander ab, so daß eine vielleicht am Morgen, die andere am Nachmittag stattfindet. Sie können sogar vorschlagen, eine Doppelparty am gleichen Ort zu feiern. Viele Eltern werden sicherlich gerne Aufwand und Ausgaben teilen.

Ankunft der Gäste

Es ist Mittagszeit. Fünf Kinder sind bereits da, sieben weitere werden noch erwartet. Was machen Sie, um die schon anwesenden Kinder zu unterhalten? Wie halten Sie sie davon ab, sich auf das Essen und die Dekorationen zu stürzen, bevor der Rest der Gäste auch nur in Sicht ist? Wie brechen Sie das Eis und ermutigen das Kennenlernen? Ich denke, diese ersten Augenblicke sind der kritische Punkt einer jeden Party – sie legen den Ton für die ganze Feier fest. Sobald die Kinder anfangen sich zu amüsieren, werden sie es auch weitertun. Aus diesem Grunde habe ich zu jeder Party ein passendes Kennenlernspiel ausgesucht. Meistens handelt es sich um etwas recht Einfaches: Ein Geschicklichkeitsspiel, ein Kostüm oder eine Bastelei, die die Gäste auf das Thema der Party vorbereiten. Es sollte etwas sein, an dem jedes Kind entweder eigenständig oder in einer kleinen Gruppe arbeiten kann. Solche Aktivitäten erlauben es den neu ankommenden Gästen, sich anzuschließen, ohne einen »Arbeitsprozeß« zu unterbrechen.

Kleine Attraktionen

Ein Hut, eine Aufgabe oder ein spezielles Ding, das jeder Gast mit nach Hause nehmen kann, bilden oft die Hauptattraktion eines Festes. Diese Attraktion kann auch ein Bestandteil der Tischdekoration sein, wie etwa Arielles Schatz bei der Party der kleinen Meerjungfrau. Wenn Sie nicht viel Zeit für die Vorbereitungen haben, sollten Sie die Hauptattraktion in das Kennenlernspiel einschließen.

Spiele

Viele der Party-Spiele in diesem Buch haben ähnliche Regeln. Was sie jedoch immer voneinander unterscheidet, ist der Disney-Film, dem sie zugeordnet sind. Ermutigen Sie die Kinder, sich mit ihrer Lieblingsfigur zu identifizieren, so bringen die Spiele die Phantasie der Kinder auf Hochtouren. Zu jeder Party gibt es zwei oder drei Spielvorschläge oder -aktivitäten. Denken Sie daran: Wenn Sie auf einem Fest spielen, sind Regeln dazu da, gebrochen zu werden. Ich habe schon erlebt, daß ein Spiel sich dadurch in ein völlig neues verwandelt hat. Solange die Kinder ihren Spaß haben, ist es nicht notwendig, streng nach den Regeln vorzugehen. Denn für ein Fest gilt vor allem eines – man soll sich amüsieren!

Erwarten Sie auf der Party immer ein Kind, das ein schlechter Gewinner, ein schlechter Verlierer sein oder sich gar nicht, aus welchem Grund auch immer, begeistern kann. Solche Wesenszüge eines Kindes kommen oft auf einem solchen Fest zum Vorschein. Behandeln Sie diese Kinder immer ganz besonders zartfühlend. Zeigt sich eine problematische Persönlichkeit, ist es nicht Ihre Aufgabe, das Kind zu ändern oder Psychologe zu spielen. Versuchen Sie einfach, das Kind, so gut es geht, in das Partygeschehen zu integrieren.

Preise

Preise sind ein Hauptbestandteil der Party und sollten immer klein, einfach und nicht besonders wertvoll sein. (Die Tatsache, daß man sie »gewinnt«, macht sie schon zu etwas Besonderem.) Verpacken Sie die Preise in farbiges Papier, das steigert die Spannung. Gut eignen sich zum Beispiel Farbstifte, Marker, Wachskreiden, Kämme und Bürsten, Spiegel, Pfeifen, Plastikschmuck, Seifenblasendosen, Yo-Yos, Halstücher, bunte Socken, Magnete, Gummibälle, kleine Puzzles, Mini-Autos, kleine Flugzeuge, Plastiktiere. Lustige Lutscher, Schokoladenmünzen, ungewöhnliche Süßigkeiten oder Popcorn geben gute eßbare Preise ab. Für einen eßbaren Kranz können Sie beispielsweise Äpfel und Orangen in farbiges Plastikpapier wickeln und mit Bändern zusammenbinden.

Vielleicht finden Sie Preise für jedes Spiel unnötig. Es wird Spiele geben, die kein ausgesprochenes Ende und deshalb auch keinen speziellen Gewinner haben. Bei manchen Spielen wird eine ganze Mannschaft Preise bekommen.

Party-Essen

Alle Rezepte in diesem Buch gehen, soweit nicht anders vermerkt, von 12 Portionen aus. Für kleinere Parties können die meisten Rezepte einfach halbiert werden. Nur die besonderen Geburtstags-Torten bilden eine Ausnahme. Sie können keinen halben Krokodilkuchen oder eine halbe Davy-Crocketts-Schokoladentorte backen. Außerdem: Selbst auf einer kleinen Feier wird von den Köstlichkeiten meist nicht viel übrig bleiben. Denken Sie daran: Auch wenn komplette Mahlzeiten zu jeder Themen-Party vorgestellt werden, handelt es sich immer nur um Anregungen. Sie sind nicht verpflichtet, alles zu machen. Vielleicht wollen Sie nur den Nachtisch ausprobieren (wie es traditionellerweise auf großen Parties geschieht). Wenn Ihr Kind bestimmte Sachen auf seinem Fest haßt und seine Leibspeise vorzieht, sollten Sie ihm diese servieren.

Die meisten Kinder sind sehr heikel, wenn es um ihr Essen geht. Jedoch sind sie oft williger, wenn sie nicht zu Hause essen. Eine Party ist eine wunderbare Gelegenheit, kleinen Genießern neue Geschmacksrichtungen nahezubringen. Übergroße Lebensmittel, winzig kleines Essen und »Fingeressen« faszinieren Kinder und ermutigen sie, etwas Neues auszuprobieren.

Planen Sie sorgfältig, wann Sie das Essen vorbereiten, besonders, wenn Sie nicht viel freie Zeit haben. Sie brauchen nicht alles für die letzte Minute zu lassen. Setzen Sie sich einige Abende vor der Party hin, und Sie können eine Menge vorbereiten und einfrieren.

Zubereitungszeiten, Backzeiten, Abkühl- oder Gefrierzeiten stehen unter jedem Rezept in diesem Buch. Bevor Sie irgendeines der gefrorenen Desserts zubereiten, vergewissern Sie sich der Maße ihres Gefrierfaches oder -schrankes. Nichts ist frustrierender, als ein kleines Kunstwerk zu kreieren und es schmelzen zu sehen, weil es nicht in das Gefrierfach paßt. Die Essensvorbereitungen für ein Fest sollten ein großes Vergnügen sein – eines, das Sie auch mit ihrem Kind teilen können.

Anmerkung zu Zahnstochern: Sie sind notwendig, um manche Party-Speisen zusammenzuhalten. (Harte Spaghetti-Stücke eignen sich ebenfalls, um weiche Lebensmittel zusammenzustecken.) Sagen Sie es den Kindern aber, wenn sich solche Teile im Essen befinden.

Gesundes Essen

Es gibt immer mehr Eltern, die sich um Zuckermengen, Fett und Farbstoffe im Essen der Kinder sorgen. Generell können zuckerfreie Getränke für die Drinks der Kinder verwendet werden. Margarine ersetzt die Butter. Leichte Mayonnaise kann die fette Mayonnaise in Salaten ersetzen. Fettreduzierte Käsesorten schmecken genauso gut wie solche mit vielen Fett-Prozenten. Yoghurt tut es oft anstatt saurer Sahne. Sogar Rinderhack kann durch gehackte Putenbrust in vielen Rezepten ersetzt werden.

Kuchen jedoch sind eine spezielle Wissenschaft. Zucker-Reduzierung oder Margarine statt Butter führen oft zu einem katastrophalen Ergebnis. Sie können Eis immer durch gefrorenen Yoghurt in Desserts ersetzen – doch ersetzen Sie nie etwas bei den Kuchen! Eltern, die hierüber unwillig sind, kann ich versichern – den Geburtstag gibt's nur einmal im Jahr. Lassen Sie Ihr Kind den Kuchen essen!

Kuchen-Kreationen

Der Kuchen (Torte) ist der Höhepunkt eines jeden Geburtstages, der Gipfel der Party, das Hauptstück des Phantasie-Themas. Er sollte jedoch so einfach wie möglich nachzumachen sein. Sie brauchen keine speziellen Kuchenformen für irgendeinen der Kuchen in diesem Buch. Es hat sich zwar eine Industrie für diese speziellen Formen entwickelt (ein Wal in diesem Jahr, eine Gitarre im nächsten). Doch das sind nicht notwendige Investitionen. Sie benötigen nur die Grundformen: Springformen mit 20, 22 oder 24 cm Durchmesser, 20- oder 22-cm-Kastenformen oder ein Backblech mit hochgezogenen Kanten. Sie können fast alle Formen erschaffen, indem Sie Kuchen dieser Maße zerschneiden und zu neuen, eßbaren Skulpturen zusammensetzen. Sie können sogar kegelförmige Kuchen in hitzebeständigen Schalen backen. Es ist eine lustige Kunstform, wenn Sie erst vertraut damit sind.

Teig und Guß

Für die meisten Kuchenrezepte in diesem Buch verwenden wir einfache Rührteige, die nur eine große Schüssel erfordern. Sollten Sie unter Zeitdruck stehen, verwenden Sie einfach eine fertige Backmischung. Sie können dabei nichts falsch machen. Ich selber benutze oft fertige Mischungen, wenn ich einen besonderen Aufbau mache, um Zeit zu sparen.

Die Güsse sind ein anderer Fall. Die Menge Zuckerguß, die in einer Fertig-Packung angeboten wird, ist meist zu gering, um einen ganzen Kuchen wirklich gut zu bedecken. Und in der Zeit, in der Sie einen fertigen Guß anrühren, können Sie ihn auch schon selber machen. Nebenbei bemerkt – nichts läßt sich mit dem Geschmack von selbstgemachtem Guß vergleichen. Die Rezepte in diesem Buch ergeben eine mehr als ausreichende Menge Kuchenüberzug – es ist immer besser, etwas übrig zu haben, als nicht auszureichen. Außerdem besteht eines der größten Vergnügen in Kindertagen darin, den übriggebliebenen Zuckerguß aus der Schüssel zu schlecken.

Zum Färben des Gusses verwenden Sie bitte immer nur spezielle Lebensmittelfarben (in den Backabteilungen der Kaufhäuser erhältlich) oder Fruchtsäfte. Benutzen Sie jedoch nur wenige Tropfen, weil der Guß sonst zu dünn wird und verläuft.

Manchmal brauchen Sie nur sehr wenig Guß in einer bestimmten Farbe. Sie möchten vielleicht ein wenig blauen Himmel oder einen Flecken grünes Gras auf einen Kuchen zaubern. Statt nun für diesen Effekt einen ganzen Guß durch Einfärben zu verschwenden, können Sie eine spezielle Technik anwenden: Geben Sie mit mit Hilfe eines Pinsels ein wenig Farbe direkt auf den weißen Zuckerguß.

Sicherlich wollen Sie gerne einen sauberen Rand rund um Ihren Kuchen haben. Platzieren Sie diesen auf einer Platte oder einem Brett und legen Sie schmale Streifen Backpapier rundherum unter die Kanten. Wenn der Guß unten vorsichtig und nicht zu üppig aufgetragen wird, können Sie nach dem Trocknen das Backpapier entfernen, und die Platte weist keinen Rand auf.

Kleine »Pocken« (Kuchenkrümel mischen sich von der Oberfläche in den Guß) auf der Oberfläche des Gusses lassen sich gut vermeiden, wenn sie diesen dekorieren. Streichen Sie den Guß zuerst in Streifen auf den Kuchen und füllen Sie dann die Zwischenräume aus, um eine glatte Oberfläche zu erzielen.

Sie benötigen meistens verschiedene Spritztüten, Tüllen und Dekorationsmaterialien, um Ihren Kuchen zu vollenden. Feine Tüllen erlauben es Ihnen, dünne Linien zu ziehen. Sie können Sterne, Blätter, Blüten und andere Formen aus Zuckerguß damit aufspritzen, um einen dreidimensionalen Effekt zu erzielen. Oft gibt es aber gerade die feinen Tüllen, die Sie wünschen oder brauchen, nicht zu kaufen oder sie sind zu teuer. Fertigen Sie sich deshalb diese Hilfsmittel doch einfach selber: Kleben Sie quadratische Stücke Backpapier (etwa 15 x 15 cm) zu kleinen Tüten zusammen und schneiden Sie die Spitzen in unterschiedlichen Längen und Formen vorsichtig ab. So erhalten Sie Tüllen der verschiedensten Durchmesser, mit denen Sie Ihre Kuchen und Torten nach Wunsch mit dicken oder feinen Linien verzieren können. Auch einfache Klarsichttüten lassen sich für diese Zwecke zurechtschneiden. So erzielen Sie schöne Muster und können alles nach eigenen Vorstellungen fertigen.

Nach der Party

Das Fest ist vorbei. Es mag für Sie eine Erleichterung sein, doch es ist ein sehr trauriger Augenblick im Leben Ihres Nachwuchses. Sicherlich hat das Kind Fest und Geschenke schon Monate im voraus erträumt. Nun ist plötzlich alles vorbei und es passiert nichts mehr – ein ganzes Jahr lang – , und das kann ihm oder ihr wie eine Ewigkeit erscheinen.

Um den Übergang vom Geburtstag zum Nicht-Geburtstag zu erleichtern, legen Sie ein noch nicht geöffnetes Geschenk (eines von Ihnen oder Freunden oder Verwandten, die nicht in der Stadt wohnen) für einen Regentag beiseite. Oder verwahren Sie ein Stück vom Geburtstagskuchen im Gefrierschrank und überraschen Sie Ihr Kind ein paar Wochen nach dem Fest damit. Solche »nachgeburtstäglichen« Überraschungsmomente können die Traurigkeit nach der großen Party leicht verscheuchen.

Winnie Puuh, der Bär, ist eine Erfindung von A. A. Milne, einem englischen Schriftsteller, der viele seiner wunderbaren Figuren auf seinen Stofftieren basierte. Disney begann 1966, die Winnie-Puuh-Geschichten für vier seiner Filme zu verwenden.

Einladung: Eulenkarte

Dekorationen: Picknick-Tisch – rot-weiß-karierte Tischdecke; Bären-Pappteller; Honigtöpfe; Kekse in Bärenform; Servietten mit Drachenschwänzen; Luftballons

Zum Kennenlernen: Baby-Ruh-Gummibärchen-Säcke

Märchen-Zubehör: I-Ah-Ohren und Esels-Schwänze

Spiele: Tigger-Abschlag, Honig verstecken, Ruh-Werfen

Menü: Orangen-Ananas-Eulen; Winnie-Puuh-Frikadellen mit Honig-Senf; Ferkels rosa Kartoffelsalat; Winnie-Puuh-Kuchen mit Erdnußbutter; Honig-Apfel-Punsch.

EINLADUNG

Winnie Puuhs Freund Eule bittet die Gäste zu einem Picknick in Winnie Puuhs Haus. Alle Freunde aus dem Hundert-Morgen-Wald werden auch da sein – zur Feier des Geburtstages Ihres Kindes.

Material:

6 Pappkarten 20 x 26 cm
Radiergummi
Schere
Kohlepapier
dicker Filzstift in Schwarz
Filzstifte in Hellbraun und Gelb
12 passende Briefumschläge

So wird's gemacht:

Halbieren Sie die 6 Pappkarten der Breite nach. Nun die 12 Streifen so zur Hälfte falten, daß der Kniff oben sitzt. Legen Sie das Kohlepapier anschließend auf die vordere Außenseite, und kopieren Sie das Eulengesicht von Seite 3 mit Hilfe eines Stiftes auf alle Karten. Dann werden alle Gesichter mit dem dicken schwarzen Filzstift umrandet. Das Gesicht wird hellbraun, der Schnabel gelb ausgemalt. Unter den Eulenkopf kommt folgender Satz: Rate mal, wer eine Geburtstagsparty gibt! Zum Schluß schreiben Sie Folgendes in das Innere jeder Karte:

Eule hat's geflüstert:

Winnie Puuh, Kaninchen,
Ferkel und ich planen ein Picknick für
(Name Ihres Kindes)
Komm zu dem Haus von Winnie Puuh
(Ihre Anschrift)
am (Datum) um (Uhrzeit)
U.A.w.g. (Ihre Telefonnummer)
P.S. Bitte keine Bienen mitbringen!

Vorbereitungszeit: 1 Stunde

Rate mal, wer eine Geburtstagsparty gibt!

Rate mal,
wer eine Geburtstagsparty gibt!

DEKORATIONEN

Auch wenn Sie die Party im Hause feiern wollen, sollte alles nach einem schönen Picknick aussehen. Legen Sie eine rot-weiß-karierte Tischdecke und Bärenteller auf. Für diese schneiden Sie einfach runde Ohren aus braunem Tonpapier. Kleben Sie sie seitlich oben an goldbraune Pappteller. Nun malen Sie mit einem ungiftigen Stift Winnie Puuhs Gesicht auf jeden Teller. Füllen Sie anschließend zwei kleine Körbe mit Teddykeksen (einen für jedes Tischende), und verteilen Sie kleine Honigtöpfe zum Eintauchen der Kekse. Der Kuchen in Winnie-Puuh-Form sollte mitten auf dem Tisch prangen. Für die Platzkarten schneiden Sie einfach kleine Löcher in eine Ecke jeder Serviette und ziehen so farbige Bänder ein, daß sie wie Drachenschwänze aussehen. Dann den Namen eines jeden Gastes auf die Serviette schreiben. Zum Schluß blasen Sie rosa Luftballons auf, malen Ferkels Gesicht mit einem Filzstift darauf, kleben rosafarbene Pappohren an und dekorieren alle Ballons über dem Tisch.

Baby-Ruh-Gummibärchen-Beutel

Die Kinder füllen sich kleine Beutel mit Gummibärchen, die sie selber gesammelt haben. Die Beutel werden auch in dem Ruh-Spiel verwendet. Anschließend bringt das Essen der Gummibärchen viel Picknick-Spaß.

Material:

12 Kindersocken in Beige oder Braun
48 Baumwollbällchen (Watte)
3,6 m Kordel in Rot
Schere
12 Pappschildchen (Schreibwarenladen)
Filzstift in Schwarz
Gummibärchen

So wird's gemacht:

Pro Kindersocke stopfen Sie 4 Wattebällchen in die Spitzen. Diese anschließend fest mit einem Stück roter Kordel abbinden (Fig. 1). Nun je Socke ein Pappschildchen auf die Kordel ziehen und diese zur Schleife binden. Die ausgestopfte Spitze stellt Ruhs Kopf dar. Anschließend kleine Känguruhgesichter aufmalen und den Namen eines jeden Gastes auf die Schildchen schreiben. Nun füllen Sie die Gummibärchen in verschiedene Schalen und stellen sie auf einen kleinen Tisch. Jeder ankommende Gast bekommt eine vorbereitete Socke in die Hand, die er mit Gummibärchen füllen und mit roter Kordel zubinden darf (Fig. 2). Vorbereitungszeit: 8 Minuten pro Ruh

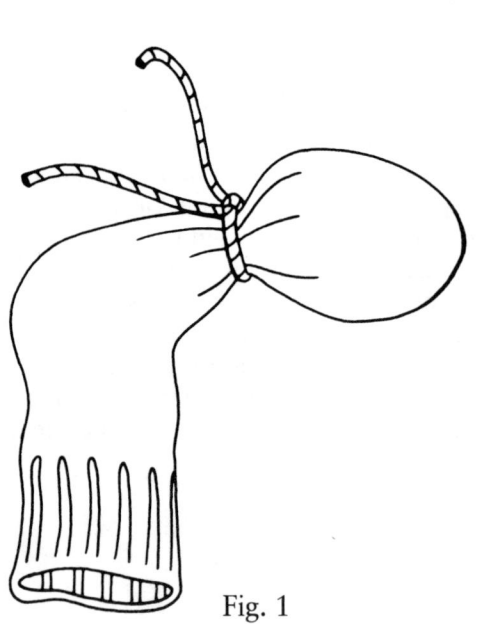

Fig. 1

Baby-Ruh-
Gummibärchen-
Beutel

Fig. 2

WINNIE-PUUH-Party mit Orangen-Ananas-Eulen (S. 8), Winnie-Puuh-Frikadellen (S. 9) und Winnie
Puuhs Geburtstagskuchen (S. 12)

I-Ah-Ohren

Aus I-Ahs langen Eselsohren lassen sich lustige Party-Hüte basteln, dazu gibt's passende Esels-Schwänze (I-Ah verliert seinen immer!).

Material:

2,40 m Filz in Grau
1 m Filz in Pink
Millimeter- oder Karopapier
1 Bogen Zeichenkarton
Klebstoff
Schneiderkreide
Stoffkleber
Heftmaschine

So wird's gemacht:

Übertragen Sie die Ohren von Seite 6 auf Millimeter- oder Karopapier. Nun schneiden Sie die Ohren aus und kleben diese auf den dünnen Zeichenkarton, um Schablonen herzustellen. Schneiden Sie diese ebenfalls aus. Danach werden 24 äußere Ohren aus dem grauen und 24 innere Ohren aus dem rosa Filz geschnitten. Kleben Sie jeweils ein graues und ein rosa Ohr mit Stoffkleber zusammen. Anschließend 12 etwa 5 cm breite und 61 cm lange Streifen aus dem grauen Filz schneiden. Benutzen Sie den Kopf Ihres Kindes als Maß und tackern Sie das Stirnband mit der Heftmaschine danach zusammen (es sollte ein etwa 5 cm langes Stück überlappen). Nun falten Sie jedes Ohr (Fig. 1) und tackern jeweils zwei von innen an die Stirnbänder (Fig. 2). Die Ohren sollten über die Stirnbänder schlappen und so nach vorne gedreht werden, daß das rosa Innenteil zu sehen ist.

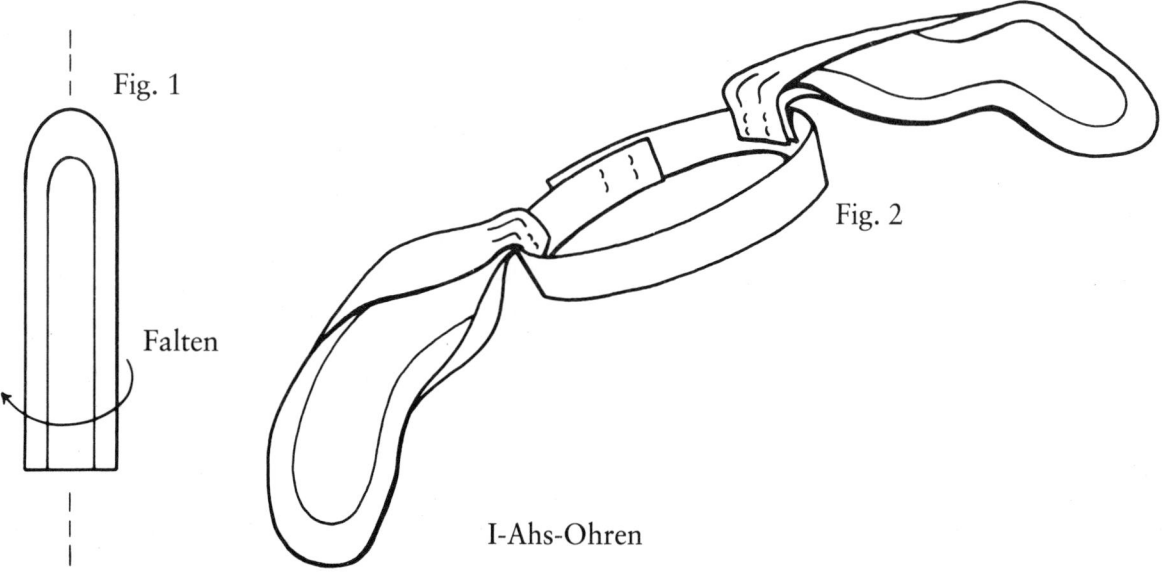

Fig. 1

Falten

Fig. 2

I-Ahs-Ohren

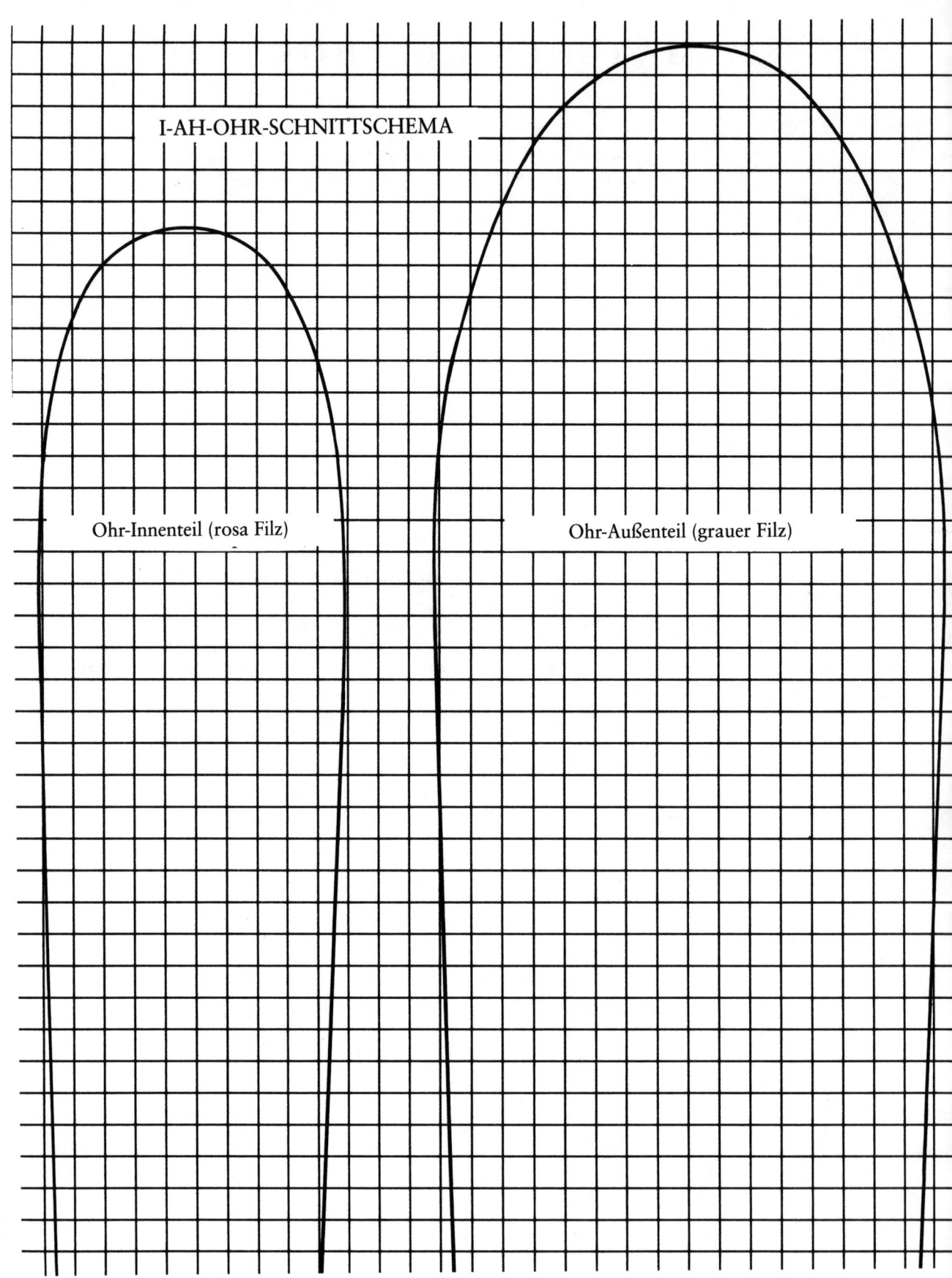

I-AH-OHR-SCHNITTSCHEMA

Ohr-Innenteil (rosa Filz)

Ohr-Außenteil (grauer Filz)

Eselsschwänze

Material:

36 m dicker Bindfaden in Grau
2,4 m Schleifenband in Rosa (0,5 cm breit)
12 große Sicherheitsnadeln

So wird's gemacht:

Schneiden Sie den Bindfaden zuerst in 36 ein Meter lange Stücke. Anschließend das
Schleifenband in 12 20 cm lange Stücke teilen. Nun nehmen Sie für jeden Schwanz 3
Garnstücke, verknoten diese in der Mitte und stecken den Knoten auf eine Sicherheitsnadel
(Fig. 1). Das Garn zu einem Schwanz verflechten (Fig. 2). Unten einen Knoten in den
Schwanz binden und das rosa Band zu einer hübschen Schleife darumbinden (Fig. 3). Beim
Befestigen der Schwänze an der rückwärtigen Kleidung sollten Sie den Kindern helfen.

Vorbereitungszeit Ohren: 1 Stunde
Vorbereitungszeit Schwänze: 45 Minuten

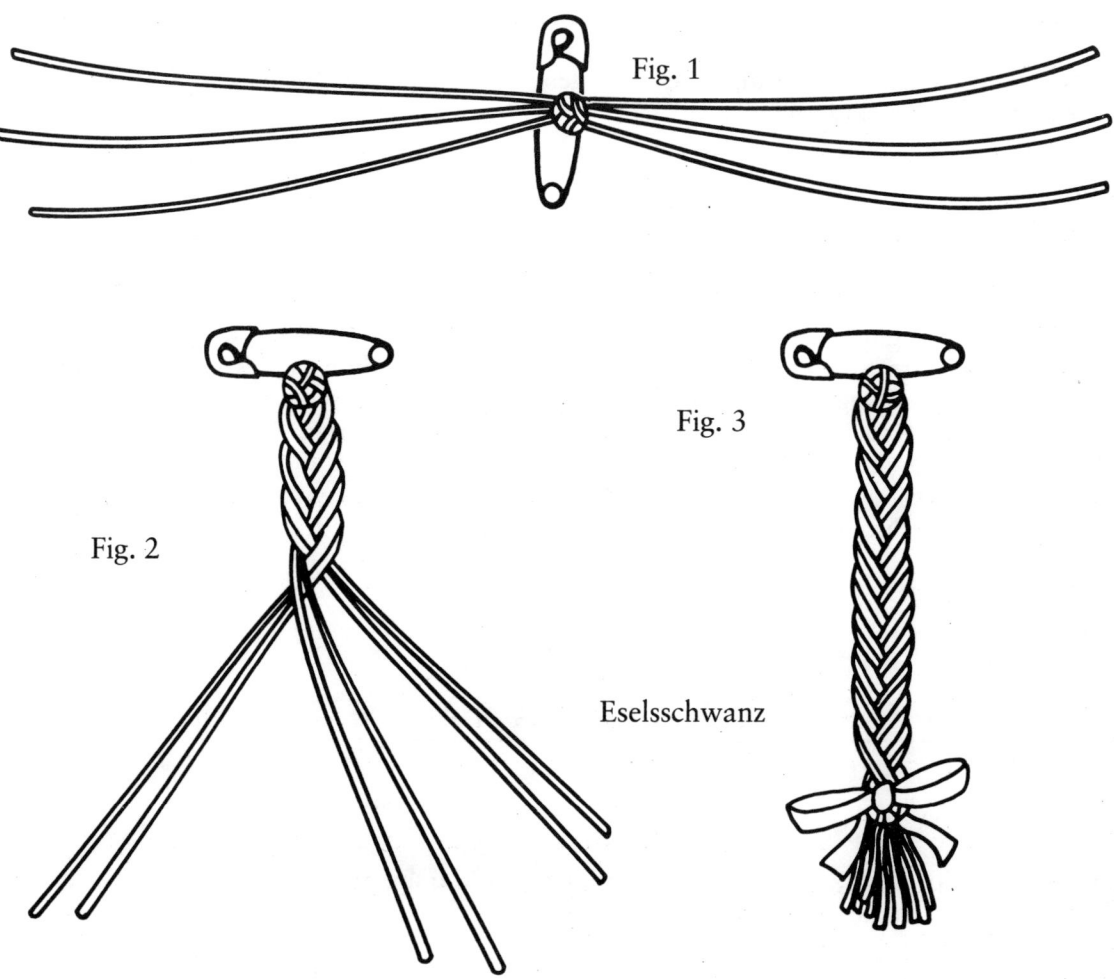

Fig. 1

Fig. 2

Fig. 3

Eselsschwanz

SPIELE

Tigger-Fangen

Tigger hüpft mit seinem lustigen Schwanz nur so durchs Leben. Beim »Tigger-Fangen« müssen alle wie Tigger herumhüpfen. Ein Kind ist Tigger oder »es«. Alle Kinder hüpfen herum, Tigger muß hinter ihnen herhopsen. Sobald Tigger einen Spieler berührt, muß dieser sich da hinsetzen, wo er gerade steht. Wenn nur noch ein Kind übrig ist, wird das Spiel beendet und dieses Kind in der folgenden Runde zu Tigger ernannt. Das Spiel geht solange, bis alle abgeschlagen sind.

Honig verstecken

In diesem Spiel versucht Winnie Puuh, seinen Honig vor den Heffalumps zu verstecken, die verdächtig wie Elefanten aussehen. Winnie Puuhs Honig steckt in einer durchsichtigen Plastikflasche (den Spielzweck erfüllt auch eine leere Glasflasche – dann gibt es keine klebrigen Finger!). Ein Kind ist Winnie Puuh, alle anderen sind Heffalumps. Die Heffalumps drehen ihm alle den Rücken zu und verstecken ihren Kopf unter dem Rüssel (sprich in den Armen). In der Zwischenzeit sucht Pu in Haus und Hof nach einem guten Versteck. Hat er es gefunden, ruft er: »Oje, ich habe keinen Honig mehr!« Die Heffalumps suchen nach dem Honig. Derjenige, der ihn findet, wird in der nächsten Runde Winnie Puuh, und Winnie Puuh wird wieder ein Heffalump. Das Spiel geht so lange, bis möglichst alle Kinder den Honig einmal versteckt haben.

Ruh-Werfen

Wenn Kanga durch den Hundert-Morgen-Wald hüpft, trägt sie Ruh in ihrem Beutel mit. Zu diesem Zweck werfen die Kinder ihre Baby-Ruh-Gummibärchen-Säcke in Kangas Beutel. Malen Sie ein Känguruh auf einen großen Pappkarton. Schneiden Sie anschließend dort ein Loch aus dem Karton, wo Kangas Beutel sitzen sollte. Nun kommt ein Kissen in den Karton, um den Fall der hineingeworfenen Gummibärchensäcke zu dämpfen. Die Kinder sollten hintereinanderweg versuchen, ihr Baby Ruh in den »Beutel« zu werfen. Nach drei Runden gewinnt das Kind, das die meisten Treffer erzielte. Sollten Sie ein Springseil haben, können Sie dieses als »Abstandhalter« benutzen. Für kleine Mißgeschicke wie das Öffnen eines Säckchens halten Sie einfach ein paar Extra-Gummibärchen bereit.

Menü

ORANGEN-ANANAS-EULEN

12 Portionen

Aus Mandarinorangen, Ananasringen, Rosinen und Marshmallows lassen sich weise dreinblickende Eulen zaubern.

Zutaten:

12 grüne Salatblätter
12 Ananasringe aus der Dose, abgetropft
1 kleine Dose Mandarinorangen, abgetropft
24 Marshmallows
24 Rosinen

ORANGEN-ANANAS-EULEN

Zubereitung:

Arrangieren Sie die Ananasscheiben auf den 12 Salatblättern. Nun plazieren Sie zwei Mandarinenscheibchen oben so an der Ananas, daß sie aussehen wie die großen, gefiederten Ohren einer Eule. Dann die Marshmallows ein wenig zusammendrücken und als Augen auf die Ananasscheiben setzen. Die Rosinen dienen als Pupillen. Sie lassen sich leicht in die Marshmallows drücken. Zum Schluß setzen Sie eine Mandarinenscheibe so zwischen die Augen der Eule, daß ein Schnabel entsteht.
Übrigens: Dekorieren Sie die Eulen einfach auf hübschen Papptellern.

Zubereitungszeit: 15 Minuten

WINNIE-PUUH-FRIKADELLEN

(mit Honig-Senf)

12 Portionen

Zutaten:

16 Brötchen zum Fertigbacken
1 Ei, verquirlt mit 1 TL Wasser
48 abgezogene Mandeln
72 Rosinen
12 flache Hamburger-Frikadellen (aus der TK)
Honig-Senf (aus dem Laden oder nach unserem Rezept selbstgemacht)

Zubereitung:

Öffnen Sie die Packungen und trennen Sie die Brötchen voneinander. Setzen Sie 12 Brötchen auf ein ungefettetes Backblech und teilen Sie die restlichen vier jeweils in drei gleiche Teile (Fig. 1). Bestreichen Sie die ganzen Brötchen mit dem verquirlten Ei. Die 12 Drittel zu kleinen Kugeln rollen. Nun drücken Sie jeweils eine Kugel in die Mitte eines Brötchens und bestreichen diese ebenfalls mit Ei. Anschließend jeweils zwei Mandeln mit dem runden Ende nach außen als Ohren in die Brötchen stecken. Rosinen dienen als Augen und Nase (Fig. 2). Im vorgeheizten Backofen nach Packungsaufschrift backen (etwa 15 Minuten bei ca. 180/200°/Gas Stufe 3–4). Brötchen abkühlen lassen und halbieren. In der Zwischenzeit können Sie die Hamburger braten. Diese werden zum Schluß zwischen die Brötchenhälften gelegt. Alles mit Honig-Senf servieren.
Übrigens: Die Brötchen schmecken am besten ganz frisch und sollten erst am Tag der Party gebacken werden.

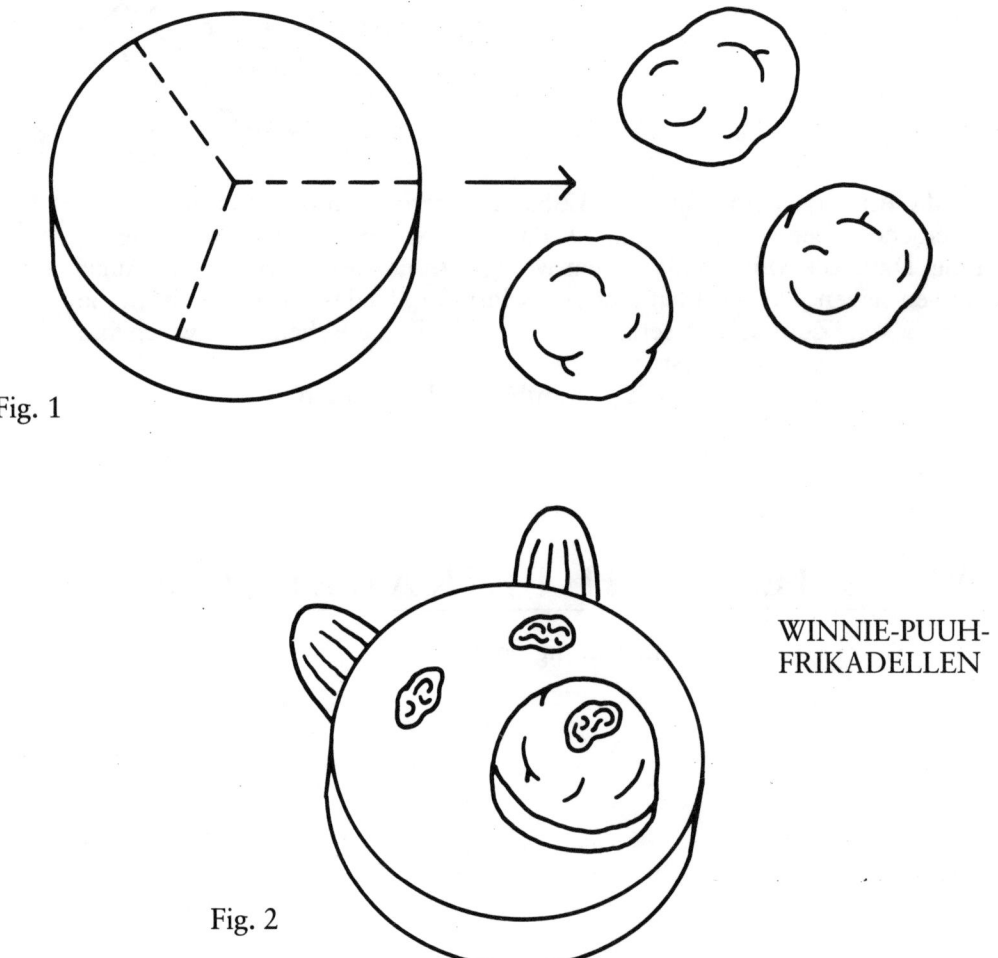

Fig. 1

Fig. 2

WINNIE-PUUH-
FRIKADELLEN

Honig-Senf

Zutaten:

250 g goldbrauner Honig
100 g milder Senf
125 g Mayonnaise
1 EL Zitronensaft

Zubereitung:

Verrühren Sie alle Zutaten zu einer glatten Soße und bewahren Sie diese bis zum Gebrauch im Kühlschrank auf.

Zubereitungszeit: 25 Minuten
Backzeit: etwa 15 Minuten

FERKELS ROSA KARTOFFELSALAT

12 Portionen

Ferkels Kartoffelsalat bekommt sein rosafarbenes Aussehen durch ein wenig Ketchup. Ferkel fragt sich, warum nicht? Es gibt jedenfalls immer Ketchup über seine Pommes frites.

Zutaten:

9 mittelgroße Kartoffeln, geschält
Salzwasser
250 g Mayonnaise
5 EL Ketchup
1 TL Worcestersauce
125 g Mixed Pickles, kleingeschnitten
100 g Schalotten, kleingeschnitten
125 g Sellerie, kleingeschnitten
1/2 TL Selleriesalz

Zubereitung:

Schneiden Sie die Kartoffeln in 1 cm große Würfel und kochen Sie diese in Salzwasser weich. In ein Sieb schütten und abtropfen lassen. In der Zwischenzeit können Sie die übrigen Zutaten in eine Schüssel geben und vorsichtig verrühren. Gießen Sie das Dressing zum Schluß über die Kartoffeln, und lassen Sie den Salat über Nacht ziehen, damit sich sein Geschmack voll entfalten kann.

Zubereitungszeit: 20 Minuten
Ruhen: 8 bis 24 Stunden

WINNIE PUUHS GEBURTSTAGSKUCHEN

12 Portionen

Zutaten:

350 g Mehl
1 1/4 TL Backpulver
1 Prise Salz
2 TL Butter/Margarine
75 g Erdnußbutter
100 g brauner Zucker
100 g weißer Zucker
1 TL Vanillearoma
1 Ei
2/3 Tasse Milch
Erdnußbutterguß
2 kleine Gummidrops
1 großer Gummidrops
1 dünne Lakritzstange

Zubereitung:

Fetten und mehlen Sie eine 200 ml fassende Puddingform aus. Dann eine 20-cm-Springform mit Backtrennpapier auslegen. Anschließend Mehl, Salz und Backpulver in eine Schüssel geben. Schlagen Sie in einer großen Schüssel die weiche Butter/Margarine, Erdnußbutter sowie die beiden Zuckersorten mit dem Handrührgerät schaumig. Vanilleextrakt und das Ei zugeben. Dann bei niedriger Geschwindigkeit die Mehlmischung und die Milch zufügen. So lange schlagen, bis ein glatter Teig entsteht. Nun füllen Sie die Puddingform halb mit dem Teig, die restliche Masse in die Springform geben. Beide Kuchen im vorgeheizten Backofen bei etwa 180°/Gas Stufe 2,5 20 bis 25 Minuten backen. Lassen Sie die Kuchen 10 Minuten abkühlen, dann auf Kuchengitter stürzen. Jetzt das Backpapier abziehen und Kuchen ganz auskühlen lassen. Anschließend schneiden Sie den Kuchenkegel in drei gleiche Scheiben (Fig. 1). An den zwei unteren Scheiben ein Stück abschneiden – so entstehen Winnie Puuhs Ohren (Fig. 2). Die Spitze dient als Winnie Puuhs Schnauze. Nun arrangieren Sie die Kuchenteile auf einer großen Platte wie unter Fig. 3 angegeben. Überziehen Sie alles mit dem Erdnußbutterguß. Die zwei kleinen Gummidrops dienen als Winnie Puuhs Augen, der große Drops wird zu seiner Nase. Aus der Lakritzstange können Sie nach Wunsch Mund und Augenbrauen formen.

Erdnußbutterguß

Zutaten:
2 Pakete Puderzucker
125 g Erdnußbutter
ca. 100 ml Milch

Zubereitung:

Verrühren Sie den Puderzucker mit der Erdnußbutter und der Milch solange, bis ein dickflüssiger, glatter Guß entstanden ist.

Übrigens: Dieser Kuchen läßt sich gut einfrieren und deshalb bis zu drei Wochen im voraus zubereiten. Stellen Sie den unbedeckten Kuchen in das Gefrierfach. Nach einer Stunde, wenn er angefroren ist, kann er einfach in Plastikfolie verpackt werden.

Zubereitungszeit: 45 Minuten
Backzeit: 20 bis 25 Minuten

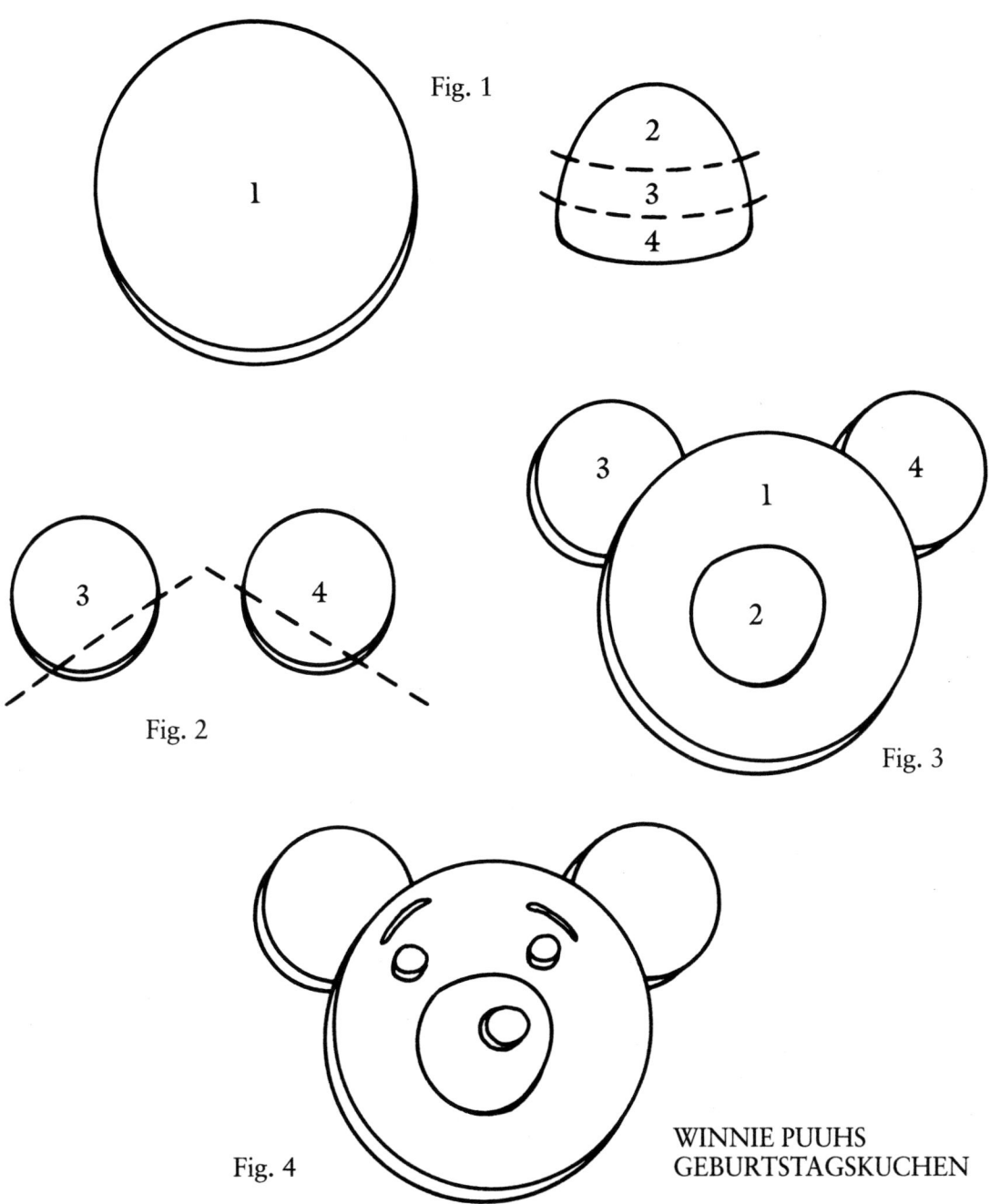

Fig. 1

Fig. 2

Fig. 3

Fig. 4

WINNIE PUUHS
GEBURTSTAGSKUCHEN

12 Portionen

Zutaten:

5 1/2 l Orangensorbet (aus der TK)
24 Marshmallows
24 Orangendrops
1 Paket dunkle Kuchenglasur

Zubereitung:

Kleiden Sie ein Kuchenblech mit Aluminiumfolie aus. Anschließend 12 große Kugeln Orangensorbet auf die Folie setzen, dabei möglichst schnell arbeiten, damit das Sorbet nicht zerschmilzt. Nun 12 kleine Sorbetbällchen mitten auf die großen Kugeln geben. Diese Bällchen sind Tiggers Schnauze. Zwei Marshmallows oberhalb der Schnauze als Augen aufsetzen. Zwei flache Orangendrops als Ohren einstecken (Fig. 1). In der Zwischenzeit die Schokoladenglasur nach Gebrauchsanleitung erhitzen, in einen Spritzbeutel mit schmaler Tülle (siehe Einleitung) füllen und Mund und Nase des Tiggers aufmalen. Jetzt die Pupillen und Tiggerstreifen ziehen (Fig. 2). Nun das Kuchenblech zurück in das Gefrierfach stellen. Übrigens: Die gefrorenen Tigger können bis zu drei Tagen im voraus vorbereitet werden, wenn Sie sie in Gefrierdosen oder -beuteln aufbewahren.

Zubereitungszeit: 15 Minuten
Gefrierzeit: 3 Stunden bis zu 3 Tagen

Fig. 1

Fig. 2

GEFRORENE TIGGER

HUNDERT-MORGEN-WALD-
HONIG-APFEL-PUNSCH

12 Portionen

Zutaten:

4 l Apfelsaft
1 kleine Dose Zitronensaft
1/2 Tasse Honig
2 l Mineralwasser

Zubereitung:

Füllen Sie drei Eiswürfelfächer mit dem Apfelsaft. Alles etwa fünf Stunden gefrieren, bis die Würfel fest sind. Dann vermischen Sie den restlichen Apfel- mit dem Zitronensaft und dem Honig. Das Mineralwasser dazugeben. Mit den Apfeleiswürfeln im Glas oder in einem großen Krug servieren.

Zubereitungszeit: 10 Minuten
Gefrierzeit: 5 Stunden

DUMBO-FEST

Disneys vierter Zeichentrickfilm, Dumbo, erzählt die Geschichte eines kleinen Zirkuselefanten mit riesengroßen Ohren. Wegen dieser großen Ohren machen sich alle anderen Zirkustiere über ihn lustig, alle außer seinem einzigen Freund, der weisen Maus Timotheus. Doch als Dumbo entdeckt, daß er mit seinen Ohren fliegen kann, verwandelt sich die Spöttelei in tosenden Beifall für den ersten fliegenden Elefanten der Welt.

Einladung: Kleine Babybündel
Dekorationen: Zirkusmotiv – ein gestreiftes Zirkuszelt, Luftballons, ausgestopfte Zirkustiere; Trapez; gelbes Zellophanstroh; ungeschälte Erdnüsse
Zum Kennenlernen: Clown-Luftballons
Märchen-Zubehör: Elefanten-Ohren
Spiele: Die Pyramide von Partyland; Flug der Magischen Feder; Ringmeister
Menü: Orangen-Elefanten; Clownsbrötchen; Dumbo-Dip; Eissträußchen; Dumbo-und-die-Rosa-Elefanten-Kuchen; Timotheus Mehrfrucht-Punsch

Kleine Babybündel

In dem Film *Dumbo* findet jedes Jahr im Frühling ein aufregendes Ereignis statt. Eine Schar Störche fliegt über den Zirkus und wirft Bündel mit kleinen Babies über den Zelten ab. Jedes Bündel enthält ein Tierbaby und ist für eine Tiermutter im Zirkus bestimmt. Und genau so eine »Speziallieferung« brachte Dumbo und seine Mutter zusammen.
Die Zirkusbabies, die Sie in den Einladungsbündeln benutzen werden, bestehen aus kleinen Keksen in Tierformen. Deshalb sollten die Bündel persönlich abgegeben werden. Sie können jedoch auch in einem kleinen Karton per Post verschickt werden.

Material:

12 Papierservietten in Blau oder Pink
96 bis 120 Kekse in Tierform
Ringelband
12 10 x 15 cm große weiße Karten
Locher
Filzstifte in Blau und/oder Rosa

So wird's gemacht:

Zuerst jede Karte zur Hälfte falten. Auf die Außenseite kommt: AN (Name des einzuladenden Kindes). Im Innenteil steht:

Dieses Bündel mit Zirkustierkindern ist die Einladung zu einer großen Veranstaltung. Bitte komm (deine Anschrift) am (Datum) um (Zeit) zu (Ihr Kind) Geburtstag. U.A.w.g. (Ihre Telefonnummer).

Nun mit dem Locher in eine Ecke des Kniffes ein Loch stanzen und Ringelband hindurchziehen. Acht bis zehn kleine Kekstiere finden in der Serviette Platz. Dann die vier Ecken der Serviette auffassen und mit den Enden des Ringelbandes zusammenbinden. Band und Serviette zurecht-zupfen.

Vorbereitungszeit: 40 Minuten

ZIRKUS-
BABY-
BÜNDEL

DEKORATIONEN

Sicherlich möchten Sie das große Ereignis unter einem »richtigen« Zirkuszelt stattfinden lassen. Es ist recht einfach, den Eindruck eines Zeltes mit Hilfe von gestreiften Laken oder Papiertischdecken zu erzielen. In der Wohnung kann das Zelt von der Decke herab dekoriert werden. Draußen spannen Sie einfach zwei Wäscheleinen zwischen zwei Bäumen und arrangieren das Zelt in eckiger Form darüber. Benutzen Sie Eisenhaken und Seile, um die Wände am Boden zu befestigen. Wenn Sie einen langen Picknicktisch besitzen, können Sie Stäbe an jedem Ende befestigen und einen schönen Baldachin bauen, um den Tisch zu bedecken. In einem Zirkus sollten auch Unmengen Luftballons – am besten überall verteilt – herumschweben. Ausgestopfte Tiere werden überall im Garten oder Zimmer verteilt (Stofftiere). Ein Papiertrapez läßt sich leicht von Decke oder Bäumen hängen. Papprollen von Geschenkpapier eignen sich als Trapezschaukel. Ein Fischnetz unter dem Trapez vervollständigt das Bild.
Bedecken Sie den Fest-Tisch mit gelbem Stroh aus Zellophan und ungeschälten Erdnüssen. (Das Öffnen der Erdnüsse wird die bereits hungrigen Kinder gut beschäftigen.) Um einen Drei-Manegen-Effekt zu erreichen, stellen Sie den Dumbo-Kuchen mitten auf den Tisch, jeweils einen der rosa Elefanten an ein Tischende. Als Platzkarten dienen mit Popcorn gefüllte Pappbecher, auf die der Name des jeweiligen Gastes geschrieben wird.

ZUM KENNENLERNEN

Clown-Luftballons

Damit eine gute Stimmung aufkommt, können die Kinder zu Beginn des Festes Luftballons so dekorieren, daß sie wie Clownsköpfe aussehen. Stellen Sie in eine Ecke des »Zeltes« einen ganzen Strauß aufgeblasener weißer Luftballons, und legen Sie viele bunte Filzstifte dazu. (Mit flachen Markern können die Kinder am besten auf der glatten Oberfläche arbeiten.) Jedes ankommende Kind darf sich einen »Kopf« ausdenken. Für sehr kleine Kinder sollten Sie einen Ballon als Beispiel bereits vorab bemalen, etwa mit Locken, einer dicken roten Nase und einem strahlenden Lächeln.

Vorbereitungszeit: 15 Minuten

CLOWN-LUFTBALLONS

Elefanten-Ohren

Die übergroßen Ohren sind Dumbos herausragendste Eigenschaft. Man kann sie prima aus blauem oder pinkfarbenem Papier und Pappkarton selbermachen.

Material:

1 Bogen festes Tonpapier in Grau oder Blau
1 Rolle Kreppapier in Blau oder Grau
Lineal
Bleistift
Schere
Heftmaschine
Glitzerfarbe aus der Tube

So wird's gemacht:

Schneiden Sie das Tonpapier in 12 etwa 5 x 50 cm lange Streifen. Heften Sie anschließend diese Streifen zu »Stirnbändern« zusammen. Die Enden sollten sich ein wenig überlappen (siehe Fig. 1). Nehmen Sie den Kopfumfang Ihres Kindes als Durchschnittsmaß. Nun 24 Kreise mit einem Durchmesser von etwa 25 cm aus dem Kreppapier schneiden und an einer Stelle eine Kellerfalte einhalten. So entstehen die Ohren (siehe Fig. 2). Heften Sie jeweils zwei Ohren von außen an ein Stirnband (Fig. 3). Zum Schluß den Namen eines jeden Gastes mit der Glitzerfarbe vorne auf das Stirnband schreiben (Fig. 4).

Vorbereitungszeit: 1 Stunde

ELEFANTEN-OHREN

Fig. 1

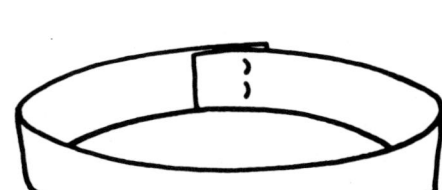

Fig. 2

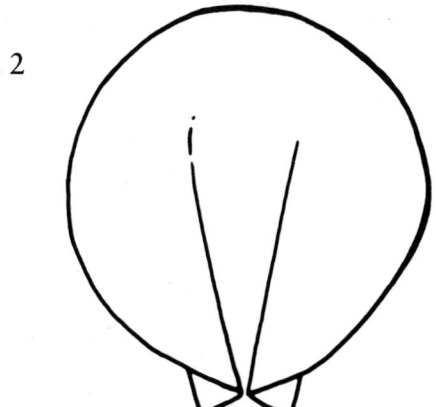

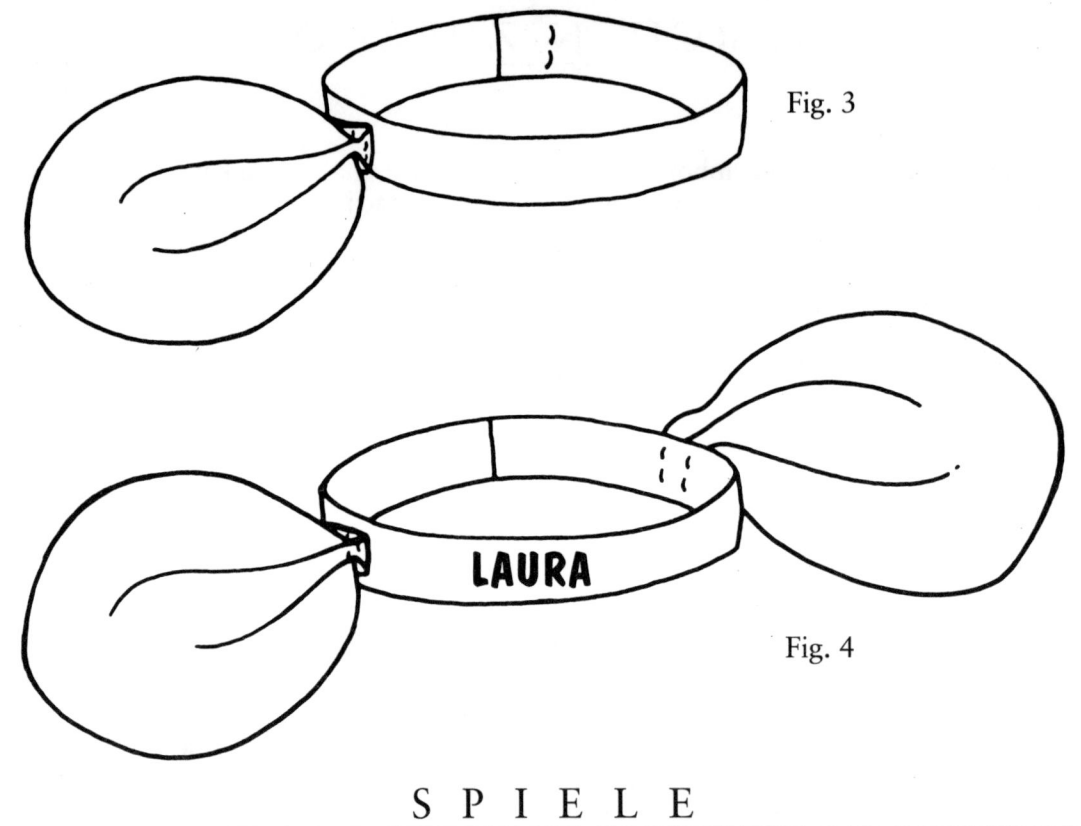

Fig. 3

Fig. 4

LAURA

S P I E L E

Die Pyramide von Partyland

Der arme Dumbo wurde zum Zirkusclown degradiert, nachdem er eine Pyramide aus Elefanten zu Fall gebracht hatte. Als er nämlich versuchte, auf die Spitze der Pyramide zu springen, trat er auf seine großen Ohren, und alle Elefanten stürzten zusammen.

Die meisten Kinder haben schon einmal gesehen, wie man auf Händen und Knien stehend eine Pyramide bildet. So eine Form wird normalerweise von sechs (drei unten, zwei in der Mitte und einer oben) Personen gebildet. Für kleinere Kinder ist das sicherlich noch zu schwer, eine Pyramide aus drei Kindern zu bilden, macht aber auch großen Spaß.

Teilen Sie die Kinder zuerst in vier Gruppen zu drei Kindern ein (haben Sie keinen weichen Teppich oder eine Rasenfläche, nehmen Sie einfach Kissen, auf denen die Kinder knien können). Auf ein Signal hin bilden alle Gruppen Pyramiden. Jeweils zwei Kinder lassen sich Seite an Seite auf Hände und Knie nieder. Das dritte (und möglichst kleinste Kind jeder Gruppe) klettert oben drauf und plaziert sich in die Mitte. Um die Spannung dieses Balance-Aktes zu steigern, setzen Sie einfach ein Stofftier auf den Rücken des oberen Kindes. Ziel des Spieles ist es, zu warten, welche Pyramide am längsten steht.

DUMBO-PARTY mit Dumbo-und-die-rosa-Elefanten-Kuchen (S. 27)

Flug der Magischen Feder

Timotheus flößte Dumbo das Vertrauen in dessen Flugkünste ein, indem er ihm eine Feder gab und ihm sagte, seine geheime Macht käme da heraus. Solange Dumbo die Feder in seinem Rüssl hielt, würde er mit Leichtigkeit durch die Luft schweben. Doch als Dumbo die Feder einmal während des Fluges verlor, stürzte er fast zu Boden. Er konnte jedoch ohne die Feder weiterfliegen und merkte erst dann, daß er nie eine Feder zum Fliegen gebraucht hatte.

Für dieses Spiel brauchen Sie zwei Federn (aus dem Bastel- oder Spielwarenladen). Zuerst werden die Kinder in zwei Gruppen eingeteilt. Wählen Sie einen Zielpunkt aus, der ein Stück vom Start entfernt liegt. Jede Mannschaft stellt sich in einer Reihe auf, beide Reihen nebeneinander. Das erste Kind jeder Mannschaft steckt sich die Feder hinter das Ohr und rennt auf ein Signal hin zum Ziel und zurück. Dort gibt es die Feder an das nächste Kind in seiner Reihe weiter. Die Spieler dürfen nur so lange »fliegen«, wie die Federn hinter ihren Ohren sitzen. Verliert es die Feder, muß es anhalten, sie aufheben und sein Rennen auf Händen und Knien beenden. Das Siegerteam wird zu den »Am schnellsten Fliegenden Elefanten der Welt« ernannt.

Ringmeister

Hier brauchen Sie nichts weiter als einen Hula-Hoop- oder ähnlichen Reifen. Zu Beginn wird ein Kind als Meister des Ringes ausgewählt und darf den Reifen halten. Die restlichen Kinder stellen Tanzbären dar. Der Meister des Ringes hält den Reifen hochkant, so daß dieser unten den Boden berührt. Die »Bären« tanzen durch den Reifen, der langsam immer weiter vom Boden abgehoben wird. Gelingt es einem der Bären nicht, durch den Reifen zu hüpfen, wird er oder sie der nächste Meister des Ringes, und der Reifen wird erneut auf den Boden gesetzt.

Menü

ORANGEN-ELEFANTEN

12 Portionen

Zutaten:

12 Navel-Orangen
48 Marshmallows
Zahnstocher
24 kleine Marshmallows
24 ganze Nelken

Zubereitung:

Machen Sie bei jeder Orange über dem Stielende vorsichtig einen V-förmigen Schnitt für den Schwanz (Fig. 1). Kerben Sie anschließend ein Y für den Rüssel in die andere Seite (Fig. 2). Nun an beiden so entstandenen Seiten C-förmige Schnitte für die Ohren anbringen. Jetzt können Sie die Schale vorsichtig entlang der Schnitte leicht von der Orange abziehen (Fig. 3). Marshmallows werden mit Zahnstochern unter dem Elefanten als Beine befestigt. Aus den kleinen Marshmallows die Augen formen. Diese mit den ganzen Nelken als Pupillen auf der Orange befestigen (Fig. 4).
Übrigens: Die Orangen-Elefanten bereiten Sie am besten am Morgen des Festes vor.

Zubereitungszeit: 25 Minuten

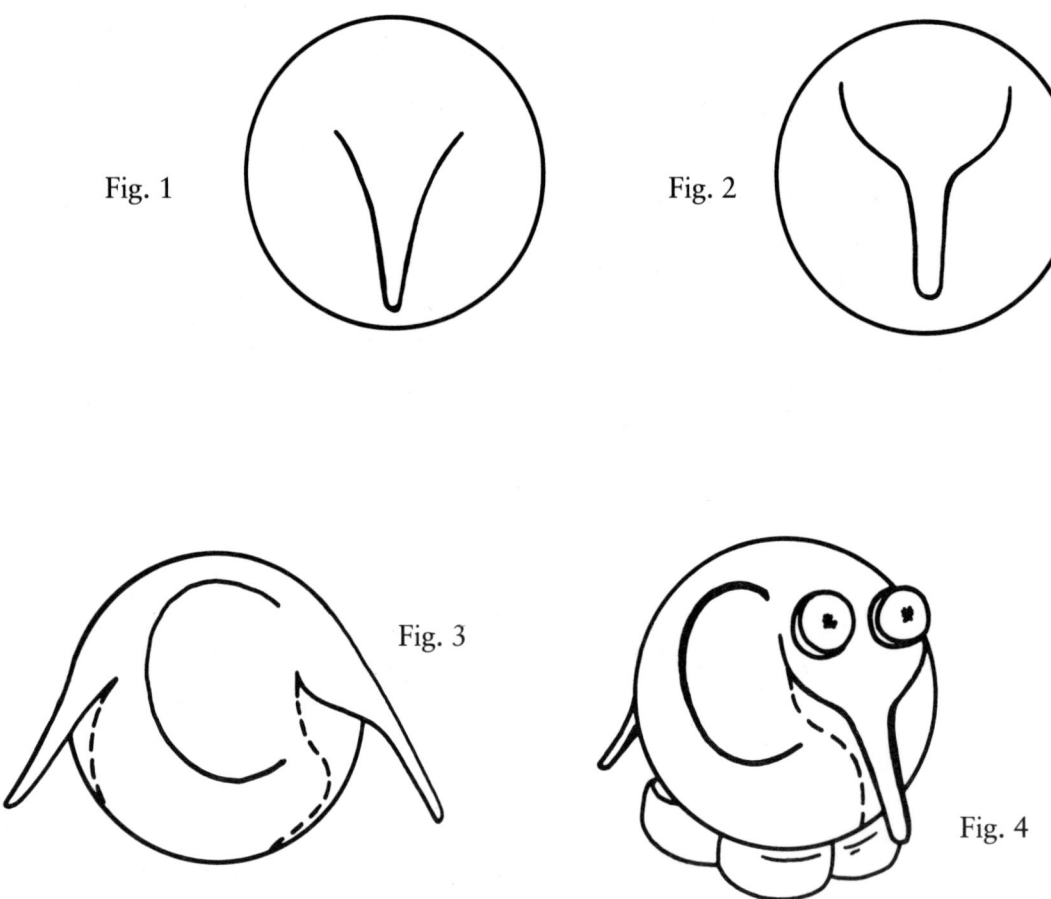

Fig. 1   Fig. 2   Fig. 3   Fig. 4

ORANGEN-ELEFANTEN

CLOWNSBROTE

24 Brote

Zutaten:

24 Scheiben weißes Toastbrot
3 Pakete Streichkäse (etwa Philadelphia)
2 Tüten geraspelter Käse
12 Party-Tomaten
12 Ringe roter Paprika
12 bis 14 entkernte Oliven, in Scheiben

Zubereitung:

Zuerst die Toastbrotscheiben zu Kreisen schneiden. Den Streichkäse gleichmäßig auf alle
Scheiben verteilen. Nun die Käseraspeln so auf den Rand streuen, daß sie wie Haare ausse-
hen (Fig. 1). Anschließend halbieren Sie die Party-Tomaten und entfernen die Kerne. Jede
Hälfte mit der Schnittseite nach unten auf ein Brot setzen – so entsteht die Clownsnase. Nun
die Paprikaringe halbieren und als Mund auf jedes Brot setzen. Scheiben entkernter Oliven
dienen als Augen (Fig. 2).
Übrigens: Bereiten Sie die Clownsgesichter am besten direkt vor dem Servieren zu, damit das
Brot nicht austrocknet.

Zubereitungszeit: 30 Minuten

KÄSIGE CLOWNSBROTE

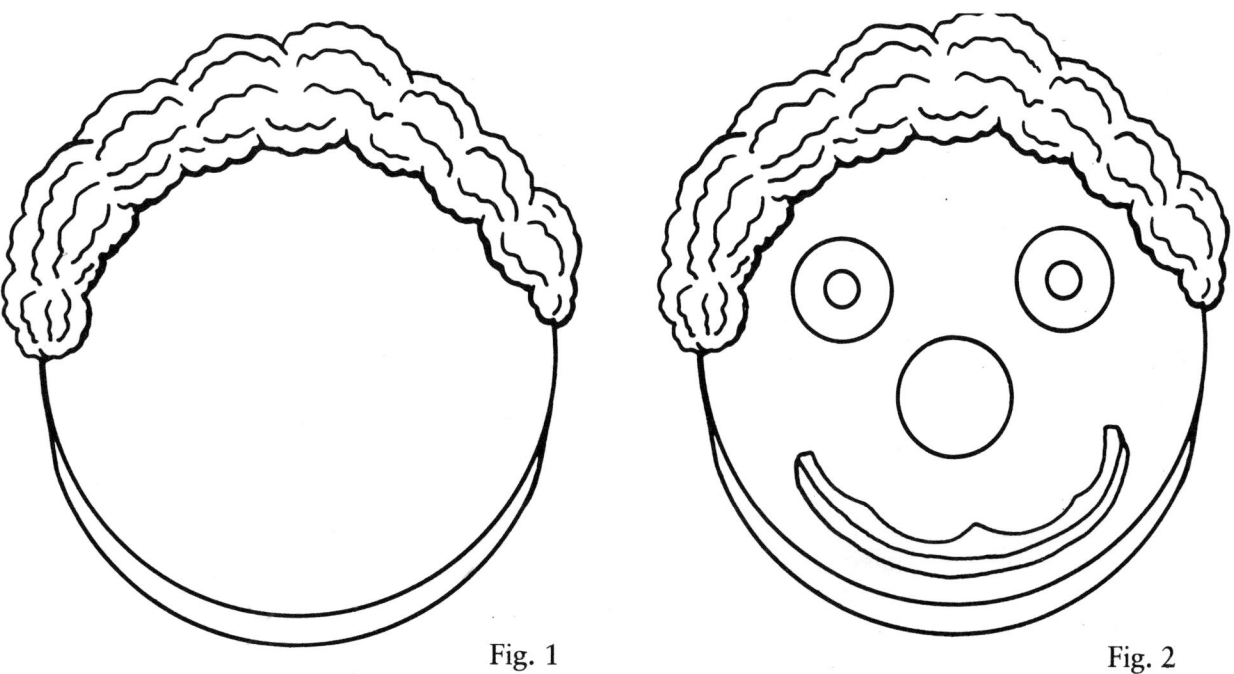

Fig. 1   Fig. 2

23

DUMBO-DIP

12 Portionen

Ein großer Kürbis, zu einem Elefantenkopf zurechtgeschnitten, dient als Schale für den köstlichen Dip.
Da es Kürbisse jedoch nicht zu jeder Jahreszeit zu kaufen gibt, können Sie auch eine andere Obst- oder Gemüsesorte, die dickbauchig ist, auswählen.

Zutaten:

1 großer gelber Flaschenkürbis (mit leicht gebogenem Hals)
Zahnstocher
2 ganze Gewürznelken
1 Lollo-Rosso-Salat, ersatzweise Eisbergsalat
Kartoffelchips, Möhren, Stangensellerie, Gurkenstreifen zum
   Eindippen
Dumbo-Dip (Rezept siehe unten)

Zubereitung:

Schneiden Sie zuerst das Ende des Kürbishalses ab. Dann jeweils oben und unten eine flache Scheibe vom Kürbis schneiden (Fig. 1). Arbeiten Sie dabei vorsichtig, damit Sie nicht unten in den Kürbis hineinstechen. Die beiden Scheiben nun mit Zahnstochern als Ohren seitlich vom Kürbis befestigen. Kleine Einkerbungen stellen die Augen dar, die Nelken dienen als Pupillen (Fig. 2). Jetzt können Sie den Kürbis von oben her aushöhlen und den Dip einfüllen. Den Lollo Rosso auseinanderzupfen, waschen und auf einer Salatplatte arrangieren. Der Elefantenkopf findet darauf Platz (Fig. 3), so daß die Salatblätter eine Halskrause bilden. Die Kartoffelchips und das Gemüse rund um den Kopf dekorieren. Der restliche Dip kann in kleinen Schälchen dazu serviert werden.

Übrigens: Den Kürbis können Sie bereits am Abend vor dem Fest vorbereiten. Streichen Sie die Schnittflächen dann mit Zitronensaft ein, damit sie sich nicht braun verfärben. Den Kürbis anschließend in Folie verpacken und kühl aufbewahren. Direkt vor dem Servieren mit Dip füllen.

Dumbo-Dip

Zutaten:

1 Pkt. Hüttenkäse
125 g Sauerrahm
125 g Mayonnaise
3 EL grob gehackte Petersilie
1 TL Schnittlauch
1 TL fein gehackte Petersilie
1/2 Tasse geriebene Gurke, geschält
1 TL Kräutersalz

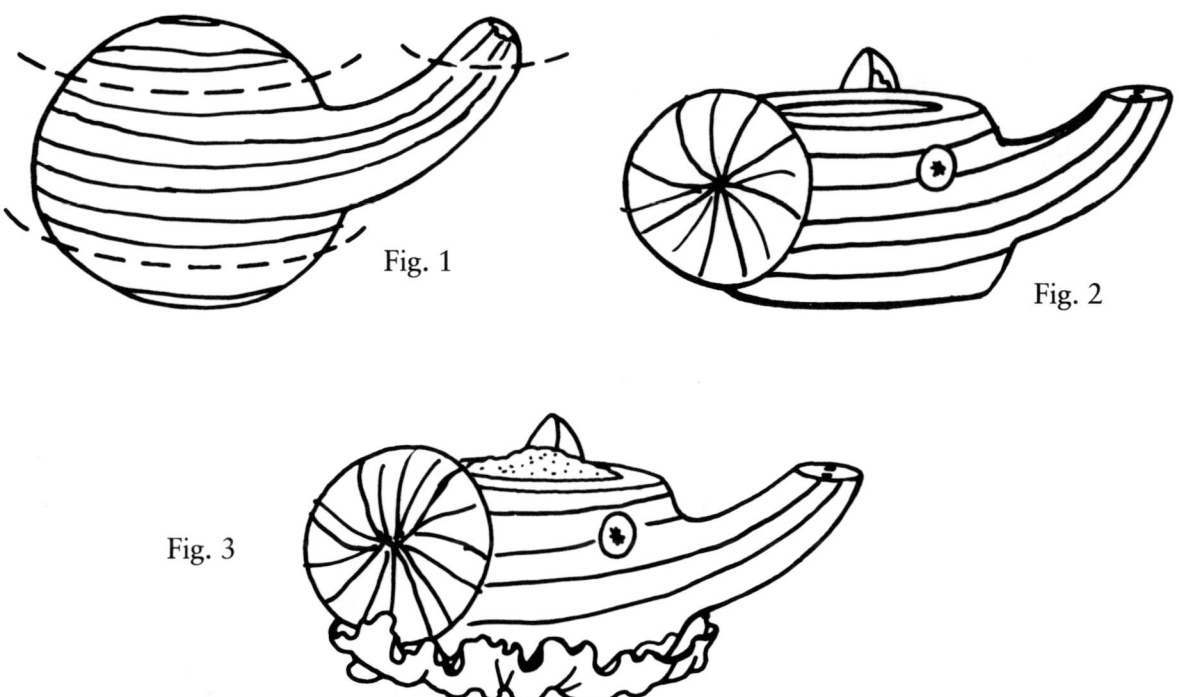

Fig. 1

Fig. 2

Fig. 3

Zubereitung:

Geben Sie alle Zutaten in eine Schüssel und verrühren Sie sie zu einer glatten Masse. Den Dip etwa acht Stunden ziehen lassen.
Übrigens: Der Dip kann bis zu drei Tage im voraus zubereitet werden.

Zubereitungszeit: 25 Minuten
Durchziehen: 8 Stunden oder länger

12 Portionen

Die Eis-Ballon-Sträuße sind ein sehr leichter Nachtisch, der auch aus Milcheissorten in verschiedenen Farben gemacht werden kann. Die Lakritzstangen erzielen den Effekt von Ballonbändern. Der Nachtisch wird direkt vor dem Servieren zubereitet. Es geht ganz schnell, Sie brauchen also nichts vorzubereiten.

Zutaten:

36 dünne Lakritzstangen
1 Pkt. Zitronensorbet
1 Pkt. Erdbeersorbet
1 Pkt. Orangensorbet

Zubereitung:

Nehmen Sie für jeden Strauß drei Lakritzstangen und verknoten Sie diese am unteren Ende. Dekorieren Sie sie nach der Zeichnung auf einem Dessertteller. Mit einem Eßlöffel Kugeln aus den drei Sorbetsorten stechen und als Ballons auf die Lakritzstangen setzen. Sofort servieren.

Zubereitungszeit: 10 Minuten

EIS-BALLON-
STRÄUSSE

DUMBO-UND-DIE-ROSA-ELEFANTEN-
KUCHEN

12 und mehr Portionen

Bei einem Dumbo-Fest verteile ich die Kuchen gerne wie in einem Drei-Manegen-Zirkus: ein mit rosa Zuckerguß versehener Elefant kommt an jedes Tischende, und der mit blauem Guß überzogene Dumbo, mit einer Feder im Rüssel, findet seinen Platz in der Mitte. Das Teigrezept reicht für drei Kuchen aus.

Zutaten:

600 g Mehl
300 g Zucker
150 g Margarine
200 ml Milch
150 ml Maraschinokirschensaft aus der Dose
3 1/2 TL Backpulver
1 TL Salz
5 Eiweiß
24 Maraschinokirschen
Kirschguß (Rezept siehe unten)
Zuckerguß (in Blau und Dunkel, Rezept folgt)
6 große Marshmallows
Eishörnchen
Feder

Zubereitung:

Mehl, Zucker, Backfett, Milch, Kirschsaft, Backpulver und Salz in einer großen Schüssel zu einem geschmeidigen Teig verarbeiten. Das Handrührgerät dann auf die höchste Stufe schalten und alles zwei Minuten gut durchschlagen. Nach und nach die Eiweiß dazugeben und weitere zwei Minuten schlagen. Die Kirschen ebenfalls zufügen. Nun kleiden Sie drei 20-cm-Springformen mit Backtrennpapier aus und verteilen den Teig gleichmäßig auf die drei Formen. Im vorgeheizten Backofen bei ca. 200°/Gas Stufe 3–4 für 25 bis 30 Minuten backen (an einem eingestochenen Zahnstocher sollte kein Teig mehr kleben bleiben). Die Kuchen gut auskühlen lassen. Dann nehmen Sie sie aus der Form und ziehen das Backpapier ab. Jetzt drei große Platten mit Folie abdecken und die Kuchen entsprechend Fig. 1 zurechtschneiden. Nach Fig. 2 Elefantenköpfe arrangieren. Zwei der Köpfe mit rosa, den dritten mit blauem Zuckerguß überziehen. Als Augen dienen jeweils zwei Marshmallows. Eine kleine Spritztüte mit schmaler Tülle (siehe Einleitung) mit dem dunklen Guß füllen. Damit zeichnen Sie die Pupillen (Fig. 3) und die Nasenlöcher im Rüssel nach (Fig. 4). Dumbo (mit blauem Guß) bekommt die Feder in seinen Rüssel. Das Eishörnchen als Hut auf seinen Kopf setzen. Mit dem restlichen blauen oder rosa Zuckerguß den Namen DUMBO auf das Hörnchen schreiben (Fig. 5).
Übrigens: Die Kuchen lassen sich gut zwei Wochen vor dem Fest zubereiten und einfrieren. Nach einer Stunde im Gefrierfach können sie in Folie geschlagen und ganz tiefgekühlt werden.

Cremiger Kirschguß

Zutaten:

2 Pakete Puderzucker
125 g weiche Butter
125 g Margarine
3 TL Maraschinokirschsaft
1 TL Milch
1 TL Mandelextrakt
Rote-Beete-Saft zum Färben

Zubereitung:

Alle Zutaten zu einem glatten, geschmeidigen Guß verrühren. Eventuell etwas Milch zufügen, wenn die Masse zu fest ist. Den Zuckerguß mit dem Rote-Beete-Saft bis zum gewünschten Pinkton einfärben.

Grund-Guß

Zutaten:

60 g weiche Butter
60 g Margarine
1 Paket Puderzucker
2 TL Milch
1/2 TL Mandelextrakt
blaue Speisefarbe
Kakaopulver

Zubereitung:

Alle Zutaten bis auf die Lebensmittelfarbe zu einer glatten, geschmeidigen Masse verarbeiten. Fügen Sie eventuell etwas Milch zu, wenn die Masse zu fest ist. Lassen Sie 1/4 Tasse Guß zurück. Sollten Sie mehr blauen oder dunklen Guß benötigen, können Sie diesen entsprechend einfärben. 3 TL des restlichen Gusses mit etwas Kakaopulver dunkel, den übrigen Guß Blau einfärben.

Zubereitungszeit: 45 Minuten
Backzeit: 25 bis 30 Minuten

DUMBO-UND-
DIE-ROSA-
ELEFANTEN-KUCHEN

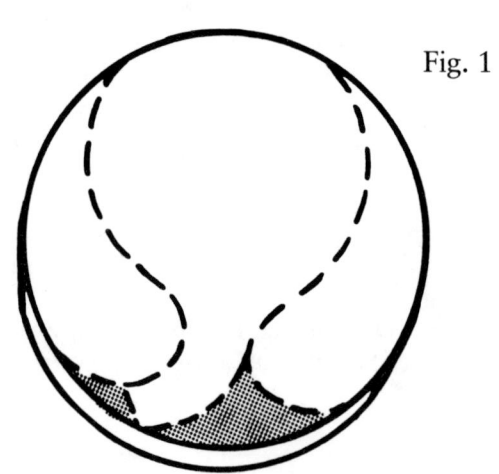

Fig. 1

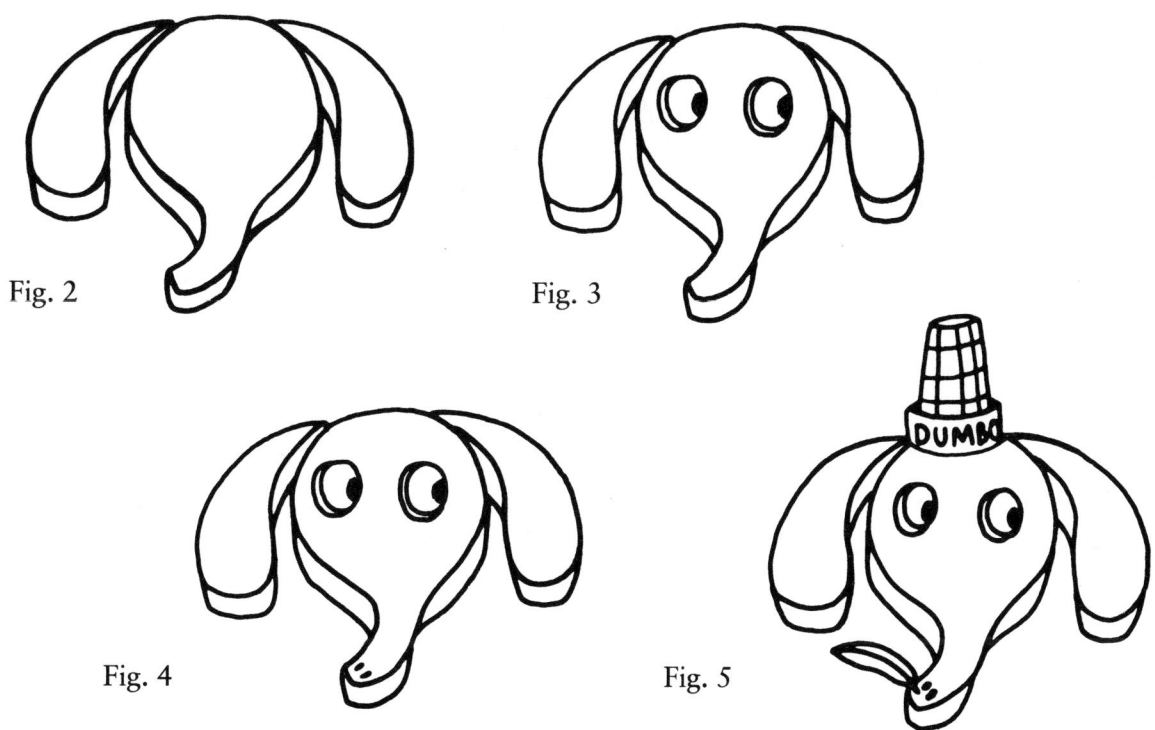

Fig. 2

Fig. 3

Fig. 4

Fig. 5

TIMOTHEUS' TUTTI - FRUTTI - PUNSCH

12 Portionen

Fruchteiswürfel in leuchtenden Farben führen das Ballon-Strauß-Thema weiter.

Zutaten:

1/2 l Orangensaft
1/2 l Pampelmusensaft
1/2 l Erdbeer-/Himbeersaft
3 l Zitronensprudel oder Ginger Ale

Zubereitung:

Geben Sie die drei Saftsorten in Eiswürfelfächer und frieren Sie sie etwa sechs Stunden lang, bis die Würfel fest sind. Vor dem Servieren verteilen Sie die Safteiswürfel auf Tassen. In jeder Tasse sollte ein Würfel jeder Farbe liegen. Zum Schluß mit Zitronensprudel oder Ginger Ale auffüllen.

Zubereitungszeit: 10 Minuten
Gefrierzeit: 6 Stunden und länger

101-DALMATINER-PARTY

In dem Walt-Disney-Film »101 Dalmatiner« aus dem Jahre 1961 müssen die beiden Dalmatiner Pongo und Perdita die teuflische Cruella de Vil überlisten. Cruella hat jeden kleinen Dalmatiner in London gefangen – auch Pongos und Perditas 15 Hundchen –, um sich einen Pelzmantel daraus zu machen! Mit Hilfe eines heimlichen Hunde-Telegraphen schaffen es die tapferen beiden, 99 Dalmatiner aus den Händen Cruellas zu befreien.

Einladung: Dalmatiner
Dekorationen: Gepunktetes Hundemotiv – gefleckte Tischdecke, gefleckte Luftballons; Pappteller und -becher; persönliche »Hundeschalen«
Zum Kennenlernen: Hundekuchen-Bäckerei
Märchen-Zubehör: Dalmatinerhunde-Ohren und Hundehalsbänder
Spiele: Stille Post; Vergrabene Knochen; Hundefänger
Menü: Pongos Birnen; Hot Dogs in Brotknochen; Kaninchen-Krossies; Perditas Eishundchen; Dalmatiner-Kuchen-Punkte-Milch

Dalmatiner

Ein lächelndes getupftes Hundegesicht lädt die Gäste auf die Dalmatiner-Party ein, ein Ort, an dem es vor Hundebabies nur so wimmelt.

Material:

12 weiße Klappkarten
1 Rolle rotes Plastik-Klebeband
12 Klebeschildchen in Gold
Filzstift in Schwarz
12 weiße Briefumschläge

So wird's gemacht:

Zuerst schneiden Sie für jede Einladungskarte einen Streifen rotes Klebeband so lang zu, daß Sie es etwa 2 cm über der unteren Kante quer über die Karte kleben können (Fig. 1). Nun auf jede Kartenvorderseite ein goldenes Klebeschild setzen. Das wird die Hundemarke. Anschließend zeichnen Sie ein Hundegesicht auf jede Vorderseite und schreiben den Namen des einzuladenden Kindes auf das Schildchen (Fig. 2). Zeichnen Sie zum Schluß die Dalmatinerflecken mit dem schwarzen Filzstift auf. Folgendes schreiben Sie in den Innenteil:

Pongo, Perdita und (Name Ihres Kindes)
veranstalten eine Dalmatiner-Hunde-Feier
auf
der Dalmatiner-Hundefarm
(Ihre Anschrift)
am (Datum) um (Uhrzeit).
Wuufff! U.A.w.g. (Ihre Telefonnummer).

Vorbereitungszeit: 1 Stunde, 20 Minuten

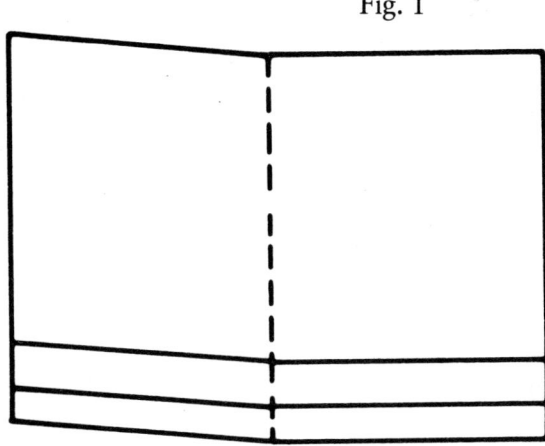

Fig. 1

Fig. 2   Fig. 3
DALMATINER-EINLADUNGEN

DEKORATIONEN

Bei Dalmatinern denkt man gleich an Flecken oder Punkte. Benutzen Sie einen alten
Schwamm, um diese mit schwarzer Farbe auf ein Papiertischtuch zu tupfen. Anschließend
tupfen Sie schwarze Flecken mit einer ungiftigen Farbe auf weiße Pappteller und -becher. Sie
können sogar weiße Ballons mit schwarzen Tupfen versehen. Als Mittelpunkt der Tafel dient
der Dalmatiner-Hundekuchen. Servieren Sie kleine Kekse als »Hundefutter« in passender
Umgebung: kleine, flache Plastikschalen, die jeweils mit dem Namen eines Gastes versehen
wurden.

ZUM KENNENLERNEN

Hundekuchen-Bäckerei

Kinder lieben Modelliermasse – besonders, wenn sie eßbar ist. Bei dieser Aktivität mischen
die Kinder Plätzchenteig (mit Schokoladenstückchen) zu kleinen Hundeknochen. Mit kleinen
Scholadenplättchen kann der Name eines jeden Kindes auf die Bäckerei gedrückt werden.

Zutaten:

175 g Margarine
175 g Butter
150 g Zucker
1/2 TL Mandelextrakt
800 g Mehl
150 g Schokoladenraspeln
Schokoladenplättchen für die Namen

Zubereitung:

Backfett, Butter, Zucker und Mandelextrakt schaumig rühren. Das Mehl langsam untermischen. Raspeln unterrühren. Nun teilen Sie den Teig in 12 gleichgroße Kugeln. Alle Kugeln in Alufolie einwickeln und mindestens eine Stunde in den Kühlschrank stellen. Eine Stunde vor Festbeginn aus dem Kühlschrank herausnehmen.

Wenn die Gäste kommen, führen Sie jedes Kind zu dem Tisch, der als »Hundekuchen-Bäckerei« dient. Jeder Gast bekommt einen Pappteller, auf dem er die Teigkugel zu einem Hundekuchen formen kann. Mit den kleinen Schokoladenplättchen dürfen die jeweiligen Namen auf den Kuchen »geschrieben« werden. (Kleine Kinder brauchen dabei sicherlich noch die Hilfe der Erwachsenen.) Wenn die Kinder essen, legen Sie die Hundeknochen auf ein mit Backtrennpapier ausgelegtes Backblech. Im vorgeheizten Backofen bei 175°/Gas Stufe 2 25 Minuten backen. Die Kuchen sollten hell bleiben. Alle Hundekuchen abkühlen lassen und erst dann vom Backtrennpapier lösen. Bevor die Kinder nach Hause gehen, schlagen Sie die Kuchen in Folie ein – zum besseren Transport.

Zubereitungszeit: 15 Minuten
Kühlzeit: 1 Stunde
Backzeit: 25 Minuten

HUNDEKUCHEN-BÄCKEREI

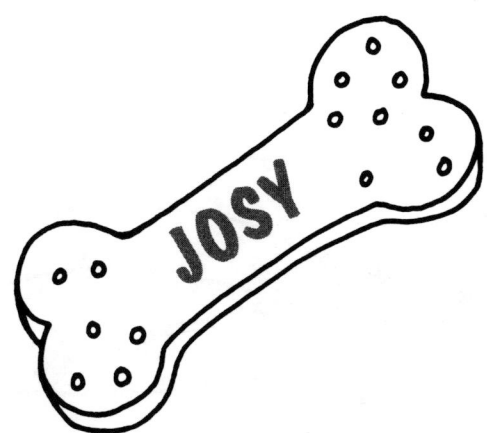

Dalmatiner-Hundeohren und persönliche Hundehalsbänder

Kleine Kinder lieben es, sich als Tiere zu verkleiden. Die Hundeohren und das Hundehalsband werden dabei helfen, daß die Kleinen sich wie ihre vierbeinigen Freunde fühlen.

Material:

2 m weißer Filz
Millimeter-/Karopapier
1 Bogen dünner Karton
Bleistift
Klebstoff
Stoffmalfarbe in Schwarz
Schwamm
Schere
Heftmaschine

So wird's gemacht:

Schneiden Sie 12 etwa 5 cm breite und etwa 60 cm lange Streifen aus dem weißen Filz für die Stirnbänder zu. Nehmen Sie den Kopfumfang Ihres Kindes als Standardmaß und heften Sie die Bänder zusammen. Ein kleines Stück sollte jeweils überlappen (Fig. 1). Übertragen Sie das Hundeohr von S. 35 mit Hilfe von Kohlepapier und Bleistift auf den Karton und schneiden Sie diese Schablone aus. Benutzen Sie die Schablone als Schnittmuster für die 24 Hundeohren. Nun falten Sie in jedes Ohr unten eine Kellerfalte (Fig. 2) und heften jeweils zwei Ohren von innen an das Stirnband. Die Ohren sollten oben über das Band schlappen. Jetzt tupfen Sie die angefeuchtete Spitze eines Schwammes in die schwarze Stoffmalfarbe und betupfen alle Stirnbänder und Ohren mit Dalmatinerpunkten (Fig. 3). Diese Hundeohren sollten 24 Stunden lang trocknen.
Vorbereitungszeit: 1 Stunde
Trockenzeit: 24 Stunden

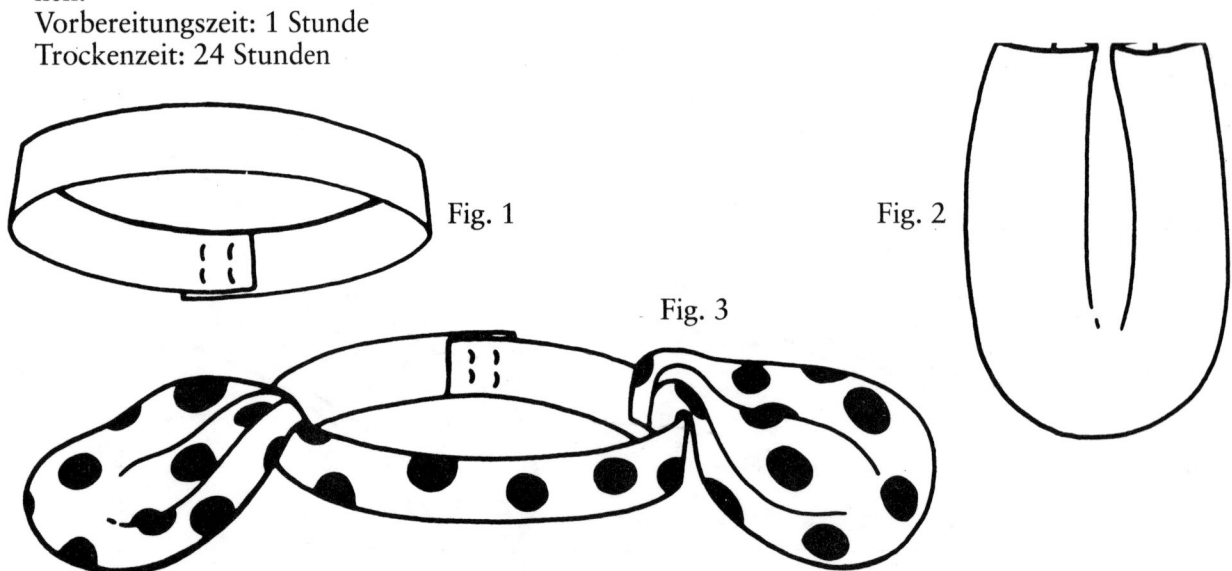

Fig. 1

Fig. 2

Fig. 3

DALMATINER-HUNDEOHREN

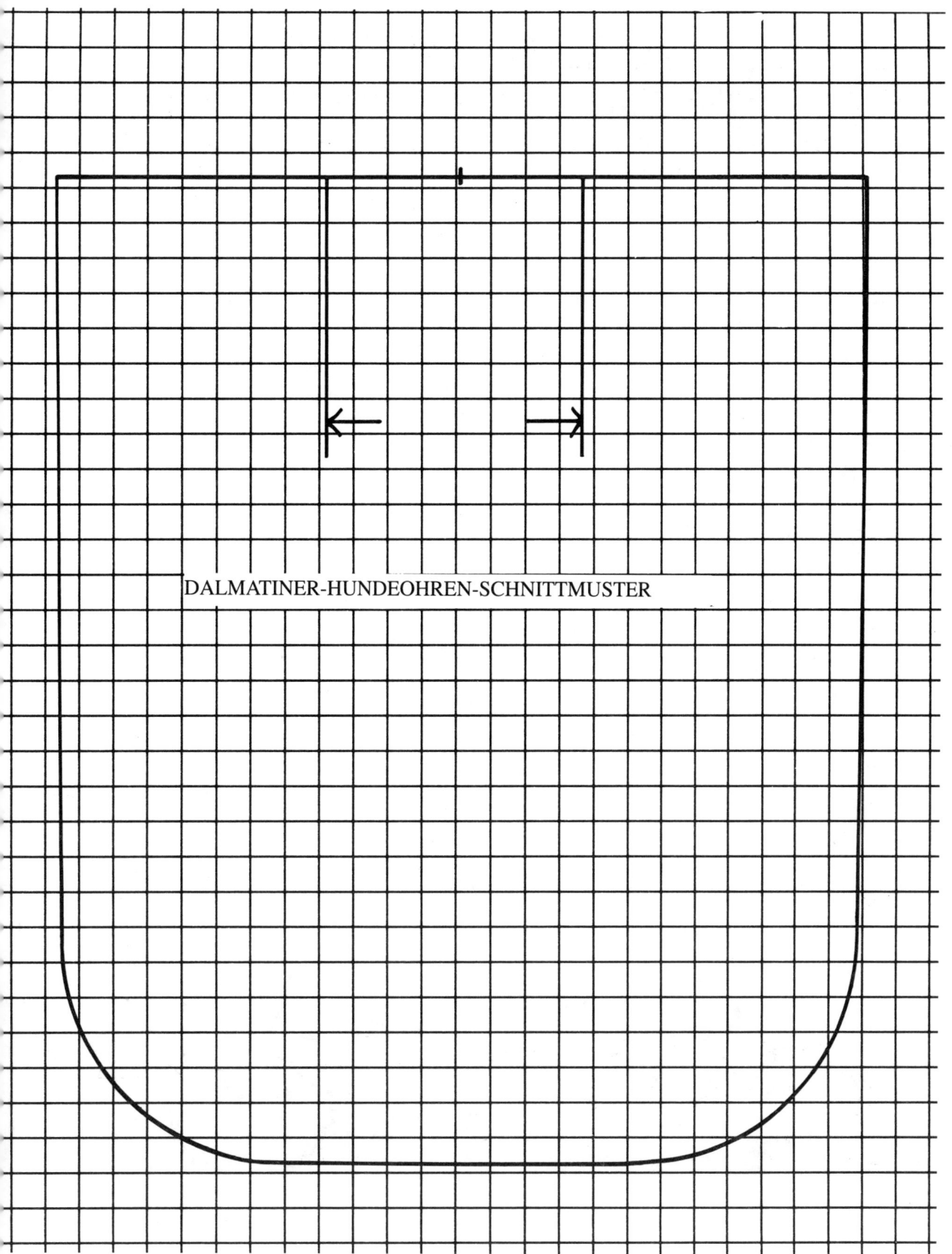

DALMATINER-HUNDEOHREN-SCHNITTMUSTER

Material:

5 m Schleifenband, 2,5 cm breit, in Rot
12 große Büroklammern
24 goldene Selbstklebe-Etiketten
Papierlocher
Schere
Wäschemarkierer in Schwarz
Heftmaschine

So wird's gemacht:

Schneiden Sie zuerst 12 etwa 38 cm lange Stücke von dem roten Band. Nun mit dem Locher
in die Mitte jedes Bandes ein Loch stanzen und die Büroklammer durchziehen (Fig. 1).
Anschließend kleben Sie jeweils zwei Selbstklebe-Etiketten zusammen, so daß eine goldene
»Hundemarke« entsteht. Diese Hundemarken ebenfalls lochen und den Namen jedes Gastes
auf eine Seite der Marke schreiben (Fig. 2). Die Marken auch auf die Büroklammern ziehen
(Fig. 3). Wenn die kleinen Gäste ankommen, bekommt jeder sein persönliches
Hundehalsband umgebunden. Es sollte locker sitzen und keinen Hals einengen.

Vorbereitungszeit: 45 Minuten

PERSÖNLICHE HUNDEHALSBÄNDER

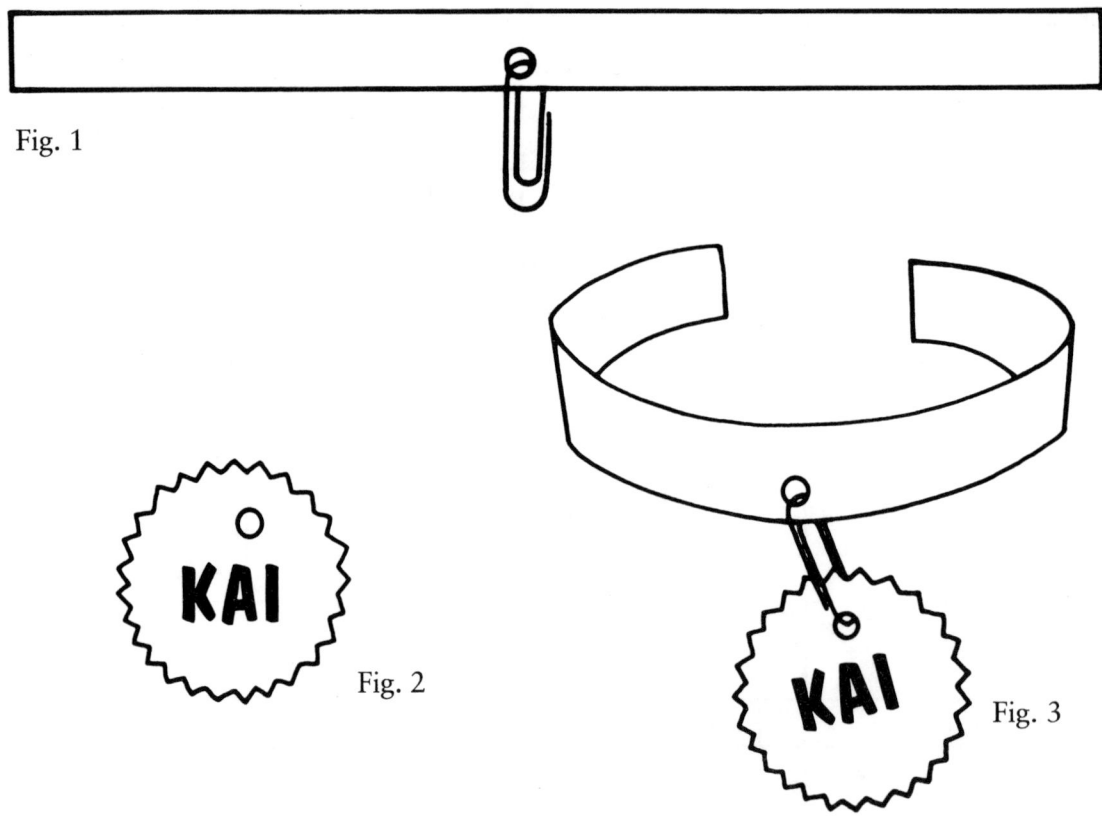

Fig. 1

Fig. 2

Fig. 3

101-DALMATINER-PARTY mit Hot Dogs als Hundeknochen im Brotteig (S. 39) und Perditas Eiscreme-Hundebabies (S. 41)

Stille Post

Nachrichten zwischen Danny, der dänischen Dogge, dem Colonel sowie Sergeant Tibs werden so ausgetauscht, wie es früher mit Hilfe der Telegrafie geschah. Jeder Hund bellte Worte für die vermißten Hundekinder klar die Themse hinunter (auch wenn die Botschaft manchmal ein bißchen verzerrt wurde, genau wie es eben auch bei einem Walkie-talkie passiert). Stellen Sie die Kinder im Garten oder einem großen Zimmer in einer langen Reihe auf. Jedes Kind sollte etwa 1,5 m vom nächsten entfernt stehen. Das Kind am Anfang der Reihe denkt sich eine Botschaft aus, rennt zum nächsten Kind und flüstert diesem die Botschaft ins Ohr. (Für kleine Kinder ist das schwer genug. Ältere Kinder sollten sich längere Botschaften ausdenken.) Die Botschaft gelangt auf diese Weise die Reihe entlang bis zum letzten Kind, das sie laut aufsagen muß. Die Kleinen werden sich köstlich amüsieren, wenn sie hören, wie sich die Botschaft auf dem langen Weg verändert hat. Das Kind vom Ende der Reihe stellt sich nun an den Anfang, und das Spiel kann von neuem beginnen. Es wird solange wiederholt, bis alle Kinder eine Botschaft aussenden konnten.

Vergrabene Knochen

Die Jagd nach den »vergrabenen Knochen« funktioniert ähnlich wie das Ostereiersuchen, nur nehmen Sie Hundekuchen statt der Eier. Kaufen Sie eine große Schachtel Hundekuchen in verschiedenen Farben (rot, grün und braun). Verstecken Sie diese an geheimen Orten im Garten oder im Haus. Verstecken Sie von jeder Farbe gleich viele. Teilen Sie die Kinder in drei Gruppen ein: ein rotes Team, ein grünes Team und ein braunes Team. Jede Mannschaft sucht nun nach seinen eigenen Hundekuchen. Ein gefundener Kuchen der Mannschaftsfarbe bringt drei Punkte. Ein Hundekuchen in der Farbe eines anderen Teams bringt nur einen Punkt. Nachdem alle Kuchen nach einer bestimmten Zeit ausgezählt wurden, ist der Sieger die Mannschaft mit den meisten Punkten.

Hundefänger

Hundefänger ist ein Versteckspiel. Die sich verstecken, sind Dalmatiner, die Suchende ist Cruella de Vil. Cruella trägt ein kleines Goldfischnetz (Symbol für das klassische Netz der Hundefänger). Die Hunde verstecken sich in Haus oder Garten, während Cruella bis 101 zählen muß. Jüngere Kinder sollten bis 10 zählen und dann 101 rufen – die Zeit reicht auch aus. Sobald Cruella einen Dalmatiner gefunden hat, bringt sie ihn zurück in den Hundezwinger. Der letzte Dalmatiner, der gefangen wird, ist der Sieger. Der erste »Hund«, der sich fangen läßt, ist in der nächsten Runde Cruella.

Menü
PONGO-BIRNEN

---

12 Portionen

Kleine Kinder lieben Obstsalat. Birnen und Pflaumen aus der Dose vereinfachen die Sache.

Zutaten:

12 Salatblätter
12 Birnenhälften aus der Dose
6 Pflaumen aus der Dose
12 kleine Marshmallows
12 Rosinen
6 rote Weintrauben

Zubereitung:

Legen Sie die Salatblätter auf eine Seite der Eßteller (die Hot Dogs im Brotteig werden zusammen mit diesem Gericht serviert). Lassen Sie nun die Birnenhälften gut abtropfen und plazieren Sie diese mit der Schnittseite nach unten auf den Salatblättern. Anschließend die Pflaumen der Länge nach halbieren und entkernen. Drücken Sie die Pflaumen auf die breite, runde Seite der Birnen als Ohren (Fig. 1). Jetzt kleine Löcher als Augen in die Birnen schneiden und mit den kleinen Marshmallows füllen. Die Rosinen werden als Pupillen auf die Marshmallows gesetzt. Zum Schluß die Weintrauben halbieren und ebenfalls die Kerne entfernen. Jeweils eine Hälfte als Schnauze an die Schmalseite der Birnen legen (Fig. 2). Übrigens: Die Zubereitung dieses Gerichts nimmt so wenig Zeit in Anspruch, daß Sie es direkt vor dem Servieren tun können.

Zubereitungszeit: 15 Minuten

PONGOS OHREN

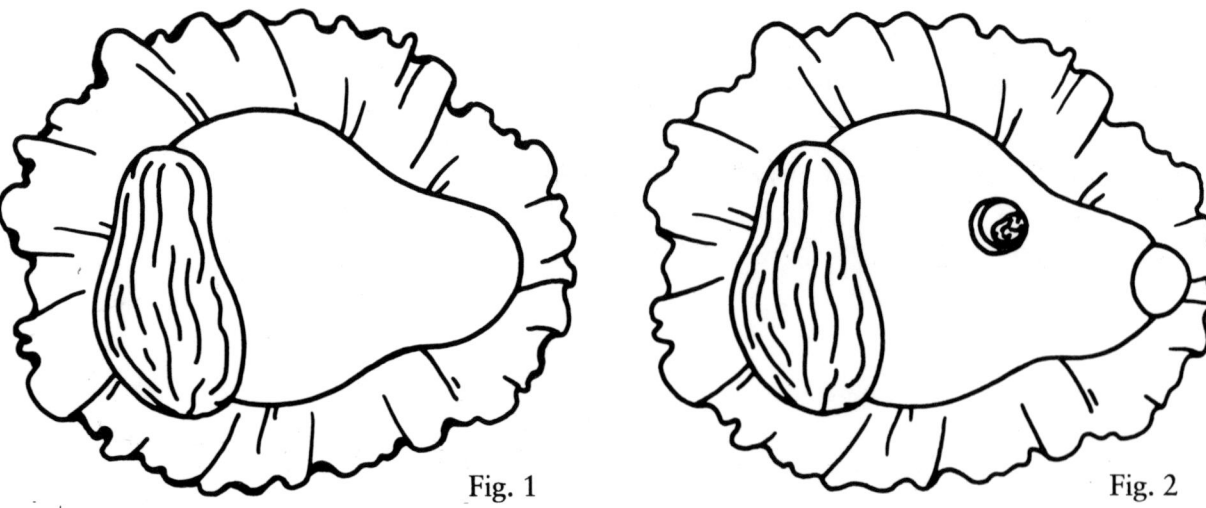

Fig. 1   Fig. 2

HOT DOGS ALS HUNDEKNOCHEN
IM BROTTEIG

Die Frankfurter Würstchen, so in Brotteig gekleidet, daß sie wie Hundeknochen aussehen, werden alle kleinen »Dalmatinerbabies« auf dem Fest begeistern – auch wenn sie groß genug sind, um einen Bernhardiner zu sättigen.

Zutaten:

12 Frankfurter/ Wiener Würstchen
TK-Brötchenteig (8 Brötchen)
1 Ei
1 TL Wasser

Zubereitung:

Lösen Sie zuerst die Brötchen voneinander und rollen Sie diese zu Streifen aus. Anschließend jedes Würstchen spiralförmig in den Teig wickeln (Fig. 1). Ziehen Sie den Teig so auseinander, daß die Würstchen ganz davon bedeckt werden (Fig. 2). Nun für jeden »Knochen« ein Brötchen halbieren, die Hälften zu dünnen Rollen formen und je eine Rolle an die Enden eines Würstchens setzen. Dann die Enden der Teigrollen zueinanderdrehen, so daß sich die Spiralen in der Mitte treffen (Fig. 3). Nun die Knochen mit etwa 6 cm Abstand zueinander auf ein mit Backtrennpapier ausgelegtes Backblech setzen. Im vorgeheizten Backofen bei 180–200°/Gas Stufe 3–4 etwa 20 Minuten backen, bis sie gut aufgegangen und hellbraun sind (Fig. 4). Dann schnell auf die mit Pongo-Birnen vorbereiteten Teller legen und warm servieren.
Übrigens: Die Hundeknochen schmecken am besten, wenn sie direkt vor dem Servieren zubereitet werden. Der Brötchenteig hält sich – einmal geöffnet – nicht im Kühlschrank. Müssen Sie die Hundeknochen aus Zeitmangel doch schon am Abend vorher zubereiten, backen Sie sie nur 17 Minuten, dann in den Kühlschrank legen und vor dem Servieren nochmals 10 bis 12 Minuten bei 175°/Gas Stufe 2 backen, bis sie goldbraun sind.

Zubereitungszeit: 20 Minuten
Backzeit: 20 Minuten

HOT DOGS IM BROTTEIG

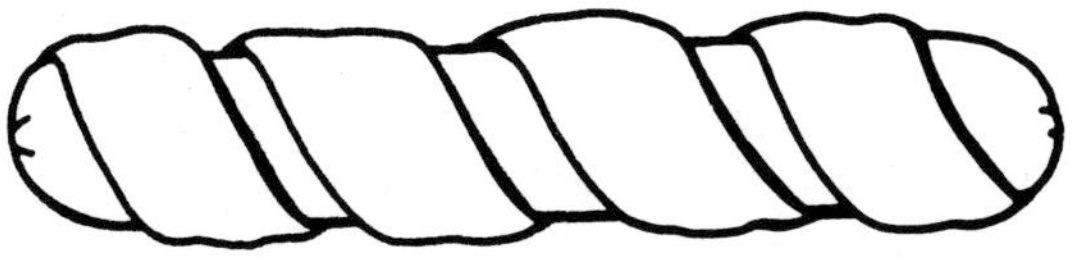

Fig. 1

Fig. 2

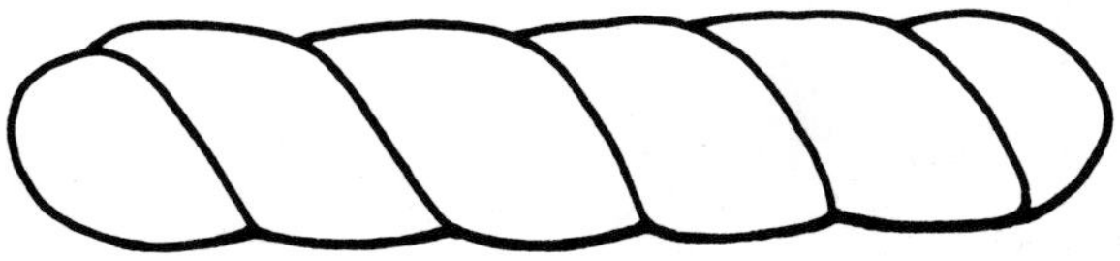

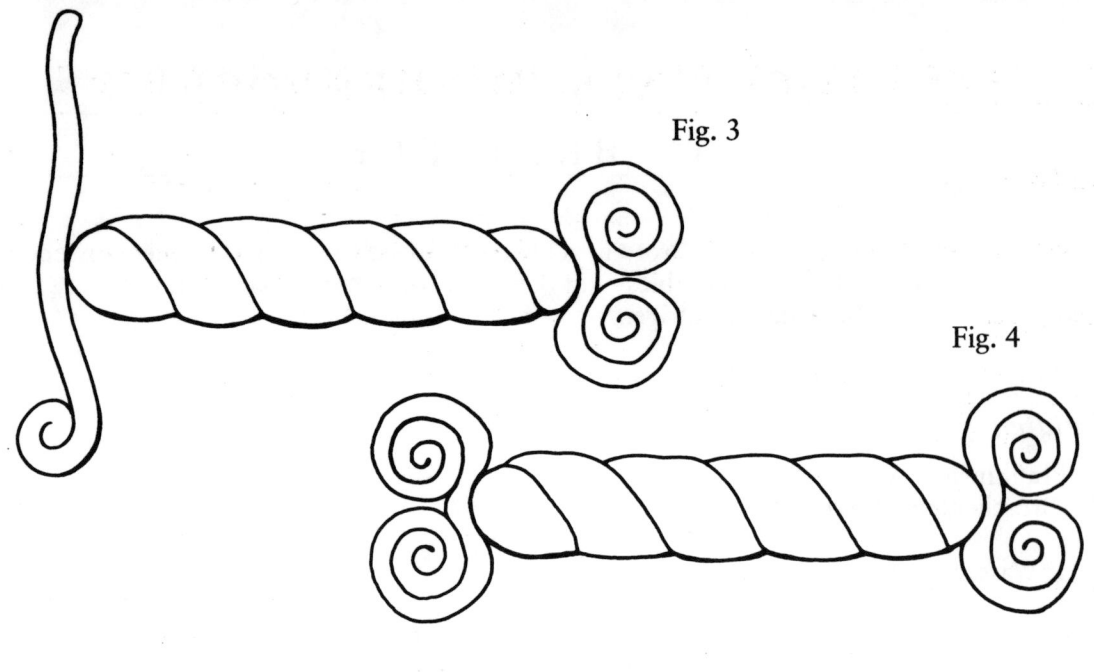

Fig. 3

Fig. 4

HUNDEFUTTER

Die Hundebabies von Pongo und Perdita schauen für ihr Leben gern fern. Ihre Lieblingssendung heißt »Donner«. Sie handelt von dem Hund eines Sheriffs im Wilden, Wilden Westen. Ihre Lieblingswerbung dabei ist die für Hundefutter.

Auf diesem Fest kann als »Hundefutter« alles dienen, was Ihre Kinder mögen: Kartoffelchips, Müsli, Salzbretzeln, Popcorn oder eine Mischung aus all diesen Sachen. Das Geheimnis des Erfolges wird die Dose sein! Schlagen Sie eine große leere Pappschachtel in einfaches Packpapier ein. Dann zeichnen Sie Ihr eigenes Hundefutter-Etikett mit Bunt- oder Filzstiften auf (siehe Beispiel auf dieser Seite). Füllen Sie die Schachtel mit den gewünschten Leckerbissen, und stellen Sie sie auf den Tisch (Fig. 1). Zum Servieren schütten Sie die Portionen einfach in die vorbereiteten »Hundeschalen« (siehe unter Dekorationen) (Fig. 2).

Zubereitungszeit: 30 Minuten

Fig. 1

Fig. 2

PERDITAS EISCREME-HUNDEBABIES

12 Portionen

Was ist das beste Dalmatiner-Dessert? Nun, natürlich Eiskrem mit Schokoladenstückchen.

Zutaten:

2 l Eiscreme mit Schokostückchen
12 Schokoladen-Pfefferminztaler
24 kleine Marshmallows
1 Tasse dunkle Schokoladensauce (jede Sorte, die sich beim Erwärmen verflüssigt und stockt, wenn sie gekühlt wird)

Zubereitung:

Bedecken Sie zuerst ein Kuchenblech mit Aluminiumfolie. Anschließend 12 große Kugeln Eis mit einigem Abstand zueinander darauf plazieren. Dabei möglichst schnell arbeiten. An jede große Kugel eine kleine als Hundeschnauze setzen (Fig. 1). Anschließend die Pfefferminztaler halbieren und mit den Schnittseiten seitlich in die großen Kugeln stecken. So entstehen die Hundeohren. Nun die Marshmallows als Augen oberhalb der kleinen in die großen Eiskugeln setzen. Jetzt stellen Sie eine kleine Spritztüte her (siehe Einleitung), erwärmen den Schokoladenguß und füllen diesen in die Tüte mit möglichst kleiner Öffnung. Zeichnen Sie damit vorsichtig Pupillen auf die Marshmallows und kleine Hundenasen und Mund auf die kleinen Eiskugeln (Fig. 2). Zum Schluß das Kuchenblech für mindestens drei Stunden in das Gefrierfach Ihres Kühlschrankes setzen.
Übrigens: Die kleinen Hundeköpfe können bis zu einer Woche im voraus zubereitet werden. Setzen Sie die Köpfe dann in luftdichte Dosen oder verpacken Sie sie gut in Gefrierfolie.

Zubereitungszeit: 20 Minuten
Gefrierzeit: 3 Stunden und mehr

PERDITAS EISCREME-HUNDEBABIES

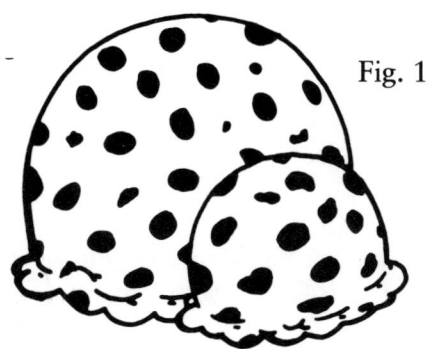

Fig. 1

Fig. 2

DALMATINER-KUCHEN

12 Portionen und mehr

Kleine Schokoladenraspeln durchziehen den Teig dieses Kuchens, größere Schokoladenstückchen verschönern den Guß. Der Effekt läßt sich sehen: Dalmatinerflecken durch und durch.

Zutaten:

600 g Mehl
300 g Zucker
175 g Margarine
275 ml Milch
3 1/2 TL Backpulver
1 TL Salz
1 TL Mandelextrakt
5 Eiweiß
150 g Schokoladenraspeln
Mandelbutterguß (Rezept siehe S. 44)
1 Paket Schokoladenplättchen
1 großer Marshmallow in Weiß
1 Schokoladenbonbon
1 großer roter Gummidrops

Zubereitung:

Mehl, Zucker, Margarine, Milch, Backpulver, Salz und Mandelextrakt mit dem Handrührgerät zu einem geschmeidigen Teig verarbeiten. Nach und nach die Eiweiß zugeben und noch zwei Minuten auf höchster Geschwindigkeitsstufe weiterschlagen. Zum Schluß die Schokoladenraspeln unterrühren. Verteilen Sie den Teig gleichmäßig auf eine 20-cm-Springform und eine 20 cm lange quadratische Kuchenform, die Sie beide vorher mit Backtrennpapier ausgelegt haben. Im vorgeheizten Backofen bei 180°/Gas Stufe 3 etwa 30 bis 35 Minuten backen oder solange, bis an einem eingestochenen Zahnstocher kein Teig mehr haften bleibt. Anschließend die beiden Kuchen komplett auskühlen lassen. Erst dann aus den Formen nehmen und das Backtrennpapier abziehen.
Nun legen Sie ein großes Brett mit Aluminiumfolie aus. Schneiden Sie die Kuchen entsprechend Fig. 1 zu und arrangieren Sie die Stücke nach Fig. 2 auf dem Brett. Den ganzen Kuchen gut mit weißem Guß überziehen. Der Marshmallow bildet das Auge, das Schokoladenbonbon wird zur Hundeschnauze. Dann stellen Sie eine Spritztüte mit sehr kleiner Tülle her (siehe Einleitung) und füllen diese mit dunklem Guß. Tupfen Sie damit vorsichtig die Pupille auf und umranden Sie auf dem Kuchen, wie in Fig. 3 gezeigt, Ohren und Pfoten. Die Schokoladenplättchen als Dalmatinerflecken in den noch feuchten Guß drücken. Zum Schluß pressen Sie den roten Gummidrops flach und setzen ihn seitlich so auf den Kuchen, daß er wie eine Zunge aussieht.

Übrigens: Dieser Kuchen läßt sich gut einfrieren und kann deshalb bis zu drei Wochen im voraus zubereitet werden, wenn er Platz in der Gefriertruhe findet. Nachdem der Guß etwa eine Stunde getrocknet ist, packen Sie den Kuchen gut in Gefrierfolie und setzen ihn in das Gefrierfach.

DALMATINER-KUCHEN

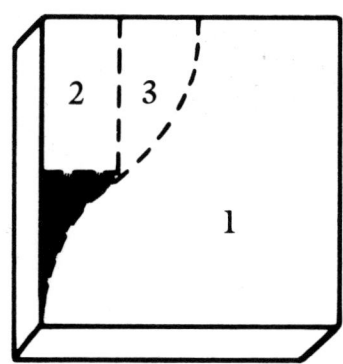

Fig. 1

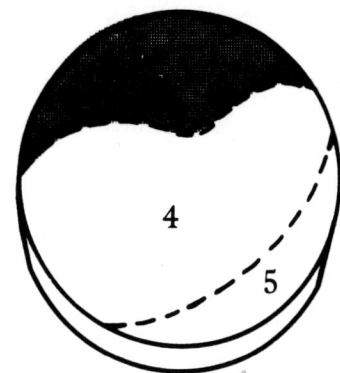

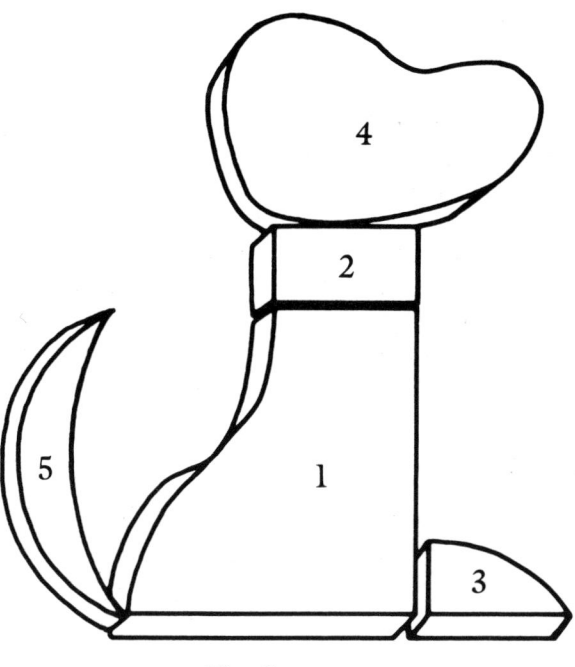

Fig. 2

Fig. 3

Mandelbutter-Guß

Zutaten:

175 g Margarine
175 g weiche Butter
1 TL Mandelextrakt
3 Pakete Puderzucker
4 EL Milch
1 TL Kakaopulver

Zubereitung:

Margarine, Butter und Mandelextrakt schaumig schlagen. Nach und nach den Puderzucker dazugeben. Nun rühren Sie soviel Milch dazu, bis eine weiche, glatte Masse entsteht.
1/4 Tasse Guß beiseite stellen und mit dem Kakao vermischen, um ihn dunkel zu färben.

Kuchenzubereitungszeit: 20 Minuten
Backzeit: 30 bis 35 Minuten
Gefriervorbereitung und Dekorationszeit: 1 Stunde

POLKA-PUNKTEMILCH

Die Milch mit Vanillegeschmack wird über Kugeln mit Stracciatella-Eis gegossen – eine wunderbare Erfrischung auch für die Jüngsten.

Zutaten:

2 l Milch
1 EL Vanilleextrakt
1 Tüte Schokoladenplättchen

Zubereitung:

Vermischen Sie die Milch mit dem Vanilleextrakt. Dann verteilen Sie die Schokoladenplättchen gleichmäßig auf die Fächer von vier Eiswürfelschalen. Füllen Sie die Schalen mit der Vanillemilch und gefrieren Sie alles mindestens vier Stunden lang. Die restliche Milch in der Zwischenzeit kühl stellen. Zum Servieren die Milcheiswürfel auf Schalen verteilen und mit der restlichen Milch übergießen.
Übrigens: Die Milcheiswürfel können bis zu drei Tagen im voraus zubereitet werden.

Zubereitungszeit: 10 Minuten
Gefrierzeit: 4 Stunden und mehr

PETER-PAN-PARTY

Wendy Darling unterhält ihre Brüder Klaus Darling und Michael Darling immer wieder mit Geschichten von Peter Pan, einem Jungen, der Abenteuer liebt und im Nimmerland wohnt. Peter Pan weigert sich, erwachsen zu werden. Für Wendys Vater ist Peter Pan einfach eine Märchengestalt, doch für Wendy und ihre Brüder ist er ganz wirklich. Eines Abends verbietet der Vater Wendy, noch mehr Geschichten von Peter Pan zu erzählen. In derselben Nacht – Wendys Eltern sind ausgegangen – kehrt Peter Pan höchstpersönlich in das Haus der Darlings zurück, um seinen Schatten zu holen, den er dort hat liegenlassen! Peter zeigt den drei Kindern, wie man fliegt, und mit der Fee Glöckchen führt er sie ins Nimmerland. Dort treffen Sie die verschwunschenen Kinder, Prinzessin Tigerlilly und den bösen Käpt'n Hook.

Einladung: Karte zum Nimmerland

Dekorationen: Nimmerlandmotiv – Landkarte als Tischtuch; Krokodil-Clips; Zelt-Servietten; Piratenschiff-Segel; Totenkopfflagge; laut tickende Uhr

Zum Kennenlernen: Peter-Pan-Party-Hüte

Märchen-Zubehör: Krokodil-Clips

Spiele: Die Jagd nach Peter Pans Schatten; Plankenlaufen; Käpt'n Hooks Schatzsuche

Menu: Gurkenkrokodile (mit Schatzinsel-Dip); Piratenschiff »Arme Jungs«; Tigerlillys Totempfahl-Kartoffeln; Käpt'n Hooks Eisköpfe; Krokodil-Kuchen; Glöckchens Traum-Punsch

EINLADUNG

Karte zum Nimmerland

Die Einladung zur Peter-Pan-Party kommt mit einer Karte zum Nimmerland – und Sternenstaub, um dorthin fliegen zu können. Zeichnen Sie die Karte einfach auf ein Blatt Schreibmaschinenpapier und kopieren Sie sie 12mal.

Material:

Filzstift in Schwarz
2 Blatt Schreibmaschinenpapier
Buntstifte
Gold-/Silberglitter
12 Briefumschläge

So wird's gemacht:

Zeichnen Sie zuerst die Karte von Nimmerland (siehe Seite 48) auf ein Blatt Papier mit einem dünnen Filzstift. Achten Sie darauf, die Begriffe wie Piratenhöhle, Krokodilfluß, Bucht der Meerjungfrau, Totenkopffelsen, Indianercamp, Nebelberge, Meer der Erinnerungen und Galgenbaum einzutragen.
Auf das zweite Blatt Papier schreiben Sie folgende Botschaft:

> Dies ist Dein Paß zur Peter-Pan-Geburtstags-Party
> Streu den Sternenstaub über Dein Haupt
> am (Datum) und fliege ins Nimmerland!
> Um (Uhrzeit) klopfst Du dreimal an den Galgenbaum
> in (Ihre Anschrift)
> und fragst nach (Name Ihres Kindes)
> U.A.w.g. (Ihre Telefonnummer)

Fertigen Sie doppelseitige Kopien, so daß sich der Plan auf der einen Seite und die Botschaft auf der anderen Seite des Papiers befindet. Malen Sie die Karten mit Buntstiften an. Dann alle Blätter auf Umschlaggröße zusammenfalten und jeweils einen Teelöffel voll Glitter hineinstreuen – das ist Glöckchens Sternenstaub. Zum Schluß vorsichtig in die Umschläge stecken und abschicken.

Vorbereitungszeit: 45 Minuten

NIMMERLAND

TOTENKOPFFELSEN

BUCHT DER MEERJUNGFRAUEN

MEER DER ERINNERUNGEN

NEBELBERGE

KROKODILFLUSS

GALGENBAUM

INDIANERCAMP

PIRATENHÖHLE

DEKORATIONEN

Die Dekoration für die Peter-Pan-Party kann genauso phantasievoll sein wie das Nimmerland selbst. Von der Piratenhöhle zum Indianercamp über den Totenkopffelsen bis zum Galgenbaum gibt es bestimmt unzählige Möglichkeiten! Zum Beispiel können Sie die Karte von Seite 48 auf eine Papiertischdecke zeichnen. Malen Sie das Nimmerland auf ein großes Stück weißes Papier. Streichen Sie das Meer der Erinnerungen blau an. Dann legen Sie einfach viele Buntstifte auf den Tisch, so daß die Kinder die Decke selber weiter ausmalen können. Krokodil-Clips markieren die einzelnen Sitzplätze, und der Krokodilkuchen bildet den unübersehbaren Mittelpunkt. Die Papierservietten lassen sich zu kleinen, amerikanischen Indianerzelten falten, die Sie mit Buntstiften dekorieren. Sie können sogar aus einem alten Bettlaken Piratensegel zaubern und diese von einer gespannten Wäscheleine oder der Zimmerdecke herabhängen lassen. Und natürlich darf dabei auch die schwarze Piratenflagge mit weißen, gekreuzten Knochen und Totenkopf nicht fehlen. Nun brauchen Sie nur noch eine passende Geräuschkulisse, um die Atmosphäre zu vervollständigen. Erinnern Sie sich daran, daß Käpt'n Hooks alter Feind, das Krokodil, eine Uhr verschluckt hat? Vielleicht haben Sie ja einen laut tickenden alten Wecker, der auf der Party noch einmal seine Verwendung findet.

ZUM KENNENLERNEN

Peter-Pan-Hüte

Peter Pan ist ganz in Grün angezogen – von seinen Schnabelschuhen bis zu seinem Jagdhut –, alles ist grün, außer einer kleinen roten Feder an der Spitze. Die Kinder kommen bestimmt bald in die Stimmung des Nimmerlandes, wenn sie sich ihre eigenen Peter-Pan-Hüte mit den roten Federn basteln dürfen.

Material:

12 feste, grüne Papierservietten
Heftmaschine
12 rote Federn (aus dem Bastelladen)

So wird's gemacht:

Basteln Sie einen Hut als Beispiel, den Sie zusammen mit dem Papier, der Heftmaschine und den Federn auf einen Basteltisch legen. Zeigen Sie dann jedem ankommenden Kind, wie der Hut gefaltet wird. Falten Sie zuerst ein Papiertuch zu einem Rechteck, dann zu einem weiteren Rechteck auf die Hälfte, wobei der erste Kniff oben sitzen sollte. Anschließend falten Sie die beiden Ecken jeweils zur Mitte (Fig. 1). Dann schlagen Sie unten eine Kante etwa 2,5 cm nach oben, drehen die Arbeit und verfahren mit der anderen Kante ebenso. Den Vorgang nochmals wiederholen (Fig. 2). Anschließend stecken Sie an beiden Ecken eine gefaltete Kante unter die andere und heften diese zusammen (Fig. 3). Den Hut leicht auseinanderziehen und eine rote Feder auf einer Seite in den Krempenumschlag stecken (Fig. 4).

Vorbereitungszeit: 5 Minuten pro Hut

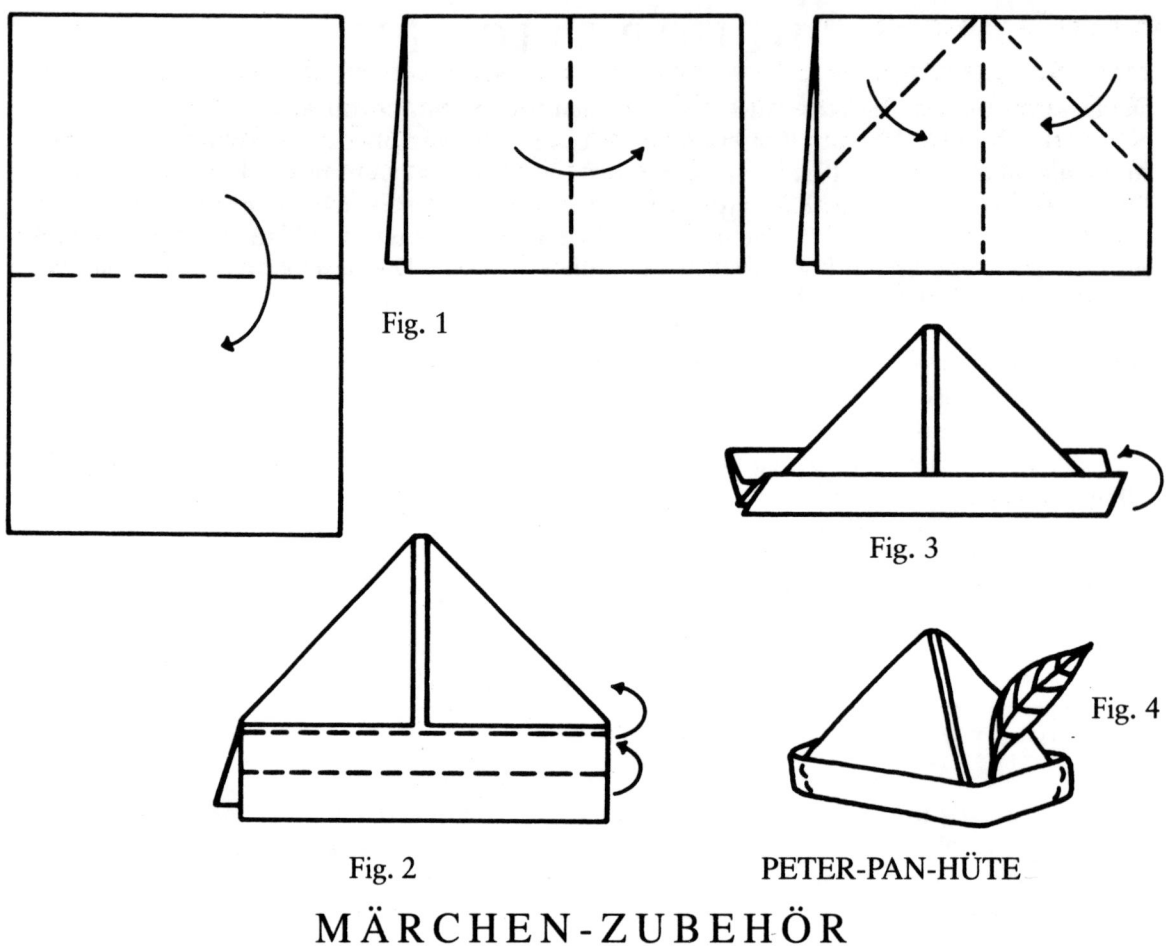

Fig. 1

Fig. 3

Fig. 2

Fig. 4

PETER-PAN-HÜTE

MÄRCHEN-ZUBEHÖR

Krokodil-Clips

Der Krokodil-Clip ist eine Wäscheklammer-Bastelei, die auch einen tollen Geld-Clip, Briefhalter, eine Klammer für Kartoffelchiptüten oder sogar eine Haarspange abgibt. Jeder Clip trägt den Namen eines Gastes sowie eine Schokoladen-Goldmünze im Maul.

Material:

12 hölzerne Wäscheklammern mit Sprungfeder
Filzstift in Grün
feiner Filzstift in Schwarz
24 Klebeaugen (aus dem Bastelladen)
Klebstoff
1/2 Bogen Tonpapier in Grün
Schere
Bleistift
Radiergummi
12 Schokoladen-Goldmünzen

So wird's gemacht:

Malen Sie zuerst die gesamte Außenfläche der Wäscheklammer mit dem grünen Filzstift an (das Innere des Mundes dürfen Sie hell lassen; übrigens: Sie können auch mit Wasserfarbe arbeiten). Nun auf jede Seite der Wäscheklammer hinter die große, maulähnliche Öffnung ein Glasauge kleben (Fig. 1). An das Ende jeder Wäscheklammer werden zwei schwarze Punkte als Nasenlöcher gemalt. Verwenden Sie dafür den feinen Filzstift. Dann schneiden Sie das grüne Tonpapier in 12 Kärtchen, beschriften diese unten mit den Namen der Gäste und stecken die Kärtchen zusammen mit jeweils einer Goldmünze in das »Maul« des Krokodils. Die Krokodil-Clips dienen als Platzkarten.

Vorbereitungszeit: 30 Minuten

KROKODIL-CLIPS

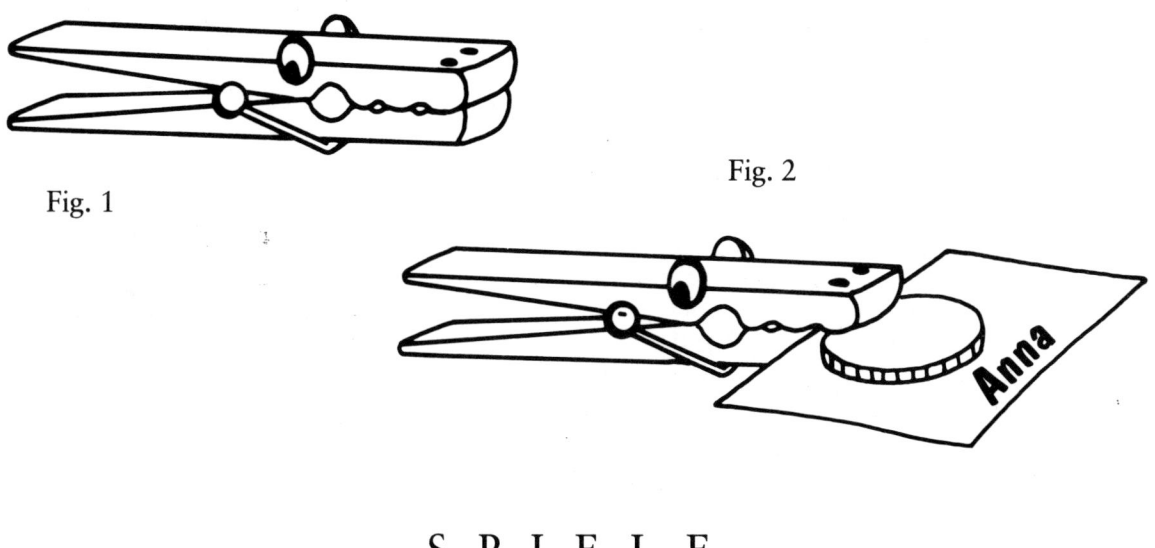

Fig. 1

Fig. 2

S P I E L E

Jagd nach Peter Pans Schatten

Peter Pan begegnet Wendy und ihren Brüdern zum ersten Mal, als er in ihr Kinderzimmer kommt, um nach seinem verlorenen Schatten zu suchen. Wendys erste Freundschaftstat besteht im Annähen des Schattens an Peter Pans Füße.
Für dieses Spiel benötigen Sie 12 schwarze Papierservietten oder -taschentücher. Schneiden Sie den Schatten eines Jungen aus einem der Bögen. Diesen »Schatten« zusammenknüllen. Ebenso verfahren Sie mit den restlichen Tüchern. Verstecken Sie alle 12 Stücke im Garten oder im Haus. Nun müssen die Kinder nach dem Schatten suchen. Das Kind, das ihn als erstes zurückbringt, ist der Gewinner.

Plankengehen

Die Piratenbande von Käpt'n Hook lauert hinter dem Galgenbaum in der Hoffnung, endlich Peter Pan zu fangen. Statt dessen fangen sie jedoch Wendy, Michael und Klaus und die verwunschenen Kinder und bringen sie alle auf das Schiff von Käpt' Hook. Dort bietet ihnen der Käpt'n an, sich entweder seiner Mannschaft anzuschließen... oder über die Planke zu gehen!

Bei diesem Spiel geht es um das Balancehalten. Sie benötigen eine feste, gerade, etwa 2 m lange Holzplanke und zwei Ziegelsteine oder feste Blöcke. Setzen Sie die Planke mit den Enden auf jeweils einen Ziegelstein, so daß sie etwas über dem Boden steht. (Die Planke sollte nicht mehr als 10 cm über dem Boden sein.) Die Kinder geben nun vor, die Gefangenen von Käpt'n Hook zu sein, und stellen sich in einer Reihe hinter einem Plankenende auf. Nun verteilen Sie 12 lose sitzende Gummibänder an die Kinder, womit die Hände hinter dem Rücken zusammengehalten werden sollen. Die Spieler gehen hintereinander weg über die Planke und versuchen, die Balance zu halten und nicht daneben zu treten. Sie schließen immer wieder hintereinander auf zur nächsten Runde. Jeder Spieler, der es nicht »hinüber« schafft, wird von dem Krokodil aufgefressen – mit anderen Worten, er ist aus dem Spiel. Vielleicht sind fast alle Kinder »aus«. Der letzte verbleibende Spieler ist der Planken-Geher, der einen Preis gewinnt.

Käpt'n Hooks Schatzsuche

Das Fischen nach Preisen ist eine sehr beliebte Party-Aktivität. Normalerweise wird es mit Angeln gespielt. Unser Spiel ist eine Variante des Themas. Zuerst muß eine Schatztruhe hergestellt werden. Dekorieren Sie einfach einen großen Pappkarton. (Sollten Sie eine Art Aquarium besitzen – um so besser!) Füllen Sie die Schachtel mit Süßigkeiten oder kleinen Geschenken, die Sie sorgfältig in Geschenkpapier verpackt haben. Umwickeln Sie jedes Päckchen so mit einem Geschenkband, daß oben eine große Schlaufe stehenbleibt.

Als Hakenhand von Käpt'n Hook dient ein Kleiderbügel. Umwickeln Sie den Bügel, so daß sich der Haken gut anfassen läßt.

Die Kinder stellen sich mit verbundenen Augen und dem Haken in der Hand vor der Schachtel auf und versuchen so, einen Preis zu angeln. Erwischt der Haken mehr als ein Geschenk, muß das andere wieder zurückgegeben werden.

Menü

GURKENKROKODILE

(Mit Schatzinsel-Dip)

12 Portionen

Gurken in Krokodile zu verwandeln ist ähnlich einfach wie das Formen von Seifen – nur sind die Skulpturen in diesem Falle eßbar. Die Krokodile sind wirklich sehr leicht zuzubereiten – doch ist es hilfreich, vorher an einigen Salatgurken zu üben. Servieren Sie die Krokodile auf Eßtellern zusammen mit kleinen Schalen voll Schatzinsel-Dip.

Zutaten:

6 Salatgurken (je länger, desto besser)
Schatzinsel-Dip (Rezept siehe S. 54)

PETER-PAN-PARTY mit Piratenschiff »Arme Jungs« (S. 54)

Zubereitung:

Die Salatgurken zuerst möglichst warm abwaschen, um das Wachs zu entfernen. Dann schneiden Sie jede Gurke einmal der Länge nach durch und entfernen die Samen. Benutzen Sie dafür ein kleines, scharfes Schälmesser, das sich leicht handhaben läßt. Dann schneiden Sie jede Gurkenhälfte nach der Aufsicht von Fig. 1 und der Seitenansicht von Fig. 2 zu. (Sie können die Schnittlinien auch mit einem nichtgiftigen Stift vorzeichnen.) Für die Linien auf dem Rücken sowie Augen und Nasenlöcher verwenden Sie am besten ein sehr scharfes Linolschnittmesser oder die Spitze eines Gemüseschälers. Servieren Sie die Krokodile mit einer kleinen Schale Dip für jeden Gast.

Übrigens: Die Gurken können vorab zubereitet und im Kühlschrank aufbewahrt werden. Wickeln Sie sie dafür gut in Gefrierfolie ein.

GURKENKROKODILE

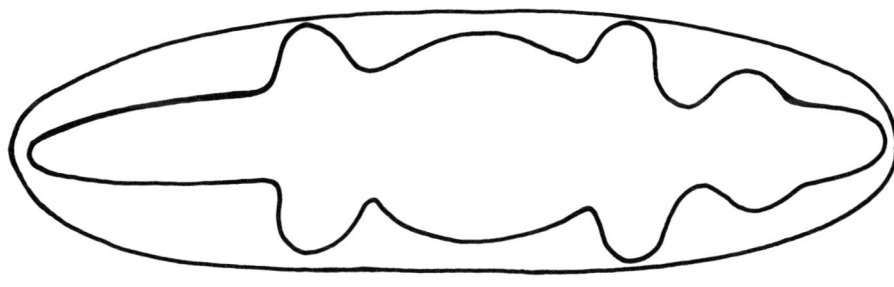

Fig. 1

Fig. 2

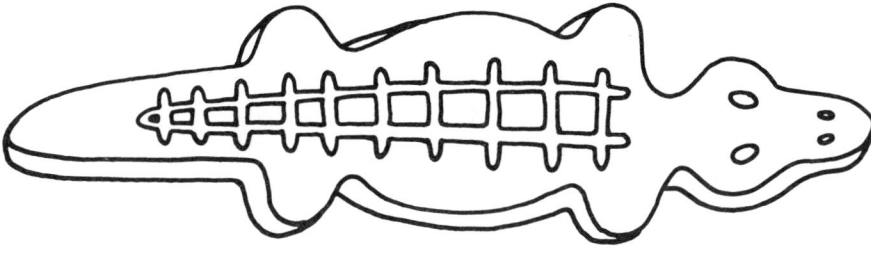

Fig. 3

Schatzinsel-Dip (ähnlich wie Thousand-Island-Salatsoße)

Zutaten:

200 g Mayonnaise
1 EL gehackte Sellerie
2 EL gehackte grüne/rote Paprika
1 EL gehackte Pickles
75 ml Chilisoße
1 hartgekochtes Ei, gehackt
1/2 TL Salz
1/2 TL Zwiebelsalz

Zubereitung:

Alle Zutaten zu einer sämigen Soße verrühren. Anschließend zwei Stunden kühl stellen, damit der Dip gut durchzieht.
Übrigens: Die Salatsoße kann bis zu zwei Tagen im voraus zubereitet werden.

Zubereitungszeit: 30 Minuten
Kühlzeit: 2 Stunden und länger

PIRATENSCHIFF »ARME JUNGS«

12 Portionen

Es hat Papiersegel, eine rote Flagge aus Möhren und Olivenruder – doch es sieht aus wie ein echtes Piratenschiff... genau richtig für Käpt'n Hook.

Zutaten:

6 Baguettebrötchen
6 EL milder Senf
48 scharze Oliven
47 Salzstangen
12 Salatblätter
150 g Mayonnaise
900 g gekochter Schinken, sehr dünne Scheiben
12 Plastikstrohhalme
12 Piratensegel (Anleitung S. 55)
12 Möhren-Flaggen (Anleitung S. 55)
Weiße Farbe

Zubereitung:

Schneiden Sie die Baguettebrötchen einmal der Länge nach durch und bestreichen Sie jede Hälfte mit Senf. Nun halbieren Sie die Oliven, machen einen Kreuzschnitt in die Rundung jeder Hälfte und verbinden je zwei Olivenhälften mit einer Salzstange (Fig. 1). Dann legen Sie vier solcher »Ruder« auf jede Baguettebrötchenhälfte. Die Salatblätter finden über den Rudern ihren Platz. Dünn mit Mayonnaise bestreichen. Die Schinkenscheiben einmal einschlagen und auf der Mayonnaise arrangieren. Anschließend stecken Sie die Piratensegel so auf die Strohhalme, daß sie wie windaufgeblasen wirken. Eine halbe Olive dient als Ausguck. Die Mastspitze wird dann mit einer Möhrenflagge versehen. Bestücken Sie zum Schluß jedes dieser Boote mit einer der Segelstangen (Fig. 3).
Für die Flaggen schneiden Sie der Länge nach dünne Scheiben von einer geschälten Möhre. Spitzen Sie ein Ende zur Flaggenform zurecht. Die Flaggen legen Sie für mehrere Stunden (oder über Nacht) in Eiswasser, bis die Stücke anfangen sich zu wellen. Für die Segel schneiden Sie 12 trapezförmige Stücke aus schwarzem Tonpapier. Malen Sie den Totenkopf und die gekreuzten Knochen mit weißer Farbe darauf.

Zubereitungszeit: 25 Minuten

PIRATENSCHIFF »ARME JUNGS«

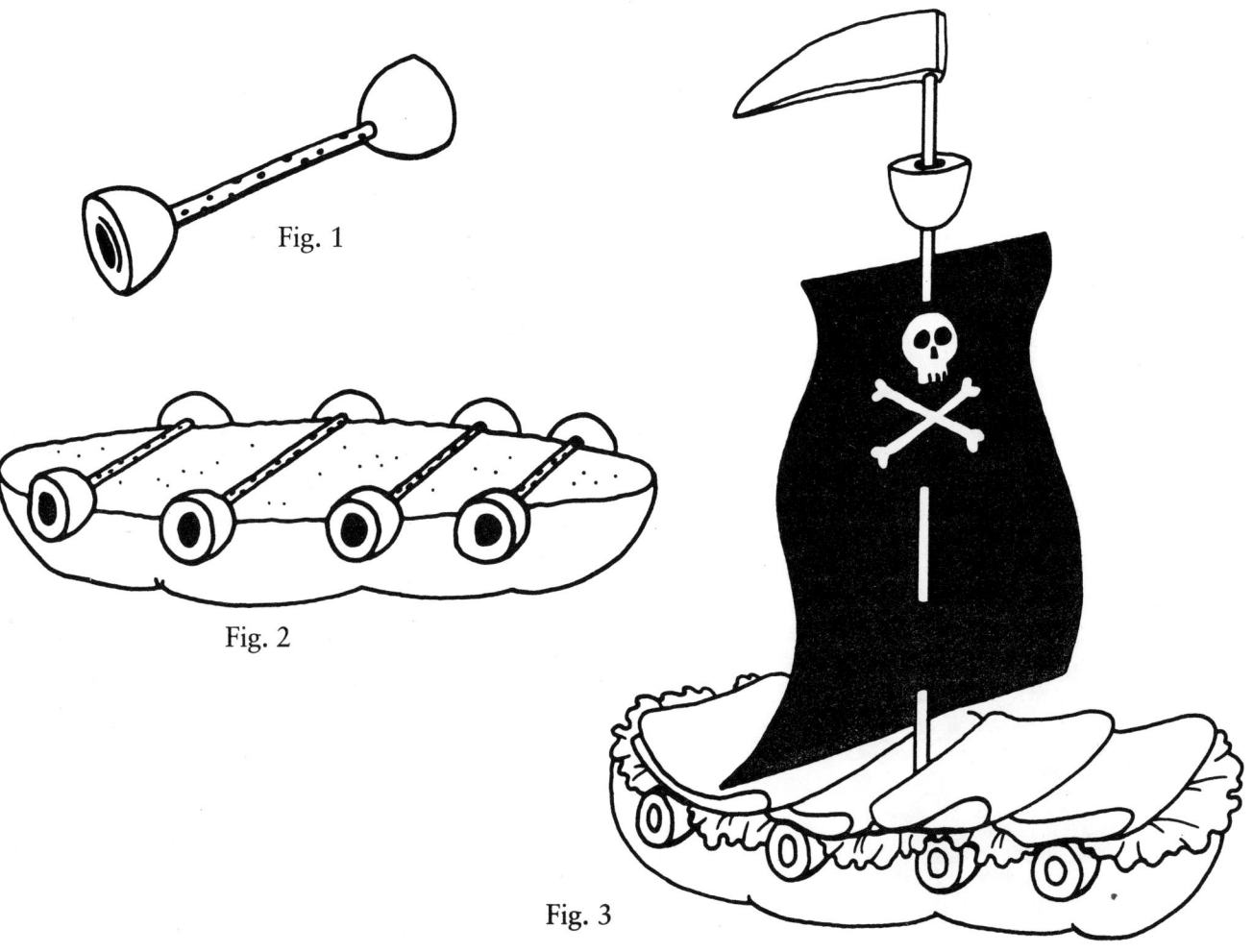

Fig. 1

Fig. 2

Fig. 3

TIGERLILLYS TOTEMPFAHL-KARTOFFELN

12 Portionen

Ähnlich wie gebackene Stock-Kartoffeln, werden neue Kartoffeln mit roter Schale aufgespießt und im Ofen geröstet. Schneiden Sie lustige oder böse Gesichter in jede Kartoffel. Wenn Sie diese dann aneinanderreihen, sieht der Spieß wie ein Totempfahl aus.

Zutaten:

4–5 rotschalige Kartoffeln pro Kind
12 Holzspieße
1–2 EL Olivenöl
250 g Sour Cream mit Zwiebeln
250 g geschlagene Butter

Zubereitung:

Waschen Sie die Kartoffeln sehr sorgfältig unter fließendem Wasser. Anschließend schneiden Sie mit einem scharfen Küchenmesser kleine Gesichter in die Oberflächen. Versuchen Sie, verschiedene Gesichtsausdrücke zu erzielen. Sie können sogar kleine Stücke herausschneiden, um Augen, Nase oder Ohren zu formen (Fig. 1). Anschließend vier bis fünf Kartoffeln auf einen Spieß schieben (Fig. 2) und mit Olivenöl einpinseln. Im vorgeheizten Backofen bei 200°/Gas Stufe 4–5 etwa 40 Minuten lang backen, dabei ab und an wenden. Warm zusammen mit den Piratenschiffen servieren. Kleine Schalen mit weicher Butter und Sour Cream dazu reichen.
Übrigens: Diese Spieße schmecken am besten, wenn sie am Tag der Party frisch zubereitet werden.

Zubereitungszeit: 30 Minuten
Backzeit: 40 Minuten

TIGERLILLYS TOTEMPFAHL-KARTOFFELN

Fig. 1

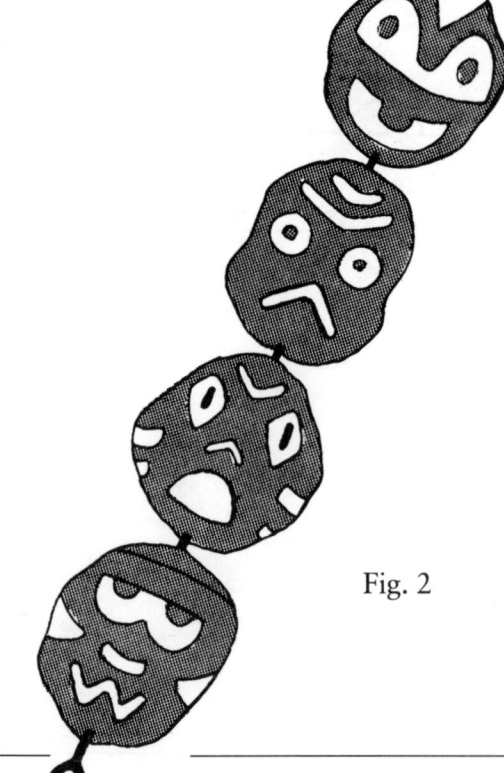

Fig. 2

KÄPT'N HOOKS EISKREMKÖPFE

12 Portionen

Zutaten:

2 l Vanilleeis
36 abgezogene ganze Mandeln
12 Marshmallows
3 Maraschinokirschen, geviertelt
1 Paket Schokoladenglasur (jede Sorte, die durch Erhitzen flüssig und beim Abkühlen fest wird)
12 Schokoladen-Pfefferminztaler
farbiges Eßpapier
12 kleine vergoldete Zuckerkugeln (Kuchendekoration)

Zubereitung:

Schneiden Sie zuerst das Eßpapier für die Federn in 12 etwa 8 x 2 cm große Stücke. Die beiden Enden jeweils abrunden und rundherum kleine Einschnitte machen, um ein »gefiedertes« Aussehen zu erzielen. Für die Käpt'n-Hook-Hüte halbieren Sie die Pfefferminztaler, stecken Sie jeweils eine Feder zwischen die Hälften und kleben diese mit einem Tropfen Schokoladenguß mit den Schnittflächen nach unten zusammen (Fig. 1). Anschließend ein Backblech mit Aluminiumfolie auskleiden. Setzen Sie dann 12 große Eiskugeln mit Abstand zueinander auf das Blech. Arbeiten Sie möglichst zügig, damit das Eis nicht zu sehr verläuft. Drücken Sie eine Mandel mit der runden Seite nach unten als Nase in die Kugel.
Seitlich jeder Kugel zwei Mandeln mit der spitzen Seite nach unten als Ohren einsetzen. Ein Marshmallow findet links oberhalb der Nase als Auge Platz, eine Scheibe Kirsche wird zum Mund (Fig. 2). Nun füllen Sie eine kleine Tüte mit schmaler Tülle (siehe Einleitung) mit Schokoladensoße. Zeichnen Sie damit eine Pupille auf das eine Auge und eine Augenklappe, wo das andere sein sollte. Augenklappe mit einem Schokoladengußband versehen. Nun fehlt noch der Schnurbart unter der Nase. Oben zwischen die Ohren Guß in Kreisen auftragen – so entsteht gelocktes Haar. Zum Schluß den Hut auf den Kopf setzen und jeweils eine Goldkugel als Ohrring unter eines der Ohren drücken (Fig. 3). Drei Stunden lang in das Gefrierfach stellen.
Übrigens: Diese Köpfe können bis zu drei Tagen vor der Party zubereitet werden. Zum Aufbewahren eignen sich gutschließende Gefrierdosen oder -folie.

Zubereitungszeit: 20 Minuten
Gefrierzeit: 3 Stunden und mehr

Fig. 2

Fig. 3

KÄPT'N HOOKS EISKÖPFE

KROKODILKUCHEN

12 Portionen

Ananas und Kokosnuß verleihen diesem Kuchen seinen besonderen exotischen Geschmack.

Zutaten:

1 große Ananas in Stücken
250 g Zucker
500 g Mehl
2 TL Backpulver
2 Eier
125 ml Pflanzenöl
1/2 TL Kokosnußextrakt
250 g Kokosraspeln
Vanille-Butter-Guß (Rezept S. 60)
2 große Marshmallows

Zubereitung:

Geben Sie die Ananas mit Saft, Zucker, Mehl, Backpulver, Eiern, Öl, Extrakt und Kokosraspeln in eine große Schüssel. Mit dem Handrührgerät auf mittlerer Stufe zwei Minuten lang schlagen. Den Teig anschließend gleichmäßig auf eine 20-cm-Springform und eine 20 cm quadratische Form, beide mit Backtrennpapier ausgelegt, verteilen. Im vorgeheizten Backofen bei etwa 200°/Gas Stufe 3–4 25 bis 30 Minuten backen (oder solange, bis an einem eingestochenen Zahnstocher kein Teig mehr haften bleibt).
Bedecken Sie ein langes Holzbrett mit Aluminiumfolie. Nach dem Abkühlen die Folie von den Kuchen ziehen und diese nach Fig. 1 zurechtschneiden. Dann arrangieren Sie die einzelnen Stücke nach Fig. 2 auf dem Brett. Überziehen Sie den Kuchen mit dem grünen Guß, und setzen Sie die beiden Marshmallows als Augen auf (Fig. 3). Einen Spritzbeutel mit Sterntülle mit dem restlichen Guß füllen und Linien vom Kopf bis in den Schwanz des

Krokodils ziehen. Tauschen Sie nun die Sterntülle gegen eine mit einer sehr kleinen, glatten Öffnung aus. Setzen Sie Guß über die Marshmallow-Augen und formen Sie Krallen und Nasenlöcher. Nun dunklen Guß in eine Tüte mit winziger Öffnung (siehe Einleitung) geben und zum Schluß die Pupillen und einen grimmigen Mund malen (Fig. 4).
Übrigens: Das Format des Kuchens macht es fast unmöglich, diesen einzufrieren. Sie sollten den Kuchen deshalb höchstens zwei Tage im voraus zubereiten.

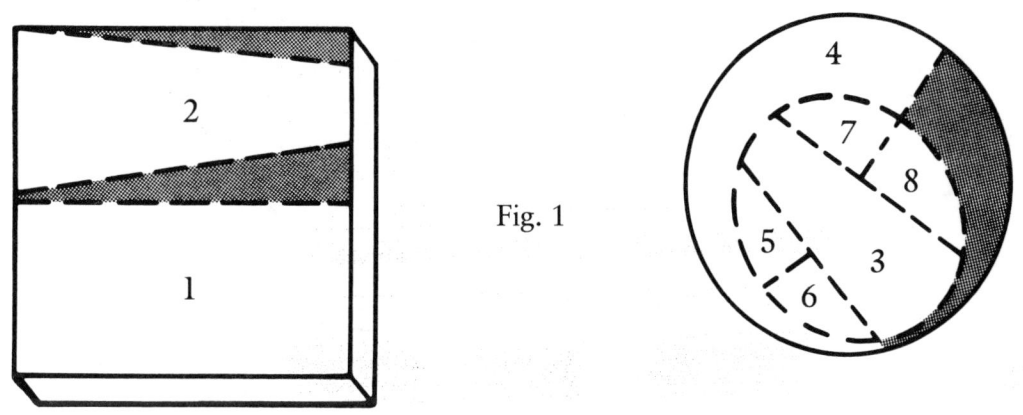

Fig. 1

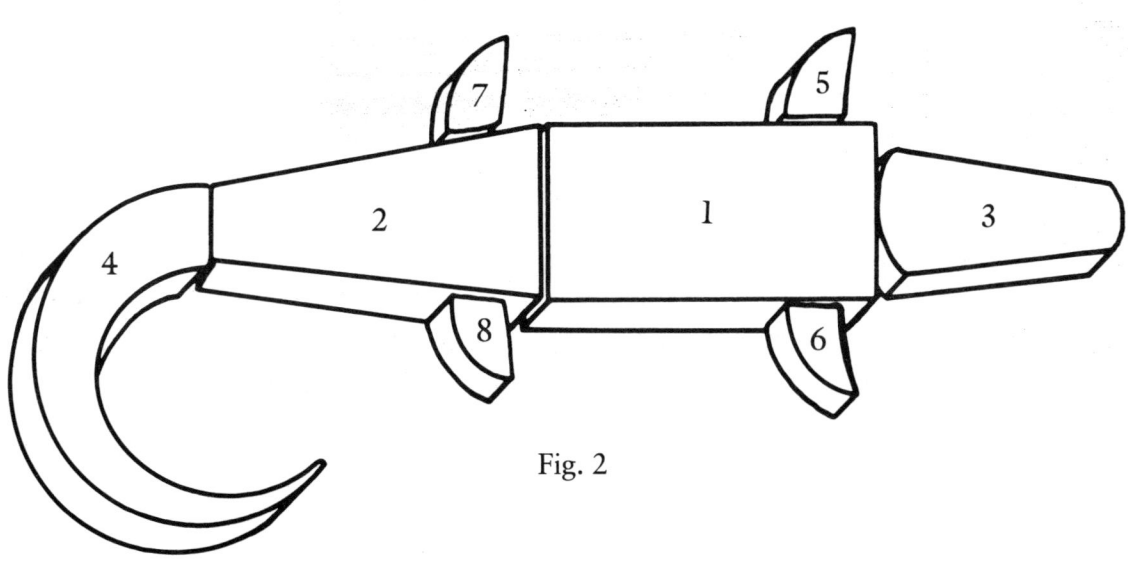

Fig. 2

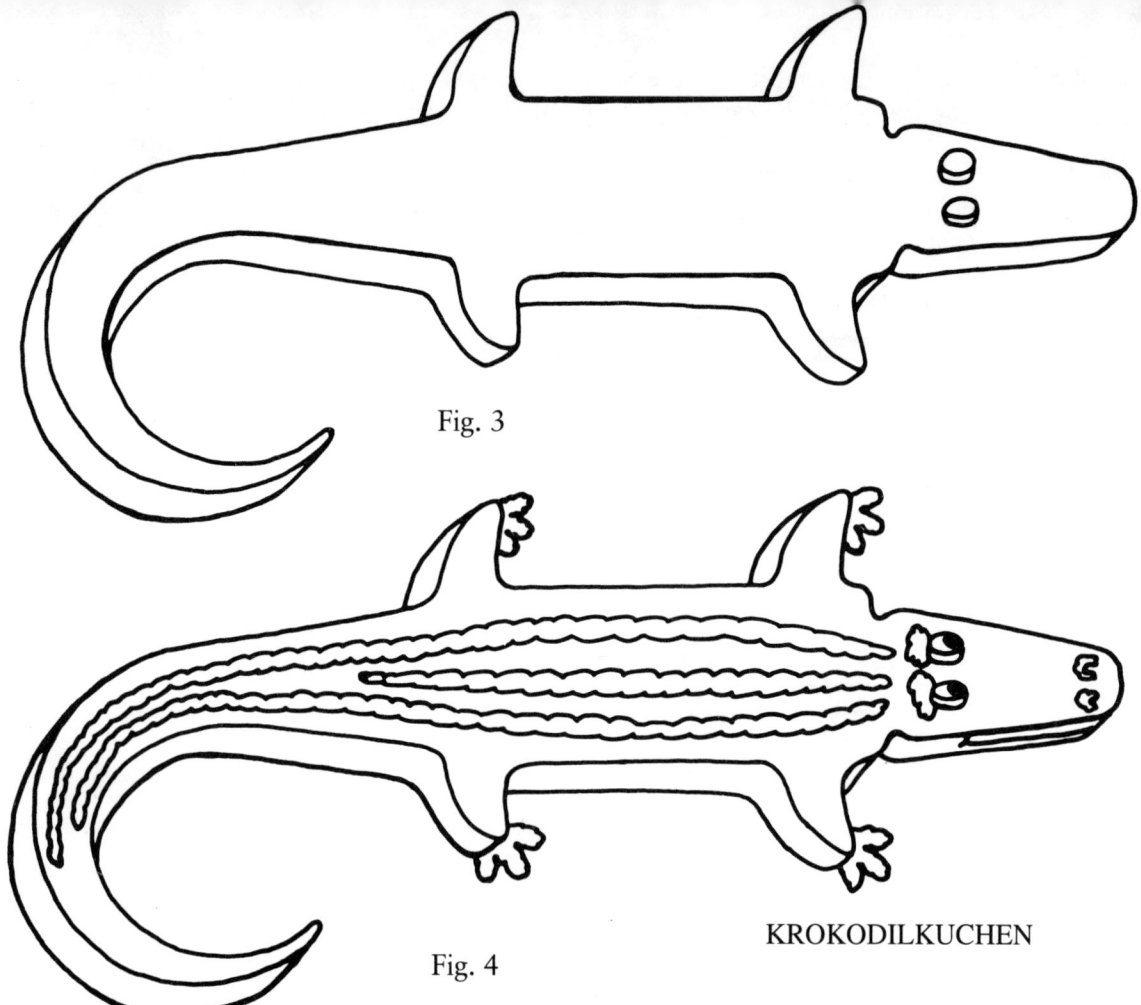

Fig. 3

Fig. 4

KROKODILKUCHEN

Vanille-Butter-Guß

Zutaten:

250 g Butter
2 TL Vanilleextrakt
3 Pakete Puderzucker
5–7 EL Milch
Grüne Lebensmittelfarbe
Kakao

Zubereitung:

Schlagen Sie Butter und Vanilleextrakt, bis sie schaumig sind. Den Puderzucker und die Milch nach und nach unterschlagen, bis ein glatter, geschmeidiger Guß entsteht. Nehmen Sie 3 Eßlöffel von dem Guß ab und färben Sie ihn mit Kakao dunkel. Den Rest mit der Lebensmittelfarbe grün einfärben.

Zubereitungszeit: 1 Stunde
Backzeit: 25 bis 30 Minuten

GLÖCKCHENS TRAUMPUNSCH

12 Portionen und mehr

Zutaten:

1 große Dose Mandarinorangen in Scheiben
3/4 l Zitronenlimonade
2 l Orangensaft
1/3 Tasse Grenadine

Zubereitung:

Lassen Sie die Mandarinscheiben abtropfen und verteilen Sie sie auf vier Eiswürfelfächer. Füllen Sie die Fächer mit der Zitronenlimonade und gefrieren Sie das Ganze etwa vier Stunden. Mischen Sie die restlichen Limonade mit dem Orangensaft und der Grenadine. Bis zum Servieren kühl stellen. Verteilen Sie die Eiswürfel zum Servieren auf 12 Tassen, und füllen Sie diese mit dem Saft auf.

Zubereitungszeit: 10 Minuten
Gefrierzeit: 5 Stunden und länger

4 bis 9 Jahre

Der Film »Dschungelbuch«, basierend auf einer Geschichte von Rudyard Kipling, erzählt von Mogli, einem kleinen Menschenjungen, der im Dschungel verlorenging und von einer Wolfsfamilie großgezogen wurde. Als der finstere Tiger Shir Khan in den von den Wölfen bewohnten Teil des Dschungels zurückkehrt, ist das kein sicherer Ort mehr für Mogli. Doch Shir Khan beeindruckt Mogli gar nicht. Er wollte lieber weiter mit seinen Freunden im Dschungel leben als in einem Menschendorf. Er entschließt sich erst dazu, den Dschungel zu verlassen, als er eine Kreatur erblickt, die er nie zuvor in seinem Leben gesehen hat ... ein kleines Mädchen.

Einladung: Pantherpranke
Dekorationen: Dschungel-Motiv – Farne; Blattgrün; frische tropische Früchte
Zum Kennenlernen: Popcorn-Pythonschlangen
Märchen-Zubehör: Krossige Shir Khans
Spiele: Elefantenmarsch; King Louis' Bananentanz; Kokosnußkegeln
Menü: Baghiras Bananenspeise; Baluburger (mit Safari-Sauce); Tigerpranken; Kaas Kuchen; Moglis Mokka-Affen; Dschungel-Saft

Pantherpranken

Wenn irgend jemand den Weg durch den Dschungel kennt, dann ist es Baghira, der schwarze Panther. Die Einladung besteht aus einer Pantherpranke, die die Gäste zur Dschungelbuch-Party führt.

Material:

12 Bögen Tonpapier in Schwarz, 22 x 30 cm
6 Bögen Tonpapier in Grün, 22 x 30 cm
Millimeter-/Karopapier
Bleistift
Schere
1 Bogen dünner Karton
Klebstoff
Filzstift in Schwarz
Plakafarbe in Grau
Heftmaschine
12 passende Briefumschläge

So wird's gemacht:

Arbeiten Sie die Pranken von Seite 65 mit Hilfe von Millimeter- oder Karopapier und Bleistift nach. Schneiden Sie die Umrisse aus, und kleben Sie die Pranken auf den dünnen Karton. Diese beiden so entstandenen Schablonen ebenfalls ausschneiden. Zeichnen Sie mit Hilfe dieser Schablonen 24 Pranken auf das schwarze Tonpapier, und schneiden Sie diese aus. Anschließend malen Sie 12 Pranken für die Botschaft auf das grüne Tonpapier und schneiden diese ebenfalls aus. Schreiben Sie mit schwarzem Filzstift folgende Botschaft auf jede grüne Pranke:

Der Pfad der Pantherpranke
führt zur
Dschungelbuch-Party
für das Menschenkind (Name Ihres Kindes)
Folge meinen Fußspuren zu (Ihre Anschrift)
am (Datum) um (Uhrzeit)
U.A.w.g. (Ihre Telefonnummer)

Nun malen Sie mit grauer Plakafarbe auf 12 der schwarzen Pranken graue Pfotentritte und Krallen. Farbe ganz antrocknen lassen. Benutzen Sie diese Stücke als Deckblatt der Einladungen. Legen Sie die grüne Einladung zwischen ein Deckblatt und ein schwarzes Unterblatt und heften Sie alle drei Blätter an der unteren Kante zusammen (Fig. 1). Zum Schluß die Briefumschläge mit kleinen Prankenabdrücken verzieren (Fig. 2) und die Einladungen abschicken.

PANTHERPRANKEN-EINLADUNGEN

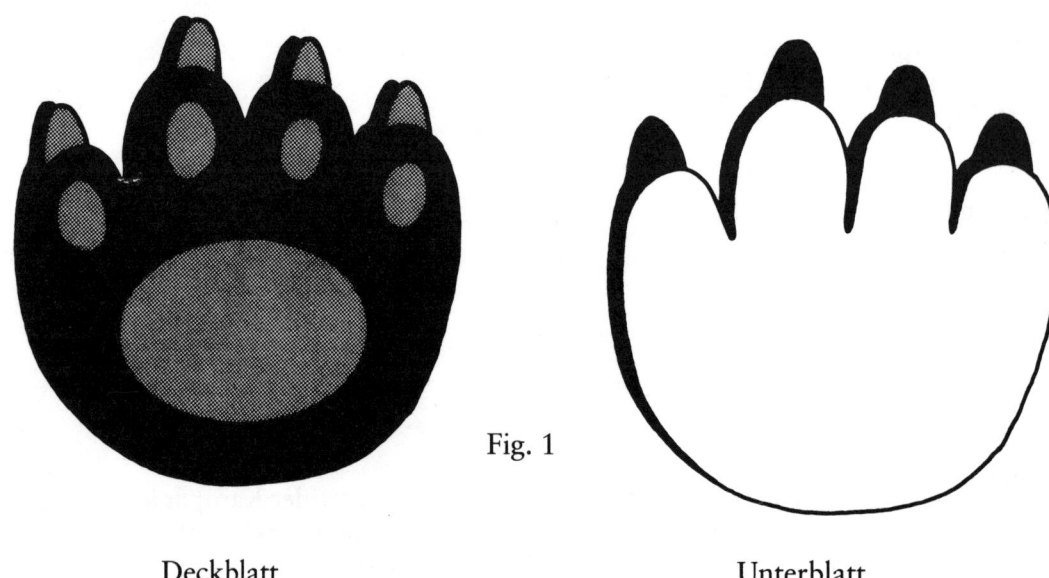

Fig. 1

Deckblatt   Unterblatt

Fig. 2

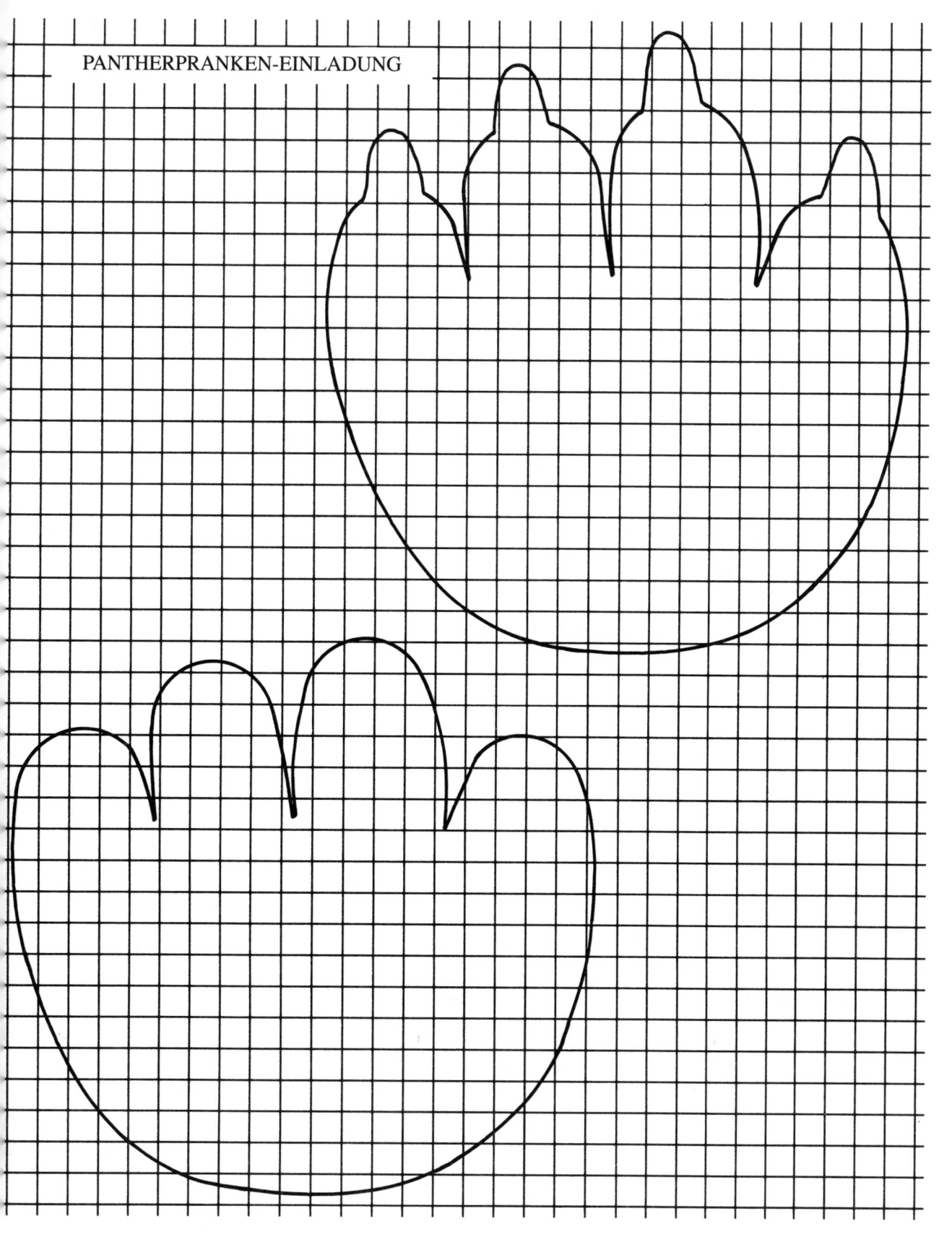

DEKORATIONEN

Eine Dschungelbuchparty muß natürlich eine exotische Dekoration bekommen. Fast alles, was Sie dafür benötigen, werden Sie in den verschiedenen Abteilungen eines großen Kaufhauses oder sogar bei sich zu Hause finden. Die Dschungel-Optik können Sie mit viel Grün herbeizaubern: Schauen Sie einfach nach verschiedenem Blattgrün – etwa auch Spinat, Salat, Kohl, Sauerampfer, Sauerklee, Basilikum und andere Beetpflanzen. Arrangieren Sie alles auf einem grünen Tischtuch. Darauf legen Sie tropische Früchte: Ananas, Kokosnüsse, Kiwis und viele Bananen. Lassen Sie nur in der Mitte etwas Platz für den Blickpunkt der Tafel: Kaas Kuchen, eine 1,20 m lange Kuchenschlange!

ZUM KENNENLERNEN

Popcorn-Pythons

Karamelisiertes Popcorn wird in einer klaren Plastikhülle zu einer schleichenden Python. Diese Schlange hat sogar eine Zunge aus rotem Schleifenband!

Material:

1 Rolle grüne Plastikfolie
1 Rolle gelbe Plastikfolie
1 Paket karamelisiertes Popcorn
Ringelband in Grün, Gelb und Rot
3 Bögen Tonpapier in Grün (22 x 30 cm)
3 Bögen Tonpapier in Gelb (22 x 30 cm)
1 Bogen weißes Schreibmaschinenpapier
Klebstoff
Schere
Filzstift in Schwarz

So wird's gemacht:

Stellen Sie für diese Tätigkeit Schalen mit dem karamelisierten Popcorn zusammen mit dem Bastelmaterial auf einem kleinen Tisch aus. (Es ist gut, wenn Sie die Pythonköpfe nach dem Schnittmuster auf Seite 68 bereits aus dem Tonpapier geschnitten und ein Schlangenbeispiel zur Ansicht gefertigt haben.) Schneiden Sie für jede Schlange 8 cm Plastikfolie ab. Zeigen Sie kleineren Kindern, wie Sie die einzelnen Popcornbällchen im Abstand von 4 cm zueinander auf der Folie plazieren (Fig. 1). An den Enden sollten jeweils etwa 10 cm Folie stehenbleiben. Rollen Sie die Folie nun um das Popcorn zu einer Röhre (Fig. 2). Anschließend die einzelnen Bällchen mit Ringelband in verschiedenen Farben entsprechend Fig. 3 abbinden. Dann den Papierschlangenkopf entlang der Mittellinie falten. Stecken Sie ein Ende der Plastikrolle durch den kleinen Schlitz in der Mitte des Kniffes. Einen Knoten in die Plastikfolie machen, damit die Rolle nicht wieder aus dem Kopf rutschen kann (Fig. 4). Ein etwa 20 cm langes Stück rotes Ringelband wird zur Zunge, wenn Sie es innen um den Knoten binden. Zum Schluß schneiden Sie Augen aus dem weißen Papier, kleben diese auf den Kopf und malen mit schwarzem Filzstift Pupillen und Nasenlöcher auf (Fig. 5).

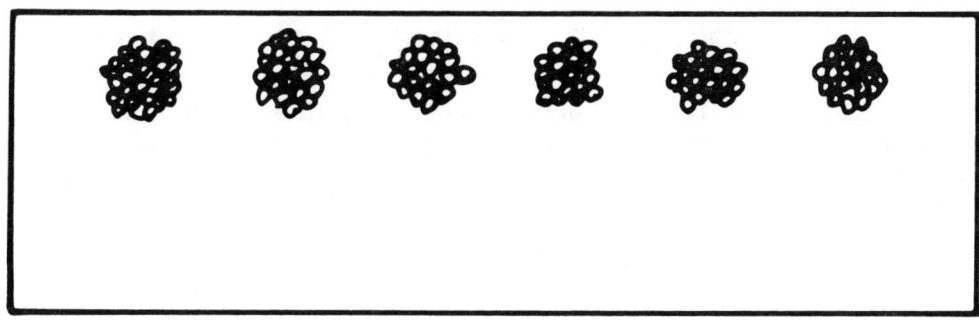

Fig. 1

Fig. 2

Fig. 3

Fig. 4

Fig. 5   POPCORN-PYTHONS

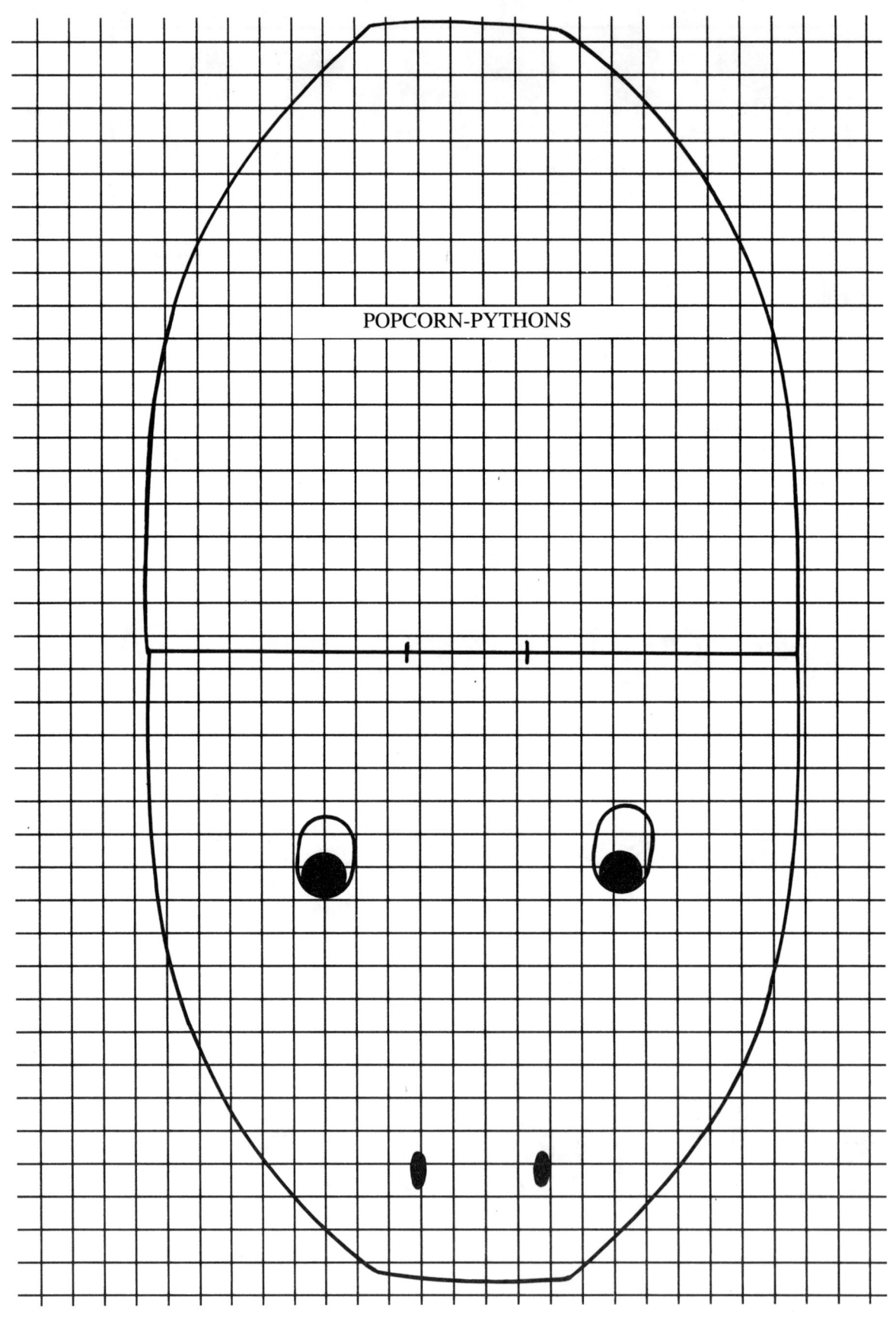

POPCORN-PYTHONS

DSCHUNGELBUCH-PARTY mit Popcorn-Pythons (S. 66) und krossigen Shir Khans (S. 69)

Krossige Shir Khans

Diese krossigen Tiger werden Sie an kleine Popcorn-Bällchen erinnern. Nehmen Sie sie als Dekoration auf den Platz eines jeden kleinen Gastes.

Zutaten:

450 g Butter
Lebensmittelfarbe in Orange (Mischung aus Gelb und Rot)
6 Tassen Minimarshmallows
1 Paket Rice Krispies
24 Gummidrops in Orange
24 Marshmallows
12 Lakritzdrops
Schokoladenstreifen (Rezept auf Seite 70)

Zubereitung:

Lassen Sie die Butter in einer großen Pfanne schmelzen und fügen Sie die sechs Tassen Minimarshmallows zu. Rühren Sie die Masse so lange über geringer Hitze, bis die Marshmallows geschmolzen sind und eine weiche Masse entsteht. Färben Sie die Masse mit der Lebensmittelfarbe leuchtend Orange. Nehmen Sie die Pfanne vom Ofen und rühren Sie die Krispies unter, bis sie ganz von der Masse überzogen sind. Alles etwa drei Minuten abkühlen lassen. Nun teilen Sie die Masse mit eingebutterten Händen in 12 eiförmige Kugeln (Fig. 1). Dann die Gummidrops flachdrücken und auf jede Kopfseite einen als Ohr stecken. Setzen Sie jetzt zwei kleine Marshmallows als Augen auf. Die Lakritzdrops kommen auf der Schmalseite des Eises als Nase gut heraus (Fig. 2). Die Streifen werden mit einem sauberen Malpinsel und dem Schokoladenguß über Stirn und Seiten der kleinen »Tiere« verteilt. Versehen Sie auf diese Weise auch die Augen mit einer Pupille, malen Sie einen Mund unter die Nase (Fig. 3). Zum Schluß alle Tiger-Köpfe auf ein mit Aluminiumfolie ausgelegtes Backblech setzen und so lange in den Kühlschrank stellen, bis sie ganz fest geworden sind. Übrigens: Die Köpfe können bis zu drei Tage im voraus gefertigt und bei Zimmertemperatur aufbewahrt werden. Im Kühlschrank halten Sie sich sogar mehrere Wochen. Sollten Sie keine ausreichend große Pfanne besitzen, halbieren Sie das Rezept und machen die Köpfe in zwei Schichten.

Fig. 1

Fig. 2

Fig. 3

Schokoladenstreifen

Zutaten:

1 Tüte Schokoladenplättchen
2 EL Palmin

Zubereitung:

Palmin und Schokoladenplättchen so lange auf kleiner Flamme erhitzen, bis eine glatte, geschmeidige Masse entstanden ist. Dabei oft umrühren.

Zubereitungszeit: 45 Minuten
Kühlzeit: 30 Minuten und länger

Elefantenmarsch

»Hup! Zwei! Drei! Vier!« Im Dschungelbuch schließt Mogli sich der Dschungel-Patrouille an – einer Parade von Dickhäutern, die von Oberst Hathi angeführt wird. Der dicke Elefant ruft den anderen Tieren Kommandos zu – ein nie endenwollender militärischer Drill – wie »Im Gleichschritt – Marsch!« oder »Kehrt um!«. Hathi ruft das immer wieder dem einen oder anderen Elefanten zu.

In diesem Spiel bekommt ein Kind die Rolle des Obersts Hathie und eine Trillerpfeife in die Hand gedrückt. Die anderen Kinder stellen sich der Reihe nach auf und bilden die Elefantenherde. Die »Elefanten« marschieren in Reih und Glied, während Hathi seine Kommandos erteilt. »Hup! Zwei! Drei! Vier!« Hathi bläst seine oder ihre Pfeife und gibt Kommandos. Schreit Hathi etwas, ohne vorher seine Pfeife zu blasen, handelt es sich nicht um eine offizielle Order. Diese Anweisung muß also ignoriert werden. Folgt ein Elefant aus Versehen so einer Anweisung, ist er aus dem Spiel. Der letzte Elefant, der noch in der Truppe bleibt, wird in der nächsten Runde Oberst Hathi.

Hier sind einige Kommandos, die Oberst Hathi rufen kann:
»Kompanie halt!« – die Elefanten müssen anhalten
»Achtung!« – die Elefanten müssen grüßen.
»Kompanie links um!« – die Elefanten müssen sich nach links drehen.
»Kompanie rechts um!« – die Elefanten müssen eine halbe Drehung nach rechts machen.
»Stillgestanden!« – die Elefanten halten an.

King Louis Bananentanz

King Loui, der Jazz singende und swingende Affenkönig, liebt das Tanzen!

Bei diesem Spiel haben die Kinder Gelegenheit, sich einen lustigen Tanz auszudenken. Jedes Kind ist für einen anderen Schritt zuständig. Die Kinder stellen sich im Garten oder einem großen Zimmer in einer Reihe auf. Von links nach rechts gehend, tritt ein Kind nach dem anderen vor und macht einen ulkigen Tanzschritt, der den anderen Kindern im Gedächtnis bleiben soll. Der Tanz setzt sich aus immer mehr Schritten zusammen. Eine Probe folgt nach jedem »Entwicklungsstadium«. Natürlich wird der Tanz nach jedem neuen Beitrag eines Kindes immer komplizierter. Die große Herausforderung kommt im Finale, wenn sich jedes Kind an jeden einzelnen Schritt erinnern soll. Als musikalische Begleitung können Sie eine Platte aus dem Dschungelbuch oder ein anderes Lieblingslied der Kinder auflegen.

Kokosnußkegeln

Um nach »Dschungelart« zu kegeln, benutzen Sie Ananas als Kegel und eine Kokosnuß als Kugel. Das Geheimnis besteht in der Wahl großer Ananas – große reife Ananas kippen nicht um. Drei oder vier Ananas reichen aus – dazu kommt eine schöne runde Kokosnuß. Reihen Sie die Ananas etwa 20 cm voneinander entfernt auf einem glatten Boden auf. Die Kegelbahn braucht nur etwa 3 bis 4 m lang zu sein. Die Spieler stellen sich in einer Reihe auf und versuchen nacheinander, mit der Kokosnuß die Ananas umzukegeln. Gelingt das, bekommt man eine zweite Chance. Wer zum Schluß die meisten Ananas umgekegelt hat, ist der Sieger.

BAGHIRAS BANANENSPEISE

12 Portionen

Die Ananas- und Orangenspeise wird durch Zufügen von Kiwis und Bananen vergrößert. Ein Hauch von Zimt zaubert einen aufregenden, neuen Geschmack.

Zutaten:

2 Dosen Mandarinorangen, abgetropft
1 frische Ananas, geschält und in Stücken
4 frische Kiwis, geschält und in Scheiben
4 Bananen, geschält und in Scheiben
150 g Kokosraspeln
1 EL Zitronensaft
2 EL Honig
1 EL Zucker
1 TL Zimt

Zubereitung:

Vermischen Sie alle Obstsorten in einer großen Schale. Verrühren Sie in einer kleinen Schüssel Zitronensaft, Honig, Zucker und Zimt miteinander. Schütten Sie diese Soße über den Fruchtsalat und streuen Sie die Hälfte der Kokosraspeln darüber. Für etwa zwei Stunden kühl stellen. Den Salat zum Servieren auf kleine Schalen verteilen und mit den restlichen Kokosraspeln bestreuen.
Übrigens: Dieser Obstsalat sollte am Tag des Festes frisch zubereitet werden.

Zubereitungszeit: 15 Minuten
Kühlzeit: 2 Stunden

BALUSBURGER

(mit Safari-Sauce)

12 Portionen und mehr

Servieren Sie diese Frikadellen mit einem Bärenbrötchen und schmackhafter Safari-Sauce. Die Bärenbrötchen können Sie ganz leicht aus Brötchenteig aus der Packung herstellen. Die Safari-Sauce gibt einem ohnehin köstlichen Essen noch die richtige Würze. Das Rezept gilt für 16 Brotköpfe, Sie sollten also für besonders hungrige Gäste ein paar Frikadellen mehr zubereiten.

Zutaten:

3 Packungen Brötchen zum Selberbacken
1 Ei, mit 1 TL Wasser aufgeschlagen
36 Rosinen
12–16 flache Frikadellen (aus der TK)
Beilagen: Salat, Tomatenscheiben, Pickles, Senf, Ketchup und Safari-Sauce (Rezept siehe unten)

Zubereitung:

Trennen Sie die Brötchen aus zwei Packungen voneinander. Drehen Sie die Teigklumpen zu langen Rollen und diese dann zu Schnecken. Die Schnecken mit einigem Abstand zueinander auf ein ungefettetes Backblech setzen und leicht flachdrücken (Fig. 1). Nun die restlichen Brötchenklumpen ebenfalls zu Rollen drehen und jeweils in sechs gleichgroße Stücke teilen. Sie benötigen jeweils drei Teilstücke, um die Ohren und die Nase der Bären zu formen. Diese zu kleinen Schnecken rollen (Fig. 2). Dann jeweils zwei als Ohren fest an den oberen Rand der großen Schnecken drücken und einen in die Mitte als Schnauze (Fig. 3). Gut mit verquirltem Ei einpinseln und zwei Rosinen als Augen sowie eine als Nase aufdrücken (Fig. 4).
Im vorgeheizten Backofen bei 200°/Gas Stufe 4 15 bis 18 Minuten goldbraun backen. Nach dem Auskühlen können die Brötchen vorsichtig mit einem scharfen Messer halbiert werden. Achten Sie dabei darauf, die Ohren nicht abzubrechen. Vor dem Servieren die Frikadellen kurz anbraten oder grillen, zwischen die Brötchenhälften legen und mit den Beilagen auftragen.
Übrigens: Die Brötchen können Sie bereits am Vortag zubereiten und backen. Anschließend in Plastikbeuteln verwahren.

Safari-Sauce

Zutaten:

250 g Mayonnaise
175 ml oder 2/3 Tasse Ketchup
6 EL Mango Chutney/Pickle Relish
1/2 TL Senf

Zubereitung:

Verrühren Sie alle Zutaten solange, bis eine glatte Sauce entsteht. Bis zum Servieren kühl aufbewahren.

Zubereitungszeit: 25 Minuten
Backzeit: 15 bis 18 Minuten

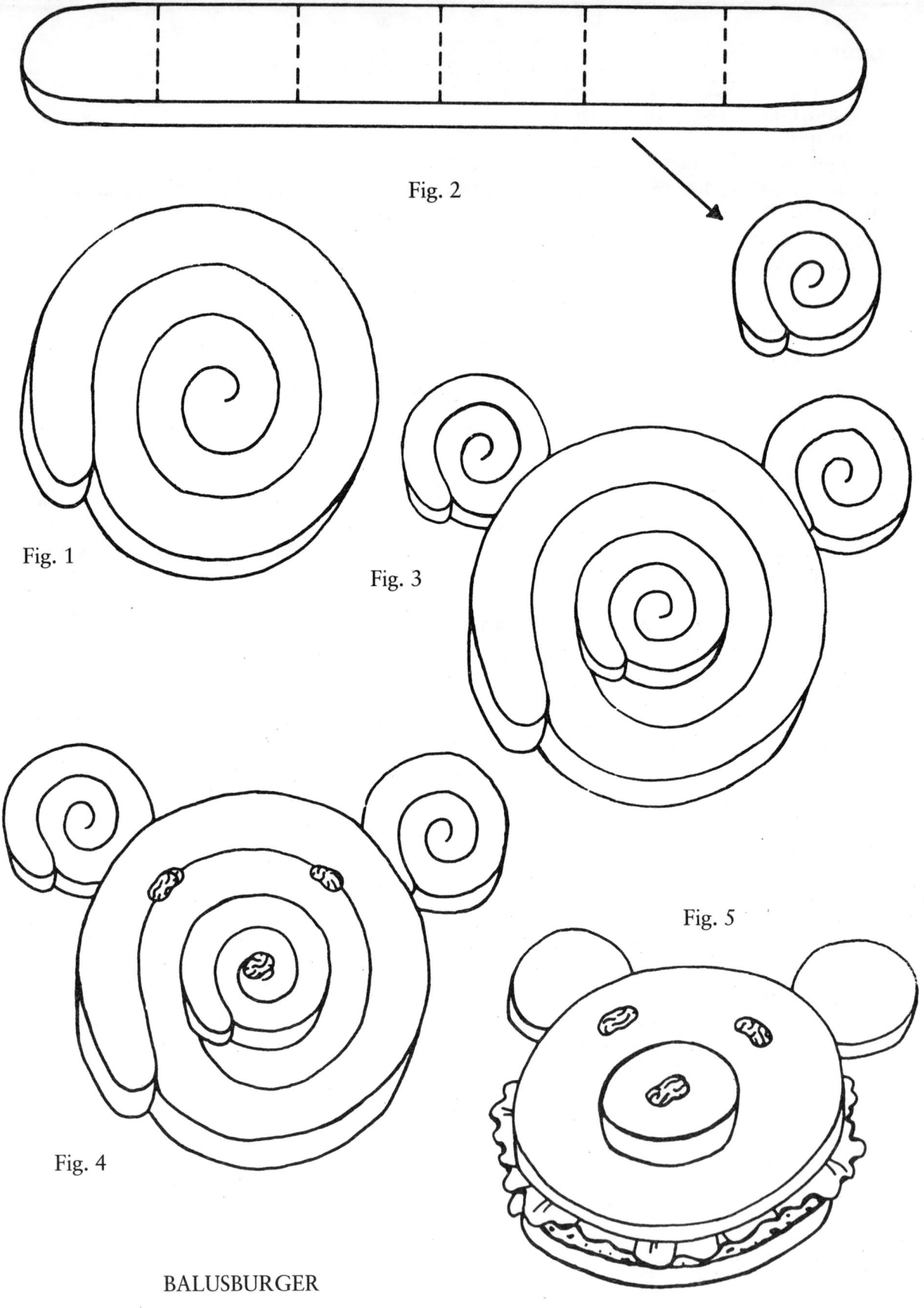

Fig. 2

Fig. 1

Fig. 3

Fig. 5

Fig. 4

BALUSBURGER

TIGERPRANKEN

12 Portionen

Ganz gewöhnliche Tigerpranken werden zu einer neuen Geschmackssensation, wenn Sie sie mit ein wenig Sesamsamen und Curry bestreuen. (Das Currypulver verleiht dem Ganzen einen Hauch von Südostasien.) Machen Sie sich über pingelige Esser keine Sorgen, es handelt sich hier um nichts anderes als etwas exotische Pommes frites! Und die werden bestimmt hinuntergeschlungen!

Zutaten:

1 Beutel Pommes frites (aus der TK)
5 EL Sesamöl
1 TL Currypulver
1/2 TL Salz
50 g Sesamsamen

Zubereitung:

Geben Sie die gefrorenen Pommes frites in eine große Mix- oder Salatschüssel. In einer weiteren Schüssel das Sesamöl mit dem Currypulver und dem Salz verrühren. Gießen Sie diese Flüssigkeit über die Pommes frites, die anschließend in den Sesamsamen gewendet werden, bis sie überall damit bedeckt sind. Nun alles auf einem Backblech ausbreiten und im vorgeheizten Backofen bei 200°/Gas Stufe 4 etwa 20 Minuten backen (das Backblech ab und an schütteln, um die Pommes frites zu wenden). Anschließend die Kartoffelstäbchen auf Küchentücher schütten, um restliches Fett aufzusaugen. Noch warm servieren.
Übrigens: Sie können in zwei Schichten backen, wenn Ihr Ofen zu klein sein sollte für alle Kartoffeln. Die Pommes frites können auch in einem vorgeheizten Ofen etwa 1 Stunde lang warm gehalten werden.

Zubereitungszeit: 5 Minuten
Backzeit: 20 Minuten

KAAS KUCHEN

12 Portionen und mehr

Die Kinder werden vor Begeisterung loskreischen, wenn Sie die über einen Meter lange schimmernde Schlange mitten auf dem Tisch sehen. Kaa, die Schlange, wird einfach aus einem Erdnußbutterkuchen geschnitten und zusammengesetzt.

Zutaten:

750 g Mehl
250 g brauner Zucker
125 g Margarine
100 g weiche Erdnußbutter
350 ml Milch
4 1/2 TL Backpulver
1 TL Salz
1 TL Vanilleextrakt
3 Eier
Erdnußbutterguß (Rezept siehe unten)
Schokoladenstreifen (Rezept siehe Seite 77)
1 großer Marshmallow
1 rote Lakritzschnur

Zubereitung:

Mehl, Zucker, Margarine, Erdnußbutter, Milch, Backpulver, Salz, Vanilleextrakt und Eier in einer großen Rührschüssel zu einem geschmeidigen Teig verarbeiten. Mit dem Handrührgerät drei Minuten lang auf höchster Stufe durchschlagen. Den Teig nun gleichmäßig auf drei mit Backtrennpapier ausgelegte 20-cm-Springformen verteilen und im vorgeheizten Backofen bei 200°/Gas Stufe 4 30 bis 35 Minuten backen (oder bis an einem eingestochenen Zahnstocher kein Teig mehr kleben bleibt).
Dann lassen Sie die Kuchen ganz auskühlen, nehmen sie aus den Formen und entfernen das Backtrennpapier. Bedecken Sie ein etwa 1,5 m langes Brett mit Aluminiumfolie. Dann die Kuchen nach Fig. 1 zurechtschneiden und nach Fig. 2 auf dem Brett arrangieren. Den Erdnußbutterguß zubereiten, ebenso die Schokoladenstreifen. Jetzt überziehen Sie den ganzen Kuchen mit dem Erdnußbutterguß. Fertigen Sie eine kleine Spritztüte mit schmaler Tülle (siehe Einleitung) für die Schokoladenglasur. Dann die Schlange mit Schokoladenstreifen versehen. Den Marshmallow als Auge in den noch feuchten Guß drücken. Zum Schluß eine Pupille und ein Nasenloch mit Schokoladenguß auftragen sowie die Zunge aus der roten Lakritzstange formen (Fig. 3).
Übrigens: Dieser Kuchen läßt sich wegen seiner Größe nicht besonders gut einfrieren. Bereiten Sie ihn deshalb nicht mehr als zwei Tage vor dem Fest zu.

Erdnußbutterguß

Zutaten:

4 Pakete Puderzucker
125 g weiche Erdnußbutter
160 g Margarine
125–175 ml Milch

Zubereitung:

Schlagen Sie alle Zutaten mit einem Handrührgerät solange, bis ein glatter, geschmeidiger Guß entsteht. Falls nötig, nach und nach noch etwas Milch zugeben.

Schokoladenstreifen

Zutaten:

1 Paket Puderzucker
3 EL Kakaopulver
50 g Butter
1 TL Vanilleextrakt
2–3 EL Milch

Zubereitung:

Rühren Sie alle Zutaten zu einem glatten, geschmeidigen Guß. Nötigenfalls etwas mehr Milch zufügen.

Zubereitungszeit: 1 Stunde
Backzeit: 30 bis 35 Minuten

KAAS KUCHEN

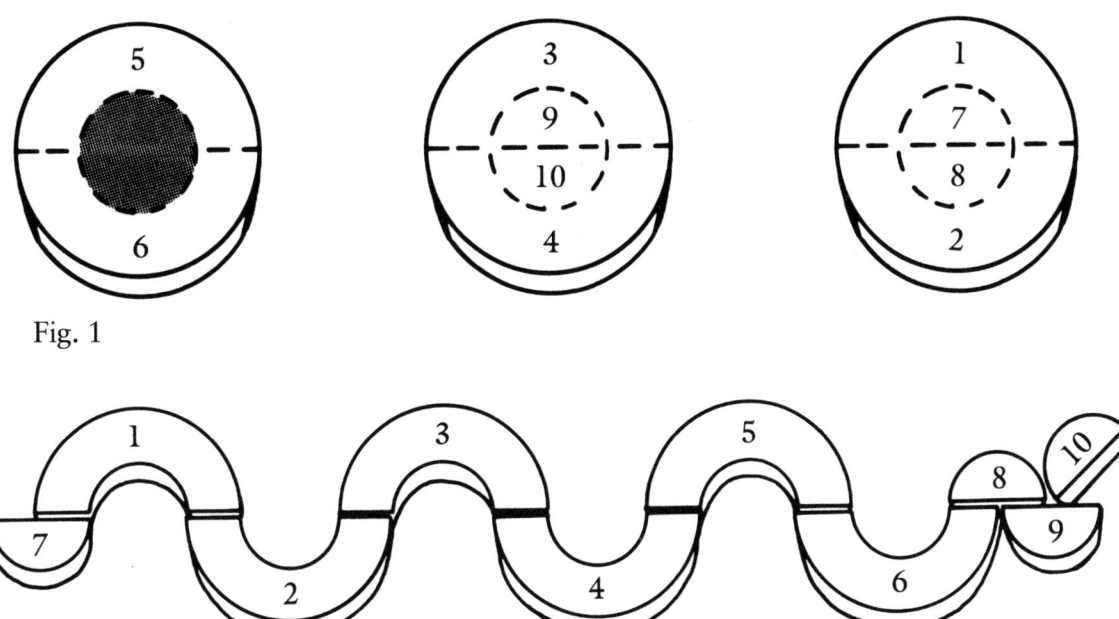

Fig. 1

Fig. 2

Fig. 3

MOGLIS MOKKA-AFFEN

12 Portionen

Zutaten:

2 l Mokkaeis
24 kleine Marshmallows
1 1/2 Pakete Schokoladensoße
24 halbe Pecannüsse

Zubereitung:

Kleiden Sie zuerst ein Backblech mit Aluminiumfolie aus. Dann setzen Sie 12 große Kugeln Eis mit einem Abstand von etwa 8 cm zueinander auf das Blech. Kleine Eiskugeln vorne an die großen Kugeln setzen – so entsteht das Gesicht. Jeweils zwei Marshmallows als Augen aufdrücken (Fig. 1). Dann füllen Sie eine kleine Tüte mit schmaler Tülle (siehe Einleitung) mit Schokoladensoße und zeichnen damit die Pupillen auf. Nasenlöcher und Mund gehören auf die kleine Eiskugel. Die Affenhaare bestehen aus breiten Schokoladengußstreifen, die Ohren jeweils aus einer halben Pecannuß (Fig. 2). Die Affenköpfe für 3 Stunden in das Gefrierfach stellen.

Übrigens: Die Affenköpfe können bis zu einer Woche im voraus hergestellt werden. Zum Aufbewahren gut in Plastikfolie einschlagen.

Zubereitungszeit: 20 Minuten
Gefrierzeit: 3 Stunden und länger

Fig. 1

Fig. 2

MOGLIS MOKKA-AFFEN

DSCHUNGELSAFT

12 Portionen und mehr

Der Ananassaft sieht noch exotischer aus, wenn Sie eine halbe Kiwischeibe an jeden Glasrand stecken.

Zutaten:

2 l Ananassaft
2 l Zitronenlimonade
4 Kiwis

Zubereitung:

Mischen Sie Ananassaft mit der Zitronenlimonade. Füllen Sie vier Eiswürfelfächer mit der Mischung und gefrieren Sie diese für etwa fünf Stunden. Stellen Sie den restlichen Saft solange kühl. Zum Servieren verteilen Sie die Fruchteiswürfel auf Gläser und gießen diese mit dem Saft auf. Dann schneiden Sie die Kiwifrüchte in 12 dicke Scheiben, kerben jede bis zur Hälfte ein und stecken die Früchte dann auf den Glasrand.
Übrigens: Eis und Punsch können bis zu drei Tagen im voraus zubereitet werden.

Zubereitungszeit: 15 Minuten
Gefrierzeit: 5 Stunden und mehr

DIE·KLEINE·MEERJUNGFRAU·PARTY

von 6 bis 12 Jahre

Die kleine Meerjungfrau Arielle lebt mit einer großen bunten Schar unter dem Meer. Da sind ihr Vater, König Triton, ihr bester Freund Flavius und Sebastian, der singende Krebs. Aber Arielle sehnt sich danach, zu den Menschen und ihrer Welt zu gehören, und eines nachts, als sie den schönen Prinzen Eric sieht, verliebt sie sich sofort in ihn. Um sein Herz zu gewinnen, erhält Arielle Hilfe von Ursula, der bösen Meerhexe; aber Ursula heckt einen hinterhältigen Plan aus, um Eric in die Falle zu locken. Doch durch die Hilfe von Prinz Eric wird alles gut, und König Triton erfüllt seiner Tochter aus Dankbarkeit ihren größten Wunsch: ein Mensch zu werden und den Prinzen zu heiraten.

Einladung: Muschelschale
Dekorationen: Motiv Karibik: Fischernetze; Muscheln; Korallen; Goldfischglas mit Goldfisch
Zum Kennenlernen: König Tritons Muschel-Laden
Märchenzubehör: Arielles Schatztruhe mit Haarzinken und blubberndem Pusterohr
Spiele: Meerjungfrauen-Marathon; Seesterne angeln; lustiger Limbo
Menü: Fabius' Fruchtsalat; Unter-dem-Meer-Pasteten; Algensalat; Guppy-Törtchen; Ursulas Meerhexen-Sorbet; Sebastians Krebs-Kuchen; blauer Karibik-Drink.

Muschelschale

Marmoriertes Geschenkpapier in Pastelltönen stellt einen hübschen Bezug für diese Einladung dar. Sie können auch helles, perlmuttenes Papier nehmen, das wie eine Muschel glänzt.

Material

13 DIN-A4-Pappen (weiß)
Pauspapier
Kleber
1 Rolle marmoriertes oder perlmuttenes Geschenkpapier
3,50 m pastellfarbenes oder regenbogenfarbenes Geschenkband
Schere
Bleistift
rosa Filzstift
Klammerhefter
12 DIN-A4-Umschläge (weiß)

Anleitung

Pausen Sie die Muschel auf Seite 82 mit Pauspapier und Bleistift ab. Schneiden Sie die Form aus und kleben Sie sie auf eine der Pappen. Schneiden Sie diese Form aus und benutzen Sie sie als Schablone, um zwölf Muscheln aus der Pappe und aus dem Geschenkpapier zu schneiden. Ziehen Sie auf den Pappen am Muschelrand mit dem Filzer einen dicken Strich (Abb. 1), um den Rand zu markieren. Schreiben Sie in die Mitte jeder Papp-Muschel folgende Nachricht:

Arielle lädt dich unter das Meer ein
zu
einer Meerjungfrauen-Party
an
(Name Ihres Kindes) Geburtstag
am (Datum) um (Zeit)
(Ihre Adresse)
U.A.w.g.: (Ihre Telefonnummer)

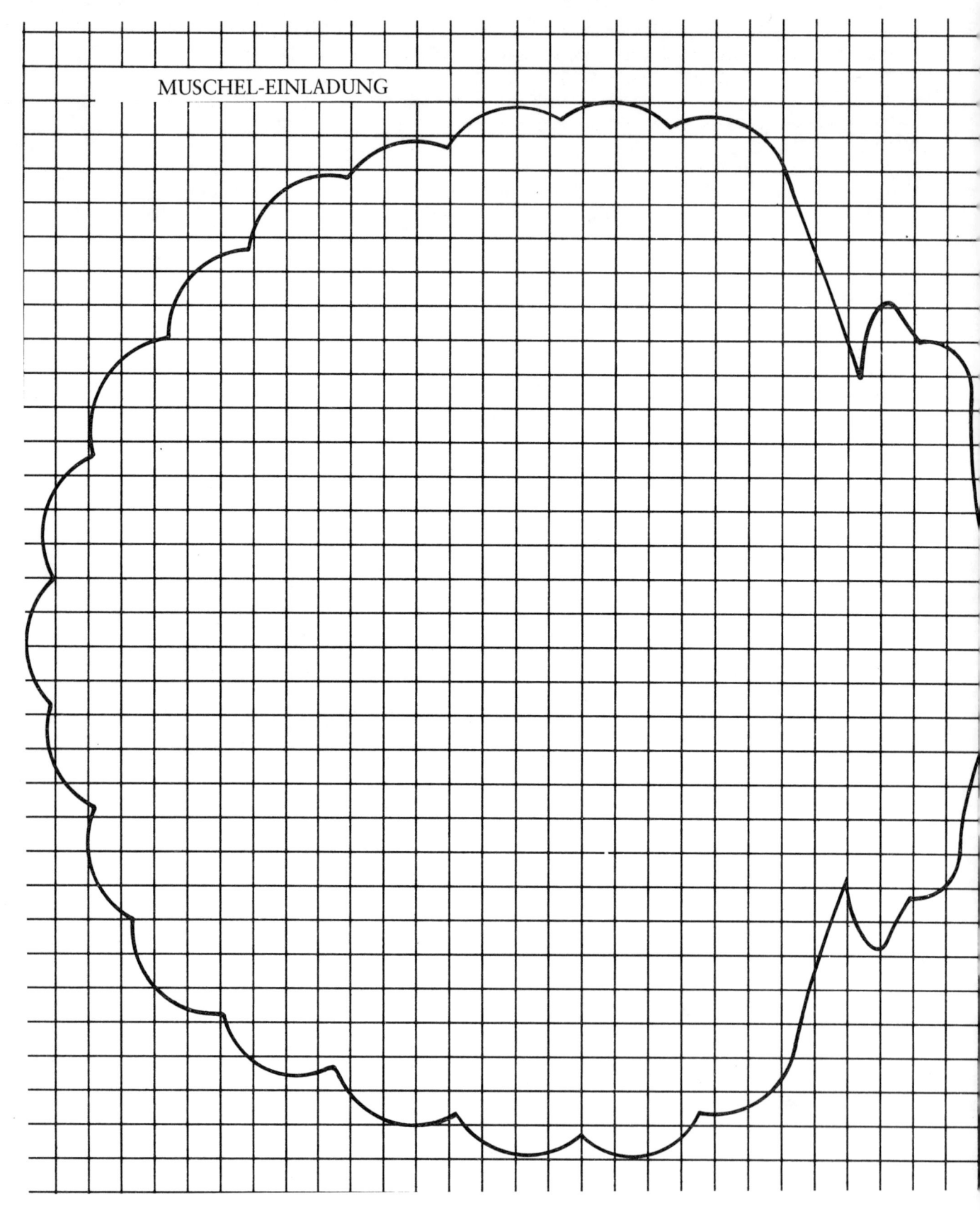

MUSCHEL-EINLADUNG

Schneiden Sie das Geschenkband in 30 cm lange Streifen. Legen Sie sowohl die Schleife (in ihrer Mitte) als auch die Papiermuscheln auf die Pappen und heften Sie sie unten mit einem Hefter zusammen. Verknoten Sie die Schleife einmal über der Klammer und machen Sie eine Schleife (Fig. 2). Wenn Sie ein Geschenkband zum Kräuseln benutzen, kräuseln Sie die Enden leicht. Verschicken Sie die Einladungen in großen Umschlägen.

Vorbereitungszeit: 1 1/4 Stunden

MUSCHEL-EINLADUNG

Fig. 1

Fig. 2

DEKORATIONEN

Jeder Laden, der irgendeine Art von maritimen Utensilien führt, ist der richtige Ort, um Dinge für eine Meerjungfrauen-Party einzukaufen. Das Partyzimmer sollte mit Muscheln, Korallenzweigen und so weiter geschmückt werden – und natürlich einem Fischernetz, das über einer blauen (oder grünen) Papiertischdecke liegt. Sie können auch Muscheln nehmen, die Sie als Urlaubserinnerung gesammelt haben, oder sie von Freunden leihen. Wie wäre es mit einem Schloß und einem Goldfischglas mit blauen Kieseln in der Mitte des Tisches? Mit einem richtigen Goldfisch darin können Sie es als ersten Preis für den Limbo-Wettbewerb benutzen. Organisieren Sie sich einen Karton, der mit einer Plastiktüte ausgelegt ist, worin der Gewinner seinen Fisch nach Hause tragen kann.

ZUM KENNENLERNEN

König Tritons Muschel-Laden

Wenn die Gäste kommen, versammeln Sie sie in König Tritons Muschel-Laden. Dies kann jeder Raum oder Ort sein, der vom Party-Tisch etwas entfernt ist. Während sich die Kinder kennenlernen, können Sie mit pastellfarbenen Filzstiften Muscheln dekorieren. Überraschung! Die Muscheln kommen aus der Teigwarenabteilung im Supermarkt. Kaufen Sie große Teigmuscheln, die die Kinder anmalen können. Das ist ein schönes Zubehör für Arielles Schatztruhe.

MÄRCHENZUBEHÖR

Arielles Schatztruhe

Arielle bewahrte viele ihrer schönen Schätze, die sie in versunkenen Schiffen gefunden hatte, in einer großen Truhe auf, die in ihrer verborgenen Höhle stand. Unter ihren Lieblingsschätzen war auch ein Haarzinken und ein Pusterohr! Wenn Sie zu Hause keine zwölf leeren Schuhkartons haben, machen Sie eine Sammlung in Ihrer Nachbarschaft.

Material

12 Schuhkartons
Alufolie
braune Sprühfarbe
goldene Kordel oder Geschenkband (mindestens 7 m)
Schere
12 goldene Siegel zum Aufkleben
12 Bögen Goldpapier
12 Tonpfeifen
12 kleine Flaschen mit Seifenblasenflüssigkeit
12 Plastikgabeln
24 Etiketten (mit Band)
12 Netzbeutel mit Schokoladengeld

DIE-KLEINE-MEERJUNGFRAU-PARTY mit Fabius' Fruchtsalat (S. 87),
Unter-dem Meer-Pasteten (S. 89), Ursulas Meerhexen-Sorbet (S. 92)
und Sebastians Krebs-Kuchen (S. 94)

Anleitung

Stellen Sie die Kartons und Deckel mit der offenen Seite nach unten auf die Alufolie (die Folie klebt nicht an den besprühten Materialien). Besprühen Sie die Kartons und Deckel gündlich. Vierundzwanzig Stunden trocknen lassen. Stechen Sie zwei Löcher im Abstand von 7 cm in jede der kurzen Seiten der Kartons. Schneiden Sie 15 cm von der Kordel ab, stecken Sie sie durch die Löcher und verknoten Sie sie von innen zu Griffen. Kleben Sie ein goldenes Siegel auf den mittleren Rand jedes Deckels, damit es wie ein Schnappschloß aussieht (Fig. 1). Hängen Sie beschriftete Etiketten mit der Aufschrift »Pusterohr« und »Haarzinken« an die Pfeifen und Gabeln (Fig. 2). Legen Sie jeden Karton mit Goldpapier aus. Legen Sie eine Pfeife, eine Flasche mit Seifenblasenflüssigkeit, eine Gabel und einen Beutel mit Schokoladengeld in jeden Karton. Stellen Sie auf jeden Gästeplatz einen Karton. Die Kinder können ihre bemalten Teigmuscheln und gewonnenen Preise in ihre Schatztruhe legen.
Anmerkung: Mit einem goldenen Filzstift können die Namen der Kinder auf den Karton geschrieben werden, so daß die Kartons auch als Platzkarten dienen.

Vorbereitungszeit: 1 1/2 Stunden
Trocknungszeit für die Farbe: 24 Stunden

ARIELLES SCHATZTRUHE

Fig. 1

Fig. 2

Meerjungfrauen-Marathon

Der Meerjungfrauen-Marathon ist eigentlich ein umfunktioniertes Sackhüpfen – aber die Kartoffelsäcke sind die Meerjungfrauenschwänze! (Beachten Sie die Anleitung unten für die Meerjungfrauenschwänze.) Für das Spiel werden die Kinder in zwei Gruppen aufgeteilt. Die Gruppen reihen sich nebeneinander auf, und jeder Erste einer Gruppe zieht sich einen Meerjungfrauenschwanz wie einen Kartoffelsack an. Auf ein Zeichen beginnen die Spieler, durch das Zimmer (oder den Garten) und um verschiedene Hindernisse zu hüpfen. Wenn sie zu ihrer Gruppe zurückkommen, zieht der nächste Spieler den Schwanz an und beginnt zu hüpfen. Die erste Gruppe, die fertig ist, gewinnt.

Anleitung für Meerjungfrauen-Schwanz: Nehmen Sie 3,60 m eines robusten grünen Stretchstoffes. Es sollte ein rundgenähter Stoff sein. Schneiden Sie den Stoff in zwei Teile von je 1,80 m Länge. Im unteren Drittel des Stoffes machen Sie einen großen Knoten und formen so ein Schurz beziehungsweise einen »Schwanz« (Fig. 1).

Anmerkung: Schuhe machen die Schwänze schnell kaputt! Die Kinder sollten ihre Schuhe ausziehen und in Socken hüpfen.

Seesterne angeln

Bei dem Spiel »Seesterne angeln« versammeln sich die Kinder um eine Plastikwanne und wechseln sich mit dem Angeln nach Seesternen ab. (Beachten Sie die Anleitung für die Plastik-Seesterne.) Knoten Sie Magneten an die Enden zweier Angelruten. (Anstelle der Angelruten können Sie auch Stöcke nehmen, an denen Sie Schnur gebunden haben.) Die Seesterne sind mit Sicherheitsnadeln beschwert, die von den Magneten angezogen werden. Die Seesterne sind von 1 bis 12 numeriert und passen so zu den Preisen (kleine Beutel, die ebenfalls von 1 bis 12 numeriert wurden.) Falls ein Kind zwei Seesterne auf einmal fangen sollte, muß einer der Seesterne wieder ins Wasser geworfen werden. Wenn alle Sterne gefangen wurden, können die Preise verteilt werden.

Anleitung für Plastik-Seesterne: Schneiden Sie Seesterne aus farbigen Plastikfolien (z. B. von Dokumentenmappen) aus (7 cm Durchmesser). Drücken Sie mit einem Locher ein Loch in die Spitze jedes Seesterns. Stecken Sie große Sicherheitsnadeln durch die Löcher. Numerieren Sie die Seesterne von 1 bis 12 und benutzen Sie dazu einen wasserfesten Filzstift (Fig. 2).

Anmerkung: Sicherheitsnadeln rosten, deshalb sollten Sie die Sterne erst kurz vor dem Spiel ins Wasser werfen.

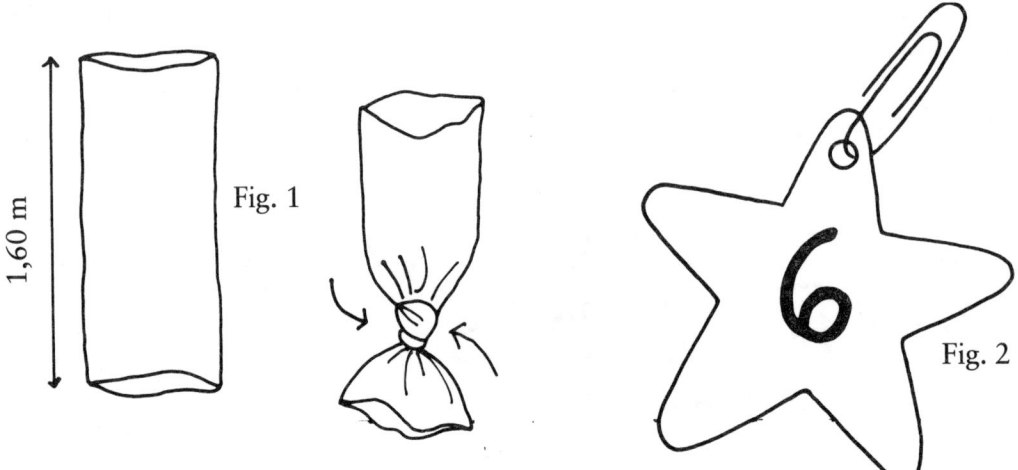

1,60 m   Fig. 1

Fig. 2

Lustiger Limbo

Das Spiel beginnt damit, daß zwei Spieler je ein Ende eines 1,50 bis 2 m langen Bambusrohres in Schulterhöhe hochhalten. Jede andere lange Stange, wie z. B. eine Angelrute, kann auch benutzt werden. Der Rest der Spieler wechselt sich dabei ab, im Limbo-Stil (nach hinten lehnen) unter der Stange durchzugehen. Nachdem jeder Spieler unter der Stange durchgegangen ist, wird sie um 5 cm gesenkt. Zuerst ist das Spiel einfach, doch es wird immer schwieriger, je tiefer die Stange gesenkt wird. Wenn ein Spieler das Gleichgewicht verliert, muß er oder sie ausscheiden.

Anmerkung: Die ersten beiden Spieler, die ausscheiden, übernehmen das Halten der Stange, damit die Stangenhalter auch mitspielen können. Der letzte Spieler, der übrigbleibt – derjenige, der am tiefsten Limbo tanzen kann –, gewinnt.

Erinnern Sie sich an den Goldfisch auf der Tischmitte? Das ist der erste Preis.

Dieses Spiel aus der Karibik geht am besten zu Calypso-Musik. Der lebhafte Takt von »Unter dem Meer«, »Küß sie doch!« und anderen Liedern aus *Die kleine Meerjungfrau* sind perfekte Limbo-Musik. Ermutigen Sie die Kinder dazu mitzusingen oder, als besonderer Spaß, eine Calypso-Band darzustellen. Benutzen Sie leere Dosen als Trommeln, ein Spielzeug-Xylophon als Marimba sowie Töpfe und Pfannen oder Blechdosen, um die Calypso-Trommeln nachzuahmen.

Menü

FABIUS' FRUCHTSALAT

12 Portionen

Wer ist nicht von Arielles bezauberndem kleinen Freund Fabius begeistert? Haben Sie schon einmal darauf geachtet, wieviel Ähnlichkeit Fabius mit einer Birne hat? Nun, auf dieser Party spielt Fabius eine Birne in einem frischen Fruchtsalat.

Zutaten

7 Birnen, frisch oder aus der Dose (wenn Sie frische Birnen nehmen, sollten sie gerade reif sein und keine braunen Flecken haben)
Saft von einer Zitrone (damit die Früchte nicht braun werden)
250 g Frischkäse
blaue Speisefarbe
12 kleine Marshmallows
12 Rosinen
12 Salatblätter (grüner Salat oder Radicchio)
frischer Dill (zur Verzierung)

Anleitung

Birnen entkernen und schälen. Halbieren Sie sechs der Birnen von oben nach unten. Die übriggebliebene Birne in zwölf Spalten schneiden. Damit sie nicht braun werden, beträufeln Sie das Obst mit dem Zitronensaft.

Anmerkung: Diese Birnen bleiben zwölf Stunden lang frisch.

Eine Stunde vor der Party wird der Frischkäse mit der Speisefarbe zu einem dunklen Blau gefärbt. Füllen Sie damit eine kleine Spritztüte (siehe Einleitung) und stellen Sie sie zur Seite. Legen Sie ein Salatblatt auf jeden Teller. Spülen Sie die Birnen mit Wasser ab und tupfen Sie sie mit Papiertüchern trocken. Legen Sie jede Birnenhälfte mit der offenen Seite nach unten auf ein Salatblatt. Legen Sie aus den Birnenscheiben die Schwänze und Flossen, wie unten abgebildet (Fig. 1). Schneiden Sie aus der dicken Seite der Birnen eine Ecke für Fabius' Maul heraus. Diese Ecke wird die Bauchflosse (Fig. 2). Spritzen Sie den Frischkäse in Streifen auf jede Birne, damit sie Fabius ähnlich sieht. Als Auge drücken Sie einen Marshmallow und eine Rosine in jede Birne (Fig. 3). Mit Dill dekorieren.

Vorbereitungszeit: 35 Minuten

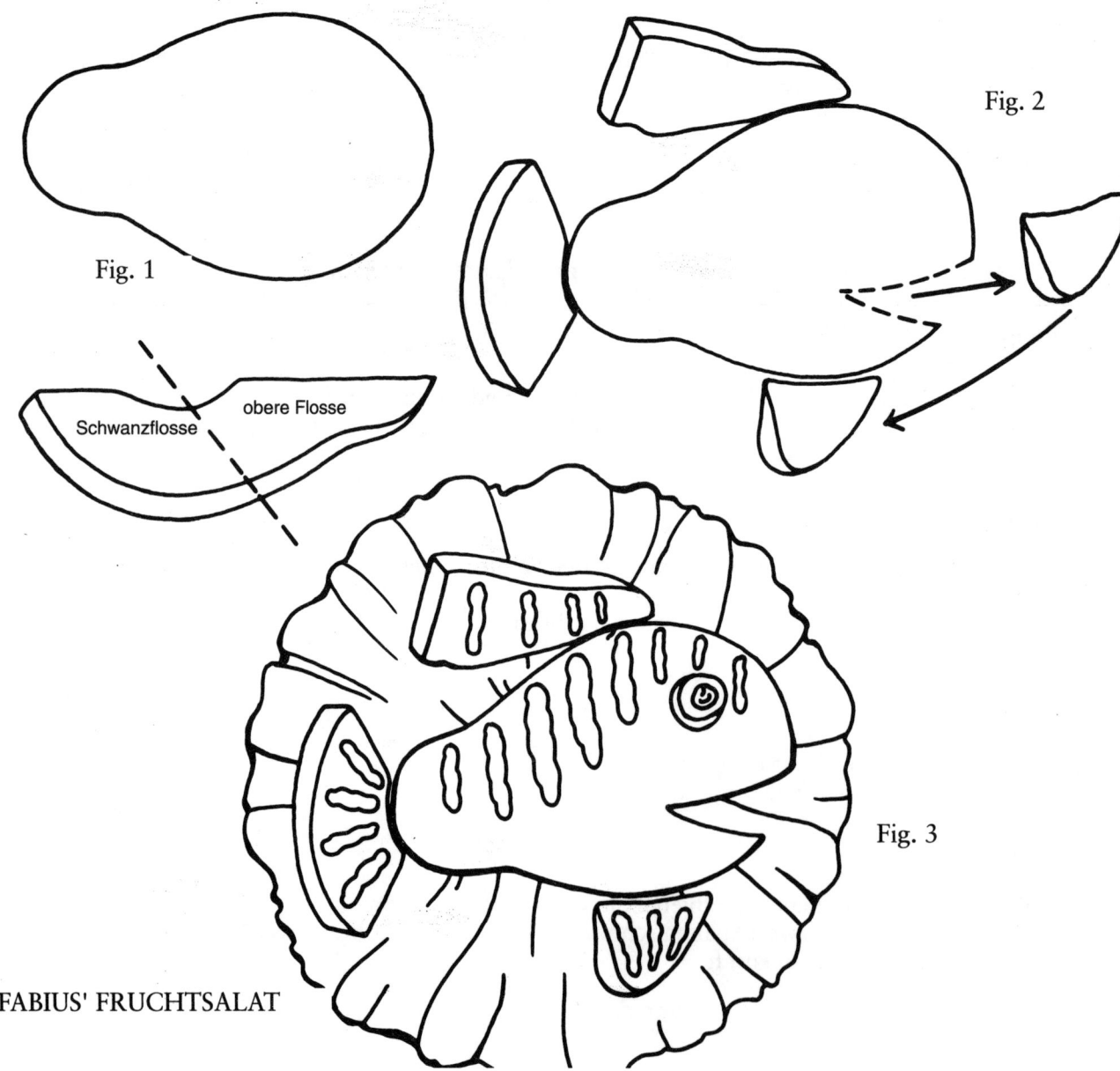

Fig. 1

Schwanzflosse   obere Flosse

Fig. 2

Fig. 3

FABIUS' FRUCHTSALAT

UNTER-DEM-MEER-PASTETEN

12 Portionen

Thunfischsalat-Pasteten, die wie Muscheln geformt sind, stellen zum Thema passende – und hübsche! – Mundhappen dar. (Für Vegetarier füllen Sie ein paar Pasteten mit gewürztem Schmelzkäse.)

Zutaten

2 oder 3 Packungen Tiefkühlblätterteig
1 Ei, mit 1 EL Wasser verrührt
König Tritons Thunfischsalat (Rezept folgt)
200 g gewürzter Schmelzkäse

Anleitung

Öffnen Sie die Blätterteigpackungen und nehmen Sie die Teigplatten heraus. Etwas auftauen lassen. Dehnen Sie die Scheiben vorsichtig zu Ovalen. Drücken Sie für jede Muschel auf beiden Seiten des unteren Endes mit einem Messer tiefe Kerben in den Teig (Fig. 1). Drücken Sie den Teig an dieser Stelle auseinander und formen Sie eine Muschel (Fig. 2). Schneiden Sie sechs Kerben in den Teig (Fig. 3). Legen Sie die Teigplatten in einem Abstand von 8 cm auf ein ungefettetes Backblech. Bestreichen Sie sie mit dem verrührten Ei und backen Sie die Pasteten im vorgeheizten Ofen ca. zwölf Minuten, bis der Teig goldbraun wird. Abkühlen lassen. Längsseitig aufschneiden und kurz vor dem Servieren mit Thunfischsalat (oder Schmelzkäse) füllen.
    Anmerkung: Die Pasteten schmecken am besten, wenn sie am Morgen der Party vorbereitet werden. Thunfischsalat kann am Vortag gemacht werden.

UNTER-DEM-MEER-PASTETEN

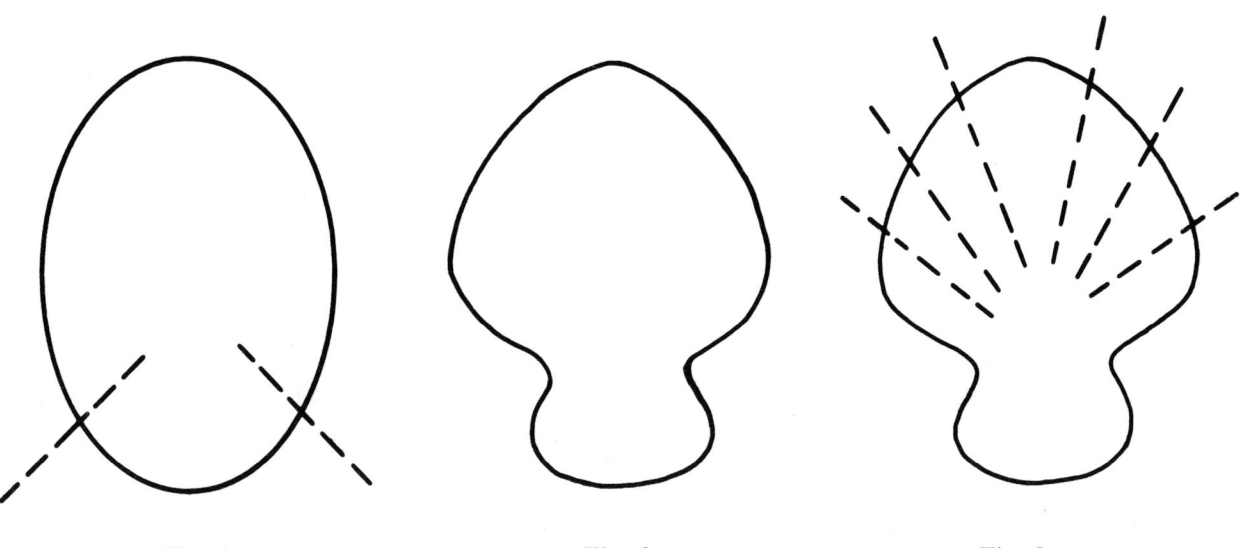

Fig. 1   Fig. 2   Fig. 3

KÖNIG TRITONS THUNFISCHSALAT

Zutaten

700 g Thunfisch aus der Dose, abgetropft
80 g gehackter Stangensellerie
80 g gehackte Frühlingszwiebeln
1 EL süß-saures Chutney
3/4 TL Selleriesalz
1/2 TL Zwiebelpulver
160 bis 180 g normale oder halbfette Mayonnaise
12 Salatblätter

Anleitung

Geben Sie den Thunfisch, den Sellerie und die Frühlingszwiebeln in eine Rührschüssel. Rühren Sie das Chutney, das Selleriesalz und das Zwiebelpulver in die Mayonnaise. Geben Sie das Dressing zu dem Thunfisch und heben Sie es vorsichtig unter. Bis zum Servieren kalt stellen. In den Muschelpasteten auf Salatblättern servieren.

Vorbereitungszeit: 20 Minuten
Kühlzeit: 3 Stunden oder über Nacht

ALGENSALAT

12 Portionen

Diese Beilage ist eine Mischung zwischen Krautsalat und Bohnensalat. Geschnittene grüne Bohnen (die den Unterwasserpflanzen etwas ähnlich sehen) werden anstelle von Kohl verwendet.

Zutaten

1 kg grüne Bohnen, frisch oder tiefgefroren
180 g normale oder halbfette Mayonnaise
1 EL Zitronensaft
1 EL Zucker
1/2 TL Senf
1/2 TL Salz
1 TL Zwiebelpulver

Anleitung

Die Bohnen nach Anleitung kochen, bis sie gerade weich sind. Gründlich abtupfen und mindestens zwei Stunden abkühlen lassen. Währenddessen die Mayonnaise, den Zitronensaft, Zucker, Senf, Salz und Zwiebelpulver cremig verrühren. Die Bohnen unterheben und einige Stunden oder über Nacht kühlen.

Vorbereitungszeit: 12 Minuten
Kühlzeit: 6 Stunden oder über Nacht

GUPPY-TÖRTCHEN

Armer Fabius! Immer wenn er sich fürchtete, nannten Arielle und die anderen ihn einen Guppy. Guppy-Törtchen sind verzierte Kuchenförmchen aus Papier, die mit gewürzten Crackers in Fischform gefüllt werden.

Zutaten

1 Pkt. Salatdressing-Pulver
1 TL getrockneter Dill
60 g geschmolzene Butter oder Margarine
1 TL Olivenöl
150 g Käsecracker (Fischform)
150 g Salzcracker (Fischform)
12 Kuchenförmchen (möglichst weiß oder helle Pastelltöne)
farbige Filzstifte

Anleitung

Verrühren Sie das Salatdressing mit Dill, Butter und Öl in einer Tasse und geben Sie alles in eine rechteckige, 30 x 45 cm große Backform. Verteilen Sie die Cracker über die Gewürzmischung. Vorsichtig verrühren, bis alle Cracker gleichmäßig eingefettet sind. Den Ofen auf 100°C /Gas niedrigste Stufe vorheizen und die Cracker 35 bis 40 Minuten backen, dabei alle zehn Minuten umrühren. Danach in luftdichte Behälter geben, damit sie kross bleiben. Cracker können schon eine Woche im voraus zubereitet werden. Nehmen Sie Filzstifte, um Fische, Seepferdchen etc. auf die Papierförmchen zu malen. Geben Sie die Cracker in eine Glasschüssel, damit die Kinder sich ihre eigenen Guppy-Törtchen füllen können.

Vorbereitungszeit: 12 Minuten
Backzeit: 35 bis 40 Minuten

URSULAS MEERHEXEN-SORBET

12 Portionen

Acht Lakritzbeine lassen jedes dieser kleinen Eisdesserts wie einen Tintenfisch aussehen, der eine Sahneperücke trägt. Sie können das Himbeersorbet immer gegen einen anderen Geschmack austauschen, den Ihr Kind lieber mag, aber denken Sie daran... Ursula *ist* lila.

Zutaten

schwarze Lakritzschlangen (ungefähr 7 m)
6 rote Fruchtgummis
24 kleine Schokoladenplättchen
300 ml Schlagsahne
2 l Himbeersorbet oder Eis mit Beerengeschmack oder gefrorenes Joghurt

Anleitung

Die Meerhexen werden auf Backpapier oder ein Blech mit Alufolie gelegt und gefroren. Die Alufolie macht es Ihnen leichter, das Dessert vom Blech zu nehmen. Versichern Sie sich, daß das Blech in Ihre Gefriertruhe oder -fach paßt!

Rollen Sie die Lakritzschlangen auf und schneiden Sie sie in 8 cm lange Streifen. Halbieren Sie die roten Fruchtgummis und drücken Sie sie mit den Fingern zu 12 Lippenformen. Mit einem großen Eisportionierer schnell 12 große Eiskugeln nebeneinander auf die Folie legen, damit sie nicht schmelzen. Diese Kugeln stellen den Körper der Hexe dar. Mit einem kleineren Portionierer drücken Sie je eine kleinere Eiskugel auf die großen; dies ist der Kopf. Legen Sie je acht Lakritzbeine unten an die große Kugel und drehen Sie sie in verschiedene Richtungen, damit sie wie Tintenfischarme aussehen (Fig. 1). Schieben Sie das Sorbet für ein paar Minuten in das Gefrierfach und füllen Sie eine Spritztüte mit großer Öffnung (siehe Einleitung) mit 125 ml geschlagener Schlagsahne. Dann eine zweite Spritztüte mit einer kleinen Sternenöffnung mit der restlichen Sahne füllen. Holen Sie das Sorbet aus dem Tiefkühlfach und drücken Sie die Fruchtgummi-Lippen in die Köpfe. Pressen Sie runde Sahnetupfen als Augen in jedes Gesicht und drücken Sie die Schokoladenplättchen auf die Sahne (als Pupillen). Mit der Sternen-Spritztüte pressen Sie aufrechtstehende Schlagsahne-Haare auf jede Ursula (Fig. 2). Bewahren Sie die Meerhexen bis zum Servieren im Gefrierfach auf. Heben Sie sie vorsichtig von der Folie und auf die Teller.

Vorbereitungszeit: 30 Minuten
Gefrierzeit: 2 Stunden oder länger

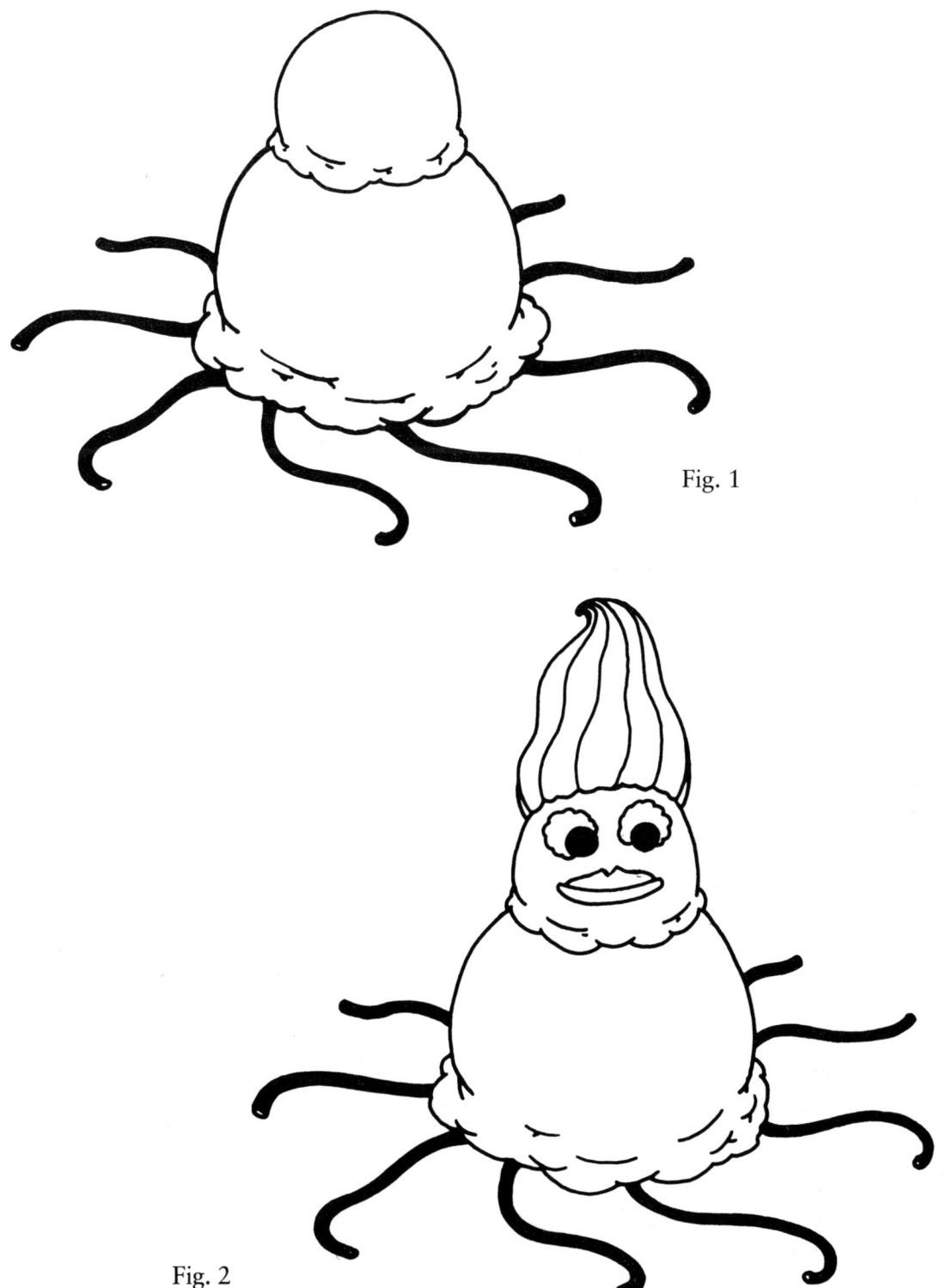

Fig. 1

Fig. 2

Sebastian – der singende, strahlende Calypsokrebs – hat Angst vor Prinz Erics Koch. Er befürchtet, zu Krebskuchen gemacht zu werden! Keine Angst, Sebastian, du bist in Sicherheit. Dieses Rezept beweist, daß du ein Krebs bleiben und trotzdem Kuchen essen kannst.

Zutaten

400 g Mehl
250 g brauner Zucker
60 g Kakao
1 TL Backpulver
1 1/2 TL Salz
250 ml Wasser
80 ml Pflanzenöl
1 TL Essig
1/2 TL Vanilleextrakt
Vanillebutter-Glasur (Rezept folgt)
blaue und rote flüssige Speisefarbe
24 kleine Marshmallows
1 TL Kakaopulver

Anleitung

Mehl, braunen Zucker, Kakao, Backpulver und Salz in einer Schüssel verrühren. In einer Tasse Wasser, Öl, Essig und Vanilleextrakt verrühren und über die trockenen Zutaten geben. Mit der Hand verkneten, bis alles vermischt ist. Die Mischung in 12 mit Backpapier ausgelegten Törtchenformen geben. Den Ofen auf 150°C/Gas Stufe 1 vorheizen und die Törtchen ungefähr zwanzig Minuten backen oder bis ein Zahnstocher, der in die Mitte gestochen wird, sauber herauskommt. Völlig abkühlen lassen. Über jedes Törtchen eine dünne Schicht Vanilleglasur streichen. Etwas blau gefärbte Glasur auf einen Spachtel geben. Blaue Streifen oder Wellen auf die weiß glasierten Törtchen malen (damit es wie Wasser aussieht). Die restliche Glasur rot färben und in eine mittelgroße Spritztüte (siehe Einleitung) füllen. Einen ca. 2,50 cm großen Hügel auf jedes Törtchen spritzen (Fig. 1). Mit einer kleinen Spritztüte auf jeder Seite des Hügels vier Beine spritzen (Fig. 2). Marshmallows als Augen oben auf die Hügel drücken. Mit einer größeren Spritztüte Scheren und Augenlider malen (Fig. 3). Für den Abschluß der Augen die restliche rote Glasur in eine Schüssel pressen. Mit so viel Kakaopulver vermischen, daß es ein dunkles Braun ergibt. Wieder in eine kleine Spritztüte geben. Drücken Sie die Spritztüte so zusammen, daß die braune Glasur gerade ein Stückchen herauskommt, dann Pupillen auf die Marshmallowaugen drücken und einen Mund über das Gesicht malen (Fig. 4).

Anmerkung: Die Kuchen können zwei Tage im voraus vorbereitet werden.

Vanillebutter-Glasur

Zutaten

500 g Puderzucker (gesiebt, wenn klumpig)
125 g weiche Butter oder Margarine
1 1/2 TL Vanilleextrakt
3 bis 4 EL Milch

Anleitung

Alle Zutaten außer der Milch verrühren. Die Milch teelöffelweise dazugeben, bis die Glasur glatt und streichfest ist.

Vorbereitungszeit für Kuchen: 20 Minuten
Backzeit: 20 Minuten
Vorbereitungszeit für Glasur und Verzierung: 1 Stunde

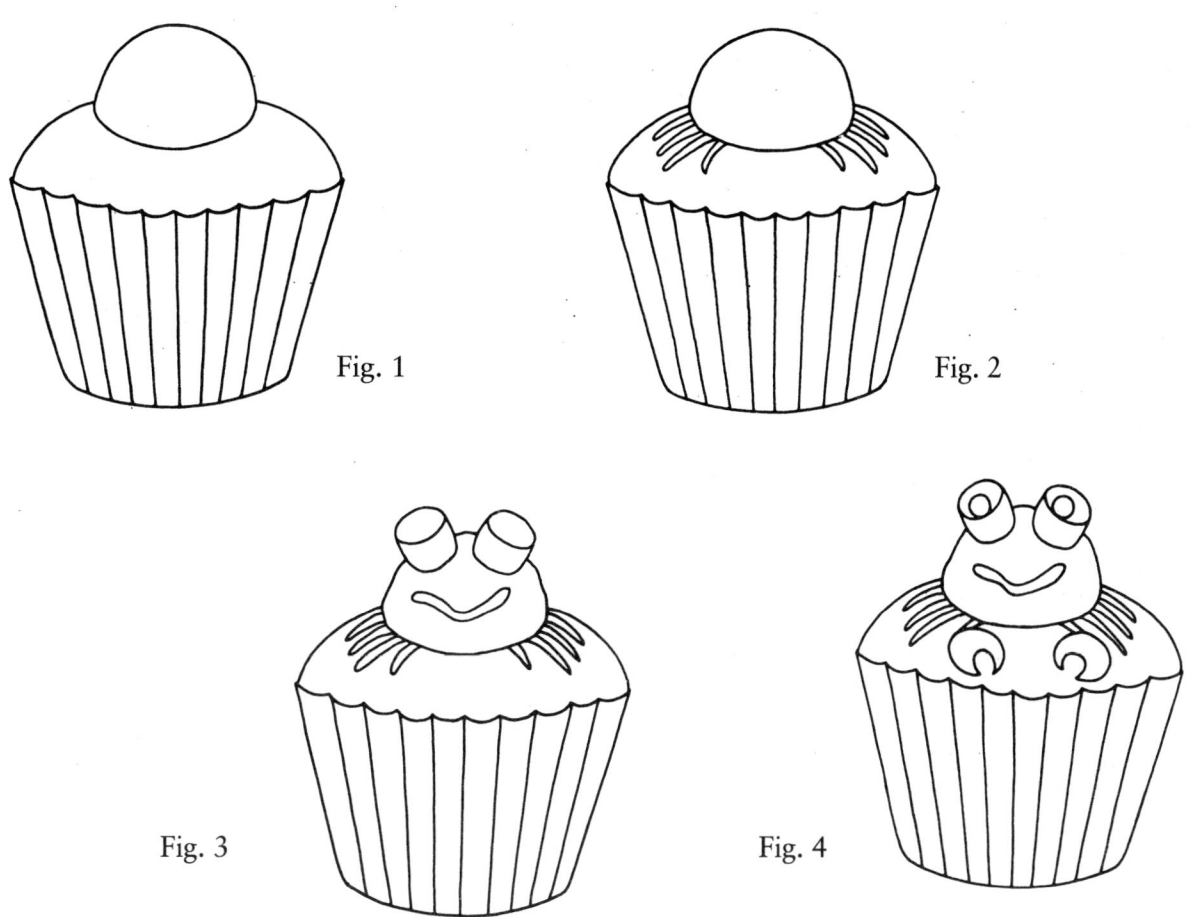

Fig. 1

Fig. 2

Fig. 3

Fig. 4

SEBASTIANS KREBS-KUCHEN

BLAUER KARIBIK-DRINK

12 Portionen

Je merkwürdiger etwas aussieht, desto mehr scheinen Kinder es zu mögen. Zum Beispiel blaue Limonade. Geben Sie Ginger-Ale und kleine Haie aus Eis dazu, und schon erhalten Sie einen blauen Karibik-Drink.

Zutaten

1 Paket kleine Fruchthaie
Wasser
1 Packung blauer Limonaden-Mix
2 l Ginger Ale

Anleitung

Die Eis-Haie vorbereiten: Vier Eiswürfel-Behälter aus dem Gefrierfach zu zwei Dritteln mit Wasser füllen. Eine Stunde bei Zimmertemperatur stehen lassen, um die Luftblasen herauzulassen. (Das Eis wird undurchsichtig, wenn Sie die Würfelfächer mit laufendem Wasser füllen, und dieses Eis sollte so durchsichtig wie möglich sein.) Je zwei Haie *derselben* Farbe in jedes Würfelfach geben. Die Haie werden sich etwas auflösen und den Eiswürfeln eine schöne Pastellfarbe geben. Legen Sie nicht zwei verschiedenfarbige Haie zusammen, sonst gibt es trübes Eis. Die Eiswürfel mindestens vier Stunden gefrieren lassen, bis sie fest sind. Die Limonade nach Anleitung vorbereiten. Zum Servieren zwei oder drei verschiedenfarbige Eiswürfel in jedes Glas geben. Die Gläser zur Hälfte mit blauer Limonade füllen. Dann mit Ginger-Ale auffüllen. Die Gläser vorher kühlen, damit die Eiswürfel langsamer schmelzen. Die Haie sind danach nicht mehr fest, sondern haben eine weiche Konsistenz angenommen.

Vorbereitungszeit: 15 Minuten
Gefrierzeit: 4 Stunden

ASCHENPUTTEL-PARTY

von 6 bis 12 Jahre

Aschenputtel ist die spannende Geschichte eines Mädchens von edler Geburt, die von ihrer grausamen Stiefmutter und ihren Stiefschwestern gemein behandelt wird. Am Abend des königlichen Balles verwandelt Aschenputtels Feen-Tante ihre Lumpen zu wunderschönen Kleidern, und sie trifft den schönen Prinzen. Als die Uhr Mitternacht schlägt und Aschenputtel nach Hause laufen muß, verliert sie einen gläsernen Pantoffel. Der König befiehlt dem Großherzog, nach der Besitzerin des Pantoffels zu suchen, und als er an Aschenputtels Fuß paßt, sind Aschenputtel und der Prinz für immer vereint.

Einladung: Durchsichtiger Pantoffel

Dekorationen: Motiv Schloß: Ballon-Kronleuchter; roter Teppich aus Krepp-Papier; Spitzendecke aus Papier; »feines Geschirr« aus Papiertellern; goldene Diademe

Zum Kennenlernen: süße Kronjuwelen

Märchenzubehör: goldene Diademe

Spiele: Verkleidungs-Wettbewerb; der Aschenbesen; Aschenputtels bestes Kleid

Menü: Rohkost-Kutsche; Prinzessinnen-Pasta; Brot-Besen; Eiscreme-Kürbisse; Aschenputtels Schloßkuchen; Glaspantoffel-Limonade

EINLADUNG

Durchsichtiger Pantoffel

Ein zierlicher Pantoffel, durch den man hindurchsehen kann und der in einen Briefumschlag schlüpft! Die Einladung wird aus einem durchsichtigen Stück Plastikhülle gemacht.

Material

12 (DIN A4, durchsichtige feste Plastikdeckel z. B. von Dokumentenmappen) oder
6 Plastikhüllen, die in zwei Teile geschnitten werden
Pauspapier
1 dünne Pappe
Bleistift
Kleber
1 Tube Goldglitter (zum Herausdrücken)
schwarzer, wasserfester Filzstift
12 DIN-A4-Umschläge (weiß)
12 goldene Siegel zum Aufkleben
Füller mit goldener Tinte
Schere

Anleitung

Mit dem Pauspapier die Zeichnung auf Seite 99 abpausen. Motiv ausschneiden und auf die Pappe kleben. Den Pappe-Pantoffel als Schablone ausschneiden und aus jedem Plastik einen Pantoffel herausschneiden. Den Rand jedes Pantoffels mit Goldglitter nachziehen und die folgende Nachricht darauf schreiben:

> Die Anwesenheit von
> Prinzessin/Prinz (Name des Gastes)
> wird im großen Ballsaal
> in (Name ihres Kindes) Palast
> zum Anlaß des königlichen Geburtstagsfestes
> (Ihre Adresse)
> am (Datum) um (Zeit) erbeten.
> Bestätigung durch die königliche Telefonnummer
> (Ihre Telefonnummer)

Schieben Sie die Einladungen in die Umschläge und kleben Sie sie mit einem goldenen Aufkleber (Siegel) zu, um ihn offiziell aussehen zu lassen. Schreiben Sie die Adressen mit goldener Tinte.

Vorbereitungszeit: 1 1/4 Stunden

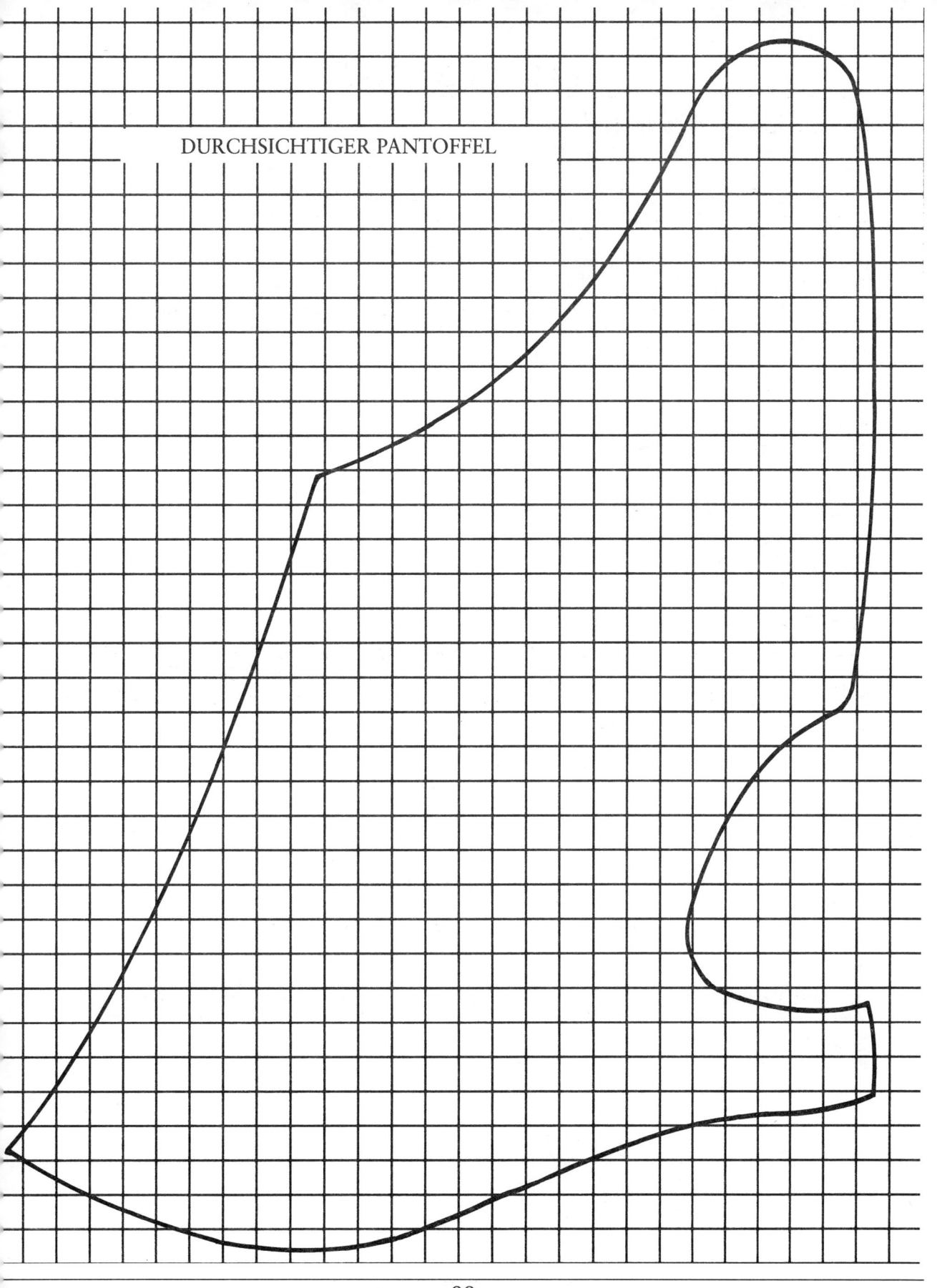

DURCHSICHTIGER PANTOFFEL

DEKORATIONEN

Trautes Heim, Glück allein... aber auf dieser Feier wird es zum Palast des Kronprinzen. Damit es richtig feudal aussieht, versuchen Sie es mit einem Kronleuchter aus Ballons. Benutzen Sie längliche weiße oder silberne Ballons und hängen Sie sie in einem Bündel von der Decke. Fügen sie Streifen aus bunter Geschenkfolie und bunte Geschenkbänder dazu, damit das »Kristall« schimmert. Stellen Sie einen königlichen Diener an die Tür, der das Eintreffen jeder ankommenden Prinzessin ankündigt – eine Fanfare aus einer Spielzeugtrompete gibt dem ganzen einen offiziellen Anstrich. Sie können sogar einen roten Teppich aus Krepp-Papier ausrollen. Decken Sie den Tisch mit einem Spitzentischtuch aus Papier. Verzieren Sie die Pappteller am Rand mit einem goldenen Filzstift, damit sie wie feines Geschirr aussehen. Legen Sie die Märchen-Diademe auf jeden Teller. Aschenputtels Schloßkuchen erhält den Ehrenplatz auf der Mitte des Tisches. Stellen Sie die Rohkost-Kutsche ans eine Ende des Tisches, und stellen Sie die Glaspantoffel-Limonade in einer Glasschüssel auf die andere Seite.

ZUM KENNENLERNEN

Süße Kronjuwelen

Zum Kennenlernen werden Pfefferminz-Saphire, Himbeer-Rubine und eßbare Smaragde auf Halsbänder aus Lakritz aufgezogen. Wenn die Prinzessinnen und Prinzen auf der Party Ihres Kindes ankommen, geleiten Sie jeden zum Kronjuwelier. Dies ist ein Tisch, auf dem Schüsseln mit Süßigkeiten stehen, die Löcher haben (feste Süßigkeiten, Fruchtgummis etc.), auch Kringel. Die Gäste ziehen sich ihre eigenen Halsketten auf rote Lakritzschlangen und knoten die Enden zusammen.

MÄRCHENZUBEHÖR

Goldene Diademe

Besorgen Sie sich Goldpapier im Papierwarengeschäft.

Material

12 1,5 bis 2 cm breite Plastik-Stirnbänder
6 m Goldpapier (70 cm breit)
Kleber
Schere
große, farbige Pailletten

ASCHENPUTTEL-PARTY mit Aschenputtels Schloßkuchen (S. 108)

Anleitung

Schneiden Sie das Goldpapier in 50 cm lange Streifen, so daß sie 12 Streifen à 50 x 70 cm erhalten. Falten Sie die Streifen in der Mitte zu einem 50 x 35 cm großen Rechteck (Fig. 1). Falten Sie es noch einmal zu einem 25 x 35 großen Rechteck (Fig. 2) und legen Sie es um das Stirnband herum (Fig. 3). Es sollten ungefähr 20 cm Goldpapier vom Stirnband abstehen. Drücken Sie das Goldpapier in Abständen ein, um eine Bogenform zu erhalten. Legen Sie die überstehenden Enden des Goldpapiers um und kleben Sie Pailletten auf das Stirnband.

Vorbereitungszeit: 1 Stunde

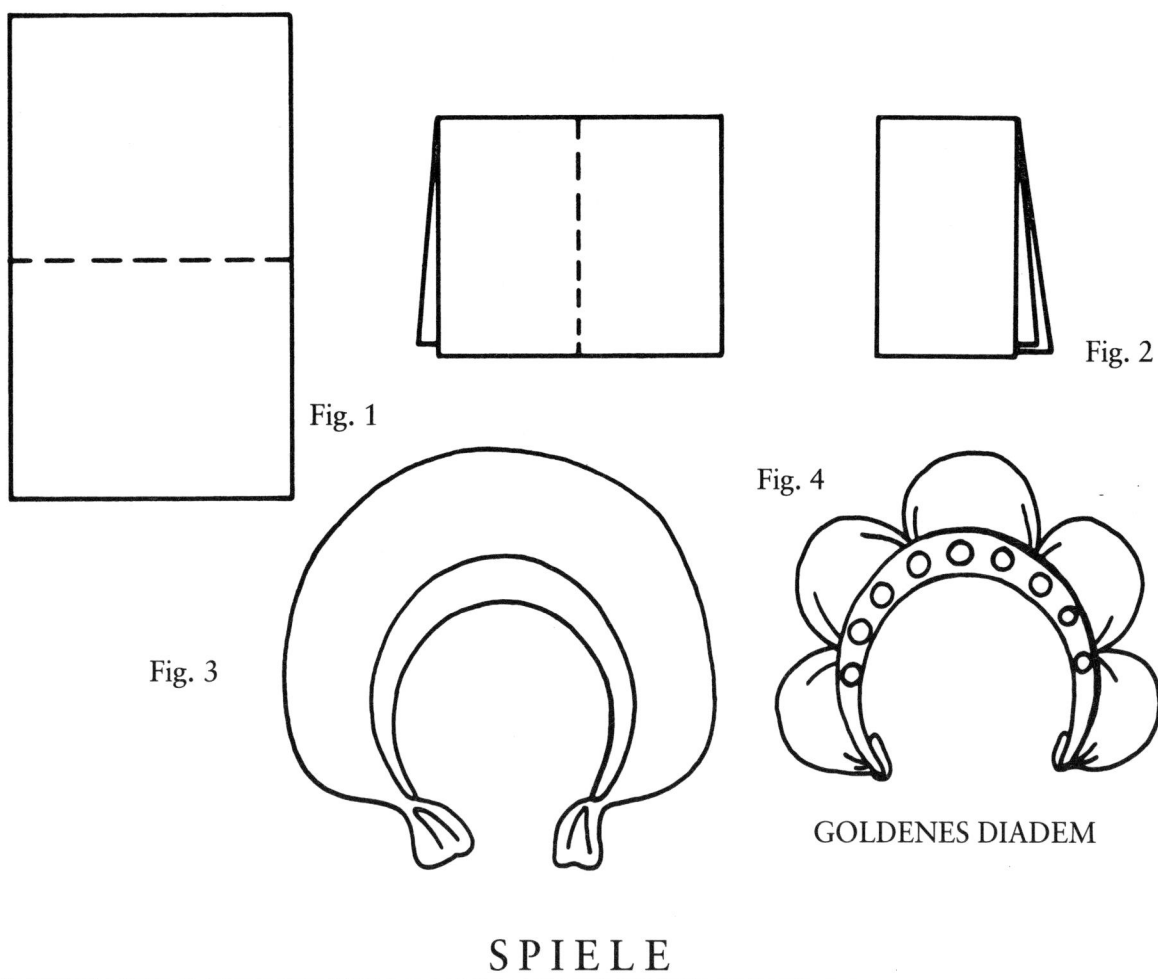

Fig. 1

Fig. 2

Fig. 3

Fig. 4

GOLDENES DIADEM

SPIELE

Verkleidungs-Wettbewerb

Am Abend des königlichen Balles hatte Aschenputtel es schrecklich eilig. Erst mußte sie schnell zum Palast, dann mußte sie früh wieder nach Hause – und verlor ihren berühmten Pantoffel.

Für diesen Verkleidungswettbewerb brauchen Sie zwei Koffer mit ähnlichem Inhalt: ein zu großes Kleid oder eine Jacke (die die Mädchen über ihre Kleider ziehen können), einen Hut, etwas Schmuck und so etwas wie einen gläsernen Pantoffel (dazu können sie durchsichtige

Plastiksandalen benutzen, wovon sie je einen in die Koffer legen). Die Spieler werden in zwei Gruppen aufgeteilt und stellen sich in einiger Entfernung vor den Koffern hintereinander auf. Der erste Spieler jeder Gruppe erhält einen Zauberstab (siehe Dornröschen-Party, Märchenzubehör, Seite 153). Beim zwölften Schlag einer Uhr (oder Schläge auf eine Pfanne) beginnt das Wettrennen. Zwei Spieler rennen zu den Koffern, jeder berührt seinen mit dem Zauberstab, öffnet ihn und zieht alles an, was im Koffer ist. Dann ziehen sie alles wieder aus und legen die Sachen wieder in den Koffer, verschließen ihn, nehmen den Zauberstab und laufen zurück, um den nächsten Spieler ihrer Gruppe mit dem Stab zu berühren. (Jeder Spieler muß zuerst mit dem Zauberstab auf dem Kopf berührt werden, bevor er ihn nehmen darf.) Die Gruppe, die zuerst fertig ist, gewinnt und erhält den Titel: »Bestangezogenste Gruppe«.

Der Aschenbesen

Beim Aschenbesen-Spiel wird buntes Konfetti in den Bereich der gegnerischen Gruppe gefegt, um einen Punkt zu machen. Sie brauchen ungefähr acht Tassen buntes Konfetti, zwölf Besen – vielleicht bitten Sie die Gäste, einen mitzubringen, wenn Sie auf die Einladung antworten – und auf jeder Seite aufgestellte Stühle, die als Torpfosten dienen.

Lassen Sie das Spiel in einem großen, unmöblierten Raum mit glattem Boden (kein Teppich) stattfinden. Stellen Sie je zwei Stühle auf jede Seite des Raumes und streuen Sie das Konfetti in einer Linie durch die Mitte des Raumes. Teilen Sie die Spieler in zwei Gruppen. Jede Gruppe bestimmt Angriffs- und Verteidigungsspieler. Die Angriffsspieler stellen sich an der Mittellinie auf, die Verteidigungsspieler verteidigen das Tor. Auf ein Zeichen beginnt das Spiel. Die Angriffsspieler versuchen, so viel Konfetti wie möglich in das gegnerische Tor zu fegen, während die Verteidigungsspieler sich bemühen, das Konfetti wieder herauszuholen. Nach fünf oder sechs Minuten ertönt der Schlußpfiff, und das Spiel ist beendet. Die Siegergruppe ist die, die das meiste Konfetti in den gegnerischen Bereich gefegt hat. (Wenn es knapp ausgeht, nehmen Sie die beiden Konfetti-Haufen mit Handfeger und Schaufel auf und geben Sie sie nacheinander in einen Meßbecher, um den Gewinner festzustellen.)

Aschenputtels bestes Kleid

Als Aschenputtel Nachricht von dem Ball erhielt, hatte sie nichts zum Anziehen. Sie fand ein altes rosa Kleid von ihrer Mutter, aber für so ein Fest war dies viel zu blaß. So ließ sie es in der Dachkammer liegen und kümmerte sich wieder um die schwere Hausarbeit. Aber ihre kleinen Freunde, die Vögel und die Mäuse, waren sehr einfallsreich. Sie suchten Perlen, Schleifen, Spitzen und eine wunderschöne Schärpe zusammen, die von Aschenputtels Stiefschwestern abgelegt worden waren. Und so schneiderten sie ein neues Kleid für Aschenputtel. (Natürlich bemerkten die Stiefschwestern später den Schmuck an Aschenputtels Kleid und zerrissen es. Nun mußten Aschenputtels Feen-Tanten ein neues herbeizaubern.)

Bei diesem Spiel tun die Kinder so, als seien sie die Vögel und die Mäuse. Sie bekommen die Aufgabe, ein schlichtes Kleid mit tausenderlei Dinge zu verschönern. HängenSie ein einfaches Kleid über eine große Tafel mit einem dreibeinigen Ständer. Stellen Sie eine Kiste mit farbiger Kreide bereit. Die Kinder wechseln sich dabei ab, je ein Accessoir auf das Kleid zu malen. Eine solche Gemeinschaftsverschönerung endet meist in hochmoderner Dekoration... aber das ist ja gerade der Spaß. Da dies kein Wettbewerb ist, gibt es auch keine Gewinner oder Verlierer. Das Spiel ist vorbei, wenn das Kleid fertig ist, aber wundern Sie sich nicht, wenn die Kinder alles wieder abwischen und neu anfangen wollen!

Menü
ROHKOST-KUTSCHE

12 Portionen

Dies ist Aschenputtels klassische Kutsche, die aus einem Kürbis besteht... eigentlich. Kürbisse sind nicht das ganze Jahr über erhältlich, aber sie erhalten den gleichen Effekt durch eine (möglichst birnenförmige) Rübe. Die Kinder werden begeistert ihr Gemüse in die goldene Kutsche tunken, die von Pferden aus weißem Rettich gezogen wird.

Zutaten

1 Kürbis oder eine große gelbe Rübe
Zitronensaft
2 Dutzend weiße Rettiche (8 bis 10 cm lang)
8 Nelken
8 Mandelhälften
4 Frühlingszwiebeln
2 Dutzend Zahnstocher (siehe Anmerkung, Seite XI)
4 bunte Deko-Zahnstocher (siehe Anmerkung, Seite XI)
Königlicher Goldzwiebel-Dip (Rezept folgt)
Gemüse zum Dippen (Anleitung folgt)

Anleitung

Schneiden Sie die Rübe genau über der Verdickung ab und schneiden Sie aus dem abgeschnittenen Stück vier 2 cm dicke Scheiben als Kutschenräder ab (Fig. 1). Höhlen Sie die Rübe aus, wobei sie einen ca. 2 cm dicken Rand übrig lassen. Bestreichen Sie die Innenseite und die Scheiben mit Zitronensaft, damit sie nicht braun werden. Verankern Sie die Räder mit Zahnstochern an den Seiten (Fig. 2). Für jedes Pferd stecken Sie vier Rettich-Beine an einen Rettich-Körper (Fig. 3). Schneiden Sie einen weiteren Rettich ca. 2,5 cm von der Spitze diagonal ab (Fig. 4). Stecken Sie die beiden Teile mit einem Zahnstocher zusammen, so daß sie Hals und Kopf ergeben. Drücken Sie Nelkenaugen und Mandelohren hinein und schmücken Sie den Kopf mit einem Party-Zahnstocher (Fig. 5). Stecken Sie den Hals mit dem Körper zusammen. Aus dem buschigen Ende einer Frühlingszwiebel wird der Schweif gemacht (Fig. 6). Legen Sie das Ende kurz in Eiswasser, damit die Blätter auseinandergehen. Stecken Sie einen Schweif an jeden Pferdekörper (Fig. 7).

Anmerkung: Sie sollten die Kutsche und die Pferde einen Tag vor der Party vorbereiten, weder früher noch später. Schlagen Sie die Kutsche, die Pferde und das Gemüse in Frischhaltefolie ein, damit sie nicht feucht werden, und stellen Sie sie in den Kühlschrank. Lagern Sie den Dip extra. Stellen Sie die Pferde vor dem Servieren auf eine große Platte vor die Kutsche. Umlegen Sie die Platte mit Gemüse und füllen Sie die Kutsche mit dem Dip.

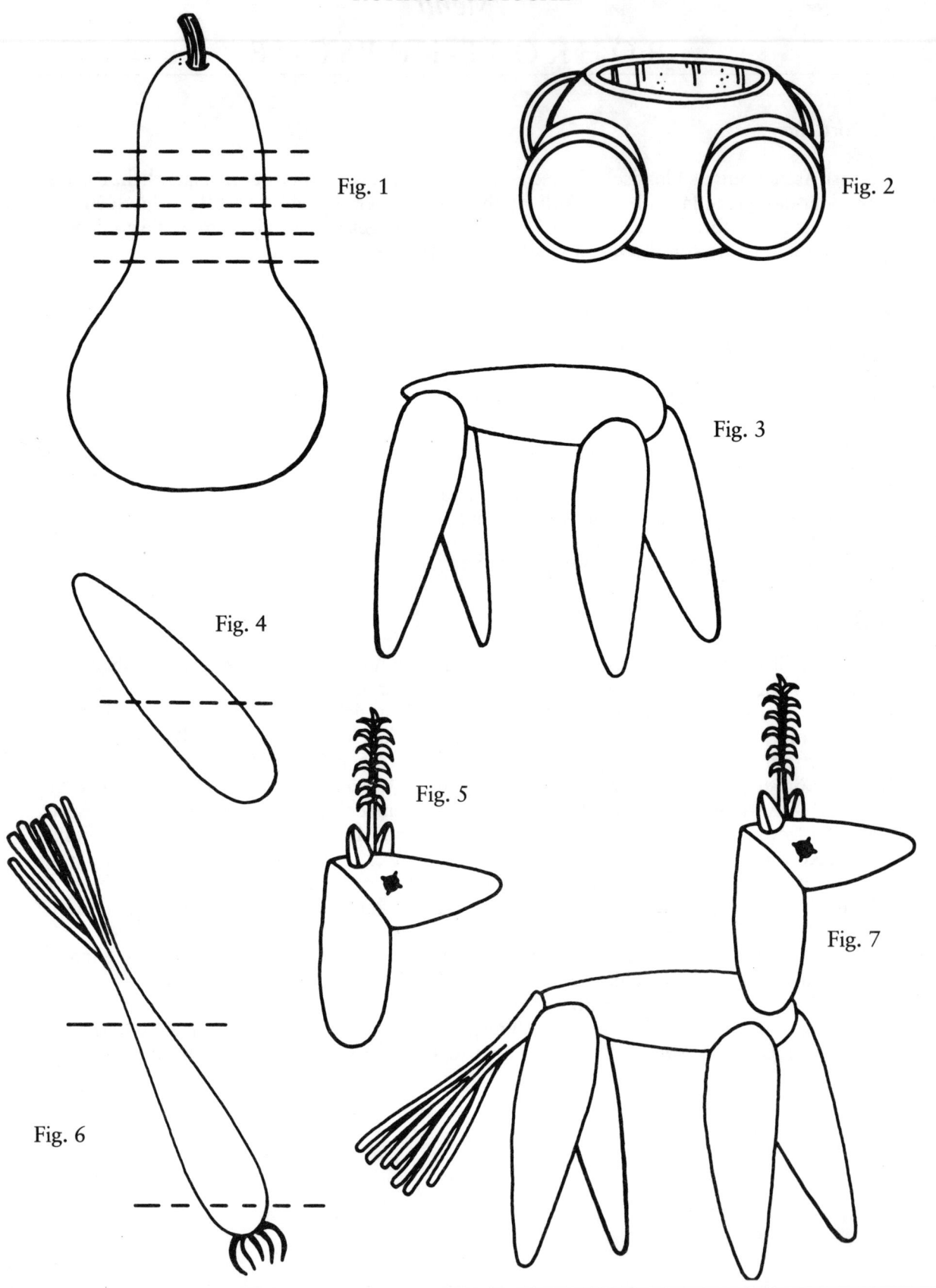

Fig. 1

Fig. 2

Fig. 3

Fig. 4

Fig. 5

Fig. 6

Fig. 7

Königlicher Goldzwiebel-Dip

Zutaten

1 EL Zitronensaft
2 TL Currypulver
2 EL Zucker
2 EL Zwiebelsuppenmischung aus der Tüte
160 g normale oder halbfette Mayonnaise
250 ml saure Sahne oder mageren Joghurt

Anleitung

Vermischen Sie die Zutaten und stellen Sie sie zur Geschmacksentfaltung über Nacht kühl.

Gemüse zum Dippen

Zutaten

1 Brokkoli
1 Blumenkohl
1 Stangensellerie
1 Bund Karotten

Anleitung

Den Brokkoli und den Blumenkohl in Röschen zerteilen. In kochendem Wasser zehn Sekunden blanchieren. In Eiswasser tauchen und trocknen. Sellerie schälen und in Streifen schneiden. Karotten schaben und in Streifen schneiden. In einer Plastiktüte im Kühlschrank lagern.

Vorbereitungszeit: 1 1/2 Stunden
Kühlzeit: 24 Stunden

PRINZESSINNEN-PASTA

12 Portionen

Nudeln in drei verschiedenen Farben machen aus einem sonst eher langweiligen Essen eine Mahlzeit für eine Prinzessin. Gerollte Rotini, Mostaccioli und auch Makkaroni kann man in verschiedenen Geschmacksrichtungen finden (normal, mit Tomaten- oder Spinatgeschmack). Als besonderen Leckerbissen versuchen Sie es doch einmal mit dreifarbigen Tortellini mit Käsefüllung.

Zutaten

500 g Nudeln in verschiedenen Farben (Rotini, Mostaccioli, Makkaroni oder Tortellini mit Käsefüllung)
1 kg mageres Rind- oder Putenfleisch
500 g geschnittene Champignons
1 EL Olivenöl (nur bei sehr magerem Rindfleisch oder bei Pute)
3 Gläser Tomatensoße
500-g-Dose gekochte Tomaten
125 g geschnittene Oliven
125 g Parmesan

Anleitung

Kochen Sie die Nudeln nach Anleitung. Abtropfen lassen. Währenddessen braten Sie das Fleisch und die Champignons in einem großen Topf (geben Sie Olivenöl hinzu, wenn das Fleisch sehr mager ist). Wenn das Fleisch braun ist und die Champignons weich, rühren Sie die Tomatensoße, die Tomaten und die Oliven hinein. Bedecken Sie den Topf und lassen Sie die Soße bei schwacher Hitze acht bis zehn Minuten köcheln. Heben Sie die Nudeln und den Käse unter die Soße. Sofort servieren.

Anmerkung: Dieses Gericht kann einen Tag vorher vorbereitet werden. Zum Servieren aufwärmen.

Vorbereitungszeit: 25 bis 30 Minuten

BROT-BESEN

2 Dutzend

Aschenputtel erhielt ihren Namen, weil eine ihrer Aufgaben darin bestand, die Asche aus dem Herd zu fegen. Diese Brot-Besen lassen sich wunderbar mit der Prinzessinnen-Pasta kombinieren.

Zutaten

2 bis 3 Pakete Tiefkühlblätterteig (24 Platten)
1 Ei, leicht geschlagen
Mohnkörner

Anleitung

Nehmen Sie die Blätterteigplatten heraus und lassen Sie sie leicht auftauen. Jede Platte längsseits eng zusammenrollen und auf eine Länge von 25 bis 30 cm strecken. 8 cm vom unteren Ende einen Knoten machen. In das kurze Ende vier Schnitte machen, damit es wie eine Quaste aussieht (Fig. 1). Legen Sie die Brote in einem Abstand von 10 cm nebeneinander auf ein mit Backpapier ausgelegtes Blech. Die Quasten leicht auseinanderdrücken. Bestreichen Sie den Teig mit dem geschlagenen Ei und streuen Sie Möhnkörner über die Besenstiele (Fig. 2). Bei 150°C/Gas Stufe 1 15 bis 18 Minuten backen. Sofort servieren.

Anmerkung: Die Besen können einen Tag im voraus vorbereitet werden. Bei 100°C/Gas niedrigste Stufe acht Minuten erwärmen.

Vorbereitungszeit: 15 Minuten
Backzeit: 15 bis 18 Minuten

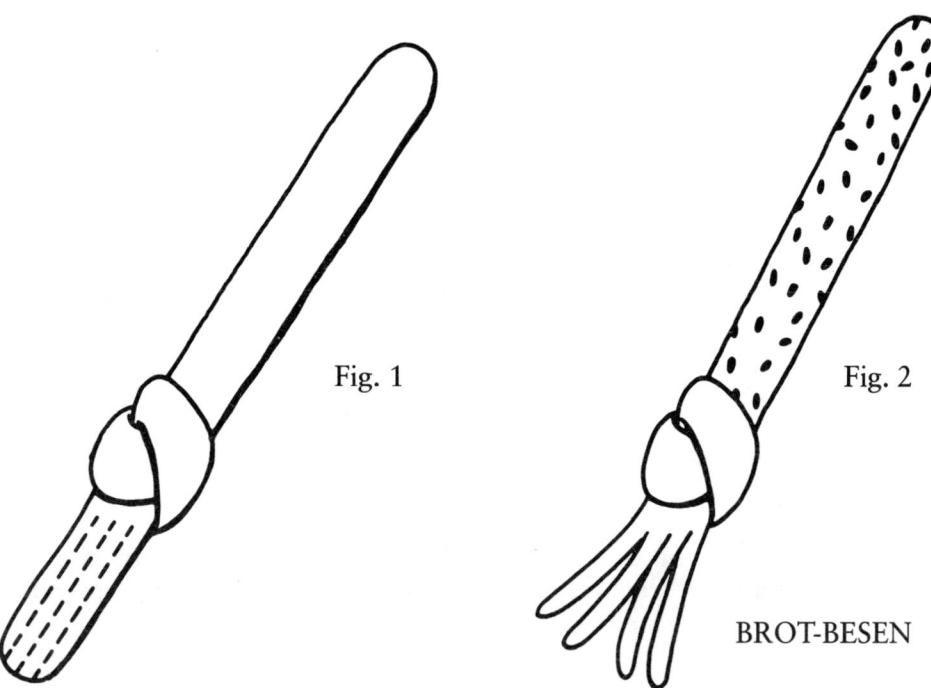

Fig. 1

Fig. 2

BROT-BESEN

EISCREME-KÜRBISSE

12 Portionen

Zutaten

1 l Orangeneis
12 Zimtstangen

Anleitung

Geben Sie 12 große Eiskugeln auf eine Platte, die mit Alufolie bedeckt ist (Fig. 1). Ziehen Sie mit dem runden Griffende eines Holzlöffels Kerben in das Eis, damit es wie ein Kürbis aussieht, und stecken Sie eine Zimtstange als Stiel hinein (Fig. 2). Stellen Sie die Kürbisse für mindestens 8 Stunden ins Gefrierfach, bevor Sie sie servieren.

Anmerkung: Kürbisse können bis zu drei Tage im voraus vorbereitet werden. Mit Plastikfolie bedecken und im Gefrierfach aufbewahren.

Vorbereitungszeit: 5 bis 10 Minuten
Gefrierzeit: 8 Stunden oder über Nacht

Fig. 1

Fig. 2

ASCHENPUTTELS SCHLOSSKUCHEN

Mindesten 12 Portionen

Mit seinen hohen Türmen und seinem unverwechselbaren Tor ist Disneys Version des Aschenputtelschlosses überall auf der Welt bekannt. Mit Hilfe einer einfachen Springform können Sie einen wunderschönen Schloßkuchen herstellen.

Zutaten

800 g Mehl
600 g Zucker
250 g Margarine
400 ml Milch
4 EL Backpulver
1 TL Salz
2 TL Mandelextrakt
8 Eiweiß
175 g bunte Streusel
Blaue Buttercreme-Glasur (Rezept folgt)
Schokoladentürme (Anleitung folgt)
100 g Milchschokolade
50 Bonbons
Grüne Kokosraspeln (Anleitung folgt)

Anleitung

Verrühren Sie Mehl, Zucker, Margarine, Milch, Backpulver, Salz und Mandelextrakt in einer Rührschüssel. 30 Sekunden mit einem Handmixer auf mittlerer Stufe schlagen. Zwei Minuten auf höchster Stufe schlagen. Die bunten Streusel einrühren. Zwei 20 cm große, viereckige Backformen mit Backpapier auslegen. Eine 25 cm Durchmesser große Springform fetten, mit Mehl bestäuben und zu zwei Dritteln mit dem Teig füllen. Den restlichen Teig in die beiden viereckigen Formen füllen. Den Ofen auf 150 °C/Gas Stufe 1 vorheizen und die Kuchen 35 bis 40 Minuten backen, bis ein Zahnstocher, der in den Kuchen gesteckt wird, sauber herauskommt. Die Kuchen völlig abkühlen lassen und aus den Formen lösen.

Anmerkung: Dieser Kuchen ist wirklich zu groß, als daß man ihn einfrieren könnte, wenn er erstmal ganz fertig ist. Um ihn trotzdem vorzubereiten, kann der Kuchen in diesem Stadium eingefroren werden.

Bedecken Sie eine 30 x 60 cm große Platte mit Alufolie. Die Glasur und die Türme vorbereiten. Ebnen Sie die gewölbte Oberfläche des runden und der eckigen Kuchen mit einem Messer. Schneiden Sie den runden Kuchen in zwei Halbkreise und kleben Sie sie mit Hilfe der Glasur übereinander (Rücken auf Rücken). Die zwei eckigen Kuchen ebenfalls mit der Glasur zusammenfügen. Schneiden Sie sie nun in der Mitte durch, um zwei 20 x 10 cm große Rechtecke zu erhalten. Plazieren Sie den Torbogen mit der geschnittenen Seite nach unten in der Mitte der Platte. Stellen Sie auf jede Seite des Tores einen rechteckigen Kuchen (Fig. 1). Bestreichen Sie alle Oberflächen mit der Glasur, auch unter dem Torbogen (Fig. 2). Stellen Sie zwei doppelte Schokoladentürme auf jeden der Kuchen. Die restlichen zwei Schokoadenkegel mit der flachen Seite nach unten nebeneinander auf der Mitte des Tores anbringen (Fig. 3). Teilen Sie die Milchschokolade in 12 Stücke und benutzen Sie sie als Tür und Fenster auf der Vorder- und Rückseite des Kuchens. Die Ränder des Schlosses als Zinnen mit Bonbons belegen (Fig. 4). Umgeben Sie das Schloß mit grünem Kokosnußgras.

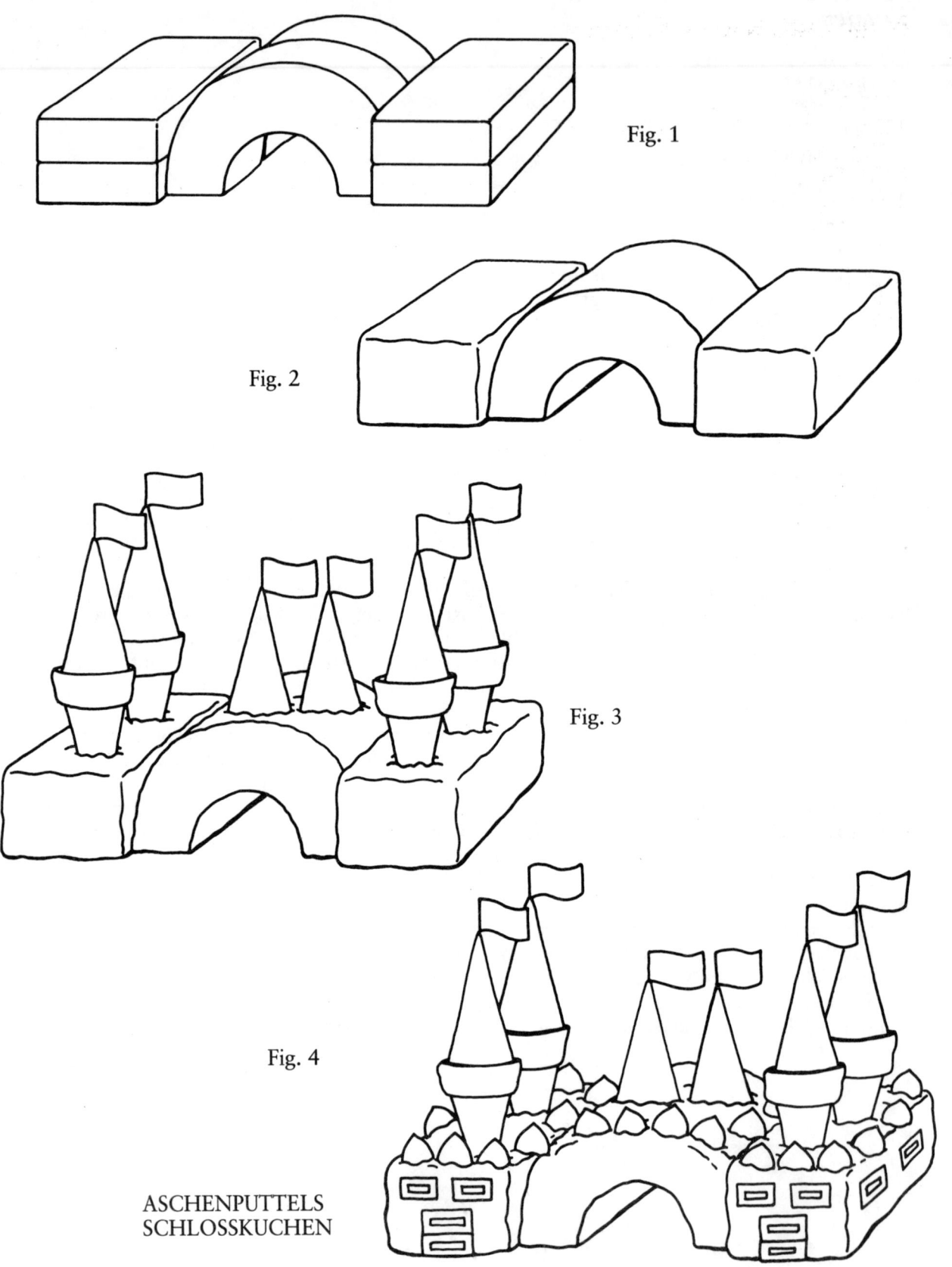

Fig. 1

Fig. 2

Fig. 3

Fig. 4

ASCHENPUTTELS
SCHLOSSKUCHEN

Blaue Buttercreme-Glasur

Zutaten

375 g weiche Butter oder Margarine
1 EL Vanilleextrakt
1,5 kg Puderzucker
6 bis 8 EL Milch
blaue Speisefarbe

Anleitung

Verrühren Sie Butter und Vanille, bis die Masse cremig und schaumig wird. Den Puderzucker hineingeben und so viel Milch dazugeben, bis die Glasur glatt und streichfähig wird. Die Glasur mit der Speisefarbe hellblau färben.

Schokoladentürme

Zutaten

200 g geriebene Schokolade
2 TL Margarine
4 Eiswaffeln mit flacher Unterseite
6 Zuckerwaffeln (spitz)
6 farbige Papierfahnen auf Zahnstochern (siehe Anmerkung, Seite XI)

Anleitung

Schmelzen Sie die Schokolade und die Margarine im Wasserbad (oder zwei Minuten in der Mikrowelle). Glatt verrühren. Halten Sie jede Waffel über den Topf und bestreichen Sie sie gleichmäßig mit der Schokolade. Überschüssige Schokolade abtropfen lassen. Auf eine Folie stülpen und kühl stellen, damit die Schokolade fest wird. Die flachen Waffeln richtig herum drehen. Die Fahnen in die spitzen Enden der Zuckerwaffeln stecken. Die Zuckerwaffeln mit den offenen Enden in die vier flachen Waffeln stecken. Die restlichen zwei Zuckerwaffeln werden in die Mitte des Kuchens gesteckt.

Grüne Kokosraspeln

Zutaten

500 bis 750 g Kokosraspeln
1 EL Wasser
grünes Speisefarbengel

Anleitung

Ein oder zwei Tropfen grünes Speisefarbengel in 1 EL Wasser geben. Das Wasser in ein großes Glas geben, das mit 500 bis 750 g Kokosraspeln gefüllt ist. Heftig schütteln, bis die Kokosraspeln gleichmäßig gefärbt sind.

Gesamte Vorbereitung: 1 1/2 Stunden
Backzeit: 35 bis 40 min.

GLASPANTOFFEL-LIMONADE

Mindestens 12 Portionen

Eisformen sind eine einfache Alternative zur Eis-Modellierung. Diese phantasievollen Skulpturen sieht man manchmal auf Buffets. Weiche Gummiformen werden mit Wasser gefüllt und gefroren. Wenn sie fest sind, werden die Formen einfach von den Eisfiguren gezogen. Wissen Sie was? Sie können ein Paar Glaspantoffeln aus Eis herstellen, indem Sie diese Technik mit einem Paar Schuhschützer aus Gummi verbinden. (Benutzen Sie auf jeden Fall ganz neue Schuhschützer, die noch nicht benutzt wurden!)

Wählen Sie Schuhschützer für Frauenschuhe mit flachem Absatz (hochhackige Schützer haben Löcher für die Absätze – außerdem sind sie durch ihre winklige Form schwieriger mit Flüssigkeit zu füllen.) Wenn Sie keine solche Form finden können, versuchen sie es mit einem kleinen Männer-Schuhschützer.

Zutaten

2 l Zitronenlimonade
80 g Sirup

Anleitung

Waschen Sie die Schuhschützer gründlich aus. Füllen Sie sie mit Wasser und geben Sie dieses Wasser in einen Meßbecher (um festzustellen, wieviel Wasser in die Schuhe paßt). Gießen Sie das Wasser ab und geben Sie dieselbe Menge »abgestandene« Zitronenlimonade in den Becher. (Lassen Sie die Limonade für die Schuhe einige Zeit offen stehen. Den Rest wieder verschließen, damit die Kohlensäure nicht entweicht.) Stellen Sie die Schuhschützer in einen Topf und füllen Sie sie mit der Limonade. 24 Stunden einfrieren. Währenddessen die restliche Limonade kühlen. Zum Servieren füllen Sie den Sirup in eine große Glasschüssel. Mit etwa 1 Liter Limonade füllen. Ziehen Sie die Schuhschützer vorsichtig vom Eis und geben Sie die Pantoffeln in die Schüssel. Bedecken Sie sie mit der restlichen Limonade und servieren Sie sofort.

Anmerkung: Die Pantoffeln können in Plastikbeuteln ungefähr eine Woche im voraus eingefroren werden.

Vorbereitungszeit: 15 Minuten
Stehzeit für die Limonade: 2 bis 3 Stunden
Gefrier- und Kühlzeit: 24 Stunden

DAVY-CROCKETT-PARTY

von 7 bis 11 Jahre

Jäger, Pfadpfinder, Soldat und Abgeordneter – die erstaunliche Karriere von Davy Crockett machte ihn im 19. Jahrhundert zu einem der lebenden Lieblingshelden Amerikas. Von den Bergen Tennessees über Washington DC nach Alamo, überall war Davy Crockett. Für seinen Mut, seine Jagdfähigkeiten, seine großen Geschichten und bodenständigen Charme berühmt, war Crockett in den 50er Jahren der Held einer Walt-Disney-Fernsehserie.

Einladung: Plakat der Freiwilligen aus Tennessee
Dekorationen: Motiv Wildnis – Blätter, Zweige; Tannenzapfen; Stofftiere (Bären, Stinktiere, Waschbären, etc.)
Zum Kennenlernen: Maßgeschneiderte Waschbärmützen
Märchenzubehör: Bowiemesser-Kekse
Spiele: Waschbären-Grinse-Wettbewerb; Floß-Rennen; »Gedenkt Alamo!«
Menü: Gemüse aus den Tälern Tennessees; gegrilltes Wildschwein; Tomahawk-Kartoffeln; Bärentatzen-Kekse (mit Honigbutter); Davy Crocketts Hüttenkuchen; Waschbären-Eisreme; Georgies Bergbier

EINLADUNG

Plakat der Freiwilligen aus Tennessee

Eine Einladung zu einer Pionierparty würde man wahrscheinlich an einen Baumstamm kleben. Nehmen Sie also einfach an, daß die Pioniere praktisch sein müssen und die Nachricht statt dessen mit der Post verschicken. Trotzdem werden die Einladungen, wenn Sie damit fertig sind, wie Plakate aussehen, die während des mexikanisch-amerikanischen Krieges an den Bäumen hingen.

Material

12 große Bögen Packpapier
Schere
Bleistift
scharfkantiges Lineal
schwarzer Filzstift
»Verschönerungsmittel«: Nägel, dicke Schraube, feuchter gebrauchter Teebeutel, Ketchup
12 DIN-A4-Umschläge, braun

Anleitung

Ziehen Sie mit Bleistift und Lineal eine DIN-A4-große Fläche auf jeden Bogen Packpapier. Drücken Sie das Lineal fest auf die umrissene Linie und reißen Sie das Papier an diesen Stellen ab, um einen zerfledderten Umriß zu erhalten. Drücken Sie mit einem Nagel Löcher in alle vier Ecken. Drücken Sie außerdem mit der Schraube Löcher in zwei Stellen, um »Einschußlöcher« zu erhalten. (Sie können sogar einen kleinen Riß von einem Pfeil hinzufügen.) Besprengen Sie das Papier mit Wasser, um ihm das verwitterte Aussehen von Regen zu verpassen. Altern Sie die Plakate zusätzlich mit dem feuchten gebrauchten Teebeutel, den Sie über einige Stellen reiben. Zum Schluß fügen Sie ein paar »Blutflecken« in Form von Ketchup hinzu. Lassen Sie die Plakate 24 Stunden trocknen, möglichst in der Sonne. Wenn Sie trocken sind, schreiben Sie folgende Nachricht mit dem Filzstift auf die 12 Plakate:

Die Freiwilligen von Tennessee
rekrutieren Pfadfinder.
Bitte melden in
(Name Ihres Kindes) Zelt
am (Datum) um (Zeit)
auf dem Gelände von (Ihre Adresse)
U.A.w.g.: Ruf (Ihre Telefonnummer) an und sag ihnen, daß Davy Crockett dich schickt

In DIN-A4-Umschlägen verschicken.

Vorbereitungszeit: 1 1/2 Stunden
Trocknungszeit: 24 Stunden

DEKORATIONEN

Wenn Sie die Party nicht in Ihrem Garten feiern können, schreit dieses wilde Fest geradezu danach, Wald und Feld ins Haus zu bringen. Decken Sie einen großen Tisch mit einem grünen Papiertischtuch. Sammeln Sie Blätter, Zweige, Tannenzapfen und schöne Steine, um damit den Tisch zu schmücken. Kleine Stofftiere wie Stinktiere, Waschbären und Teddybären verstärken den Effekt. Benutzen Sie die Bowiemesser als Platzkarten. Davy Crocketts Hüttenkuchen steht in der Mitte, und der gegrillte Bär sollte am besten an den Kopf der Tafel gestellt werden.

ZUM KENNENLERNEN

Maßgeschneiderte Waschbären-Mützen

So einfach, und kein Waschbär muß leiden! Wenn die Freiwilligen ankommen, lassen Sie sie aus Seidenpapier ihre eigenen Waschbären-Mützen schneidern.

Material

24 Bögen Seidenpapier (auch »Bäckerseide« genannt, gibt es im Blumenhandel)
2 bis 2,5 cm breites schwarzes Klebeband
Schere

Anleitung

Nehmen Sie für jede Mütze einen einmal gefalteten Bogen Papier. Das Papier an den schmalen Enden zusammendrücken und mit einem kleinen Stück Klebeband zusammenkleben (Fig. 1). Das eine Ende unterschlagen und wenn nötig festkleben (Fig. 2). Auf den Kopf setzen und anpassen, dann am Hinterkopf zusammendrücken. Mit einem Stück Klebeband zusammenkleben (Fig. 3). Das Papier vorsichtig auseinanderziehen, um einen dicken Schwanz zu erhalten. Zwei oder drei Streifen Klebeband als Streifen über den Schwanz legen (Fig. 4).

Vorbereitungszeit: 10 min. pro Mütze

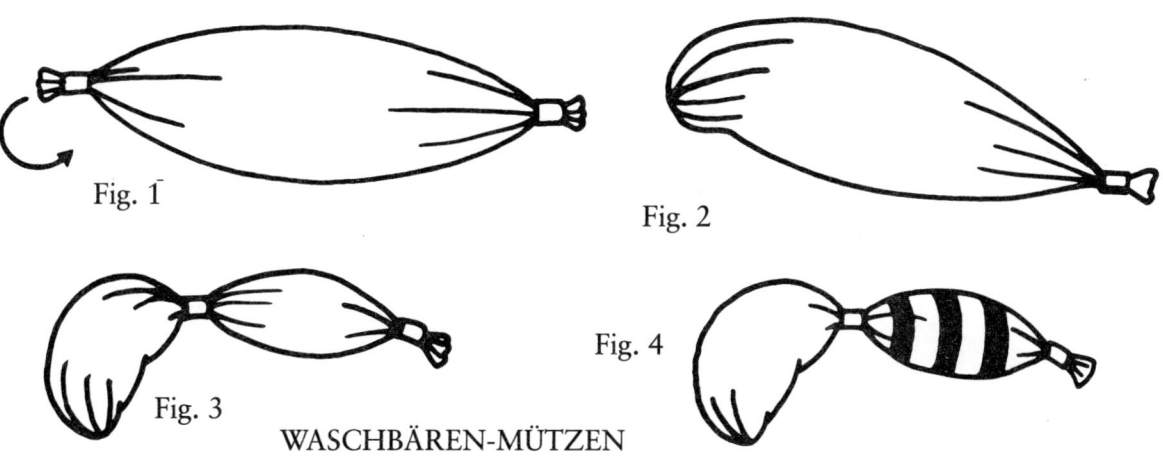

Fig. 1

Fig. 2

Fig. 3

Fig. 4

WASCHBÄREN-MÜTZEN

Bowiemesser-Kekse

3 Dutzend

Manche Eltern haben allgemein etwas gegen Messer auf Kinderparties. Aber eine Pionier-party würde ohne jegliche Erinnerung an Davy Crocketts Freund Jim Bowie einfach nicht komplett sein. Bowie erfand eine ganz neue Form des Jagdmessers, das die nach Westen zie-henden Amerikaner begeisterte. Aber machen Sie sich keine Sorgen: Keksmesser stiften Kinder nur selten zu Aggressionen an. Wenn einige das Messer nicht sofort essen, werden alle draufgängerischen Angriffe einfach zerkrümeln.

Zutaten

350 g Puderzucker
250 g weiche Butter oder Margarine
1 Ei
1 TL Vanilleextrakt
600 g Mehl
1 TL Backpulver
1 TL Steakpulver
Schokoladenglasur (Rezept folgt)

Anleitung

Puderzucker und Butter verrühren. Das Ei und die Vanille unterrühren. Die trockenen Zutaten in einer Extraschüssel vermischen und zu der Masse geben. Zu einem glatten Teig verrühren. Teig in Frischhaltefolie wickeln und mindestens zwei Stunden kühl stellen. Pausen Sie das Bowiemesser-Motiv von Seite 118 auf Brotpapier. Ausschneiden und als Schablone benutzen. Teilen Sie den Teig in zwei Teile und lassen Sie die eine Hälfte im Kühlschrank, während Sie mit der zweiten Hälfte arbeiten. Rollen Sie den Teig auf einer bemehlten Oberfläche dünn aus (auf ein Holzbrett, Marmor oder auf ein Tuch). Legen Sie die Schablone auf den Teig und schneiden Sie den Teig mit Hilfe einer Stopfnadel aus. (Eine Nadel arbeitet viel besser als ein Messer, weil sie in alle Richtungen schneidet.) Die Kekse vorsichtig mit einem Spachtel anheben und mit etwa 3 cm Abstand nebeneinander auf ein mit Backpapier ausgelegtes Blech legen. Im vorgeheizten Ofen bei 175°C/Gas Stufe 2 sieben bis acht Minuten backen, bis die Kekse leicht golden werden. Völlig abkühlen lassen und vom Blech nehmen. Risse können sich wieder zusammenziehen, wenn man die Kekse kurz ins Gefrierfach legt.
   Anmerkung: Teig oder fertige Kekse können eine Woche im voraus vorbereitet werden.

DAVY-CROCKETT-PARTY mit Waschbären-Eiscreme (S. 128)

Schokoladen-Glasur

Zutaten

500 g Puderzucker
2 EL Kakao
5 bis 6 EL Sahne

Anleitung

Zutaten verrühren, bis die Glasur cremig ist, dabei je nachdem mehr oder weniger Sahne verwenden. Eine Spritztüte mit einer kleinen Öffnung füllen (siehe Einleitung). Den Griff nachziehen (Fig 1) und auf 12 Kekse je einen Namen schreiben, um die Messer als Platzkarten zu benutzen. Schreiben Sie »Bowiemesser« auf die übrigen Kekse (Fig. 2).

Vorbereitungszeit: 1 1/4 Stunde
Kühlzeit: 2 Stunden oder länger
Backzeit: 2 Bleche, je 7 bis 8 Minuten

Fig. 1

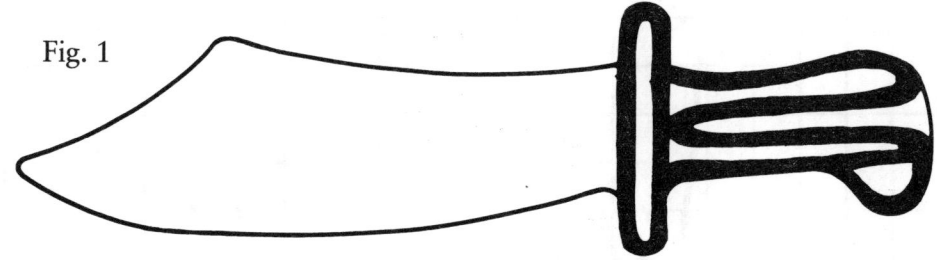

BOWIEMESSER-KEKSE

Fig. 2

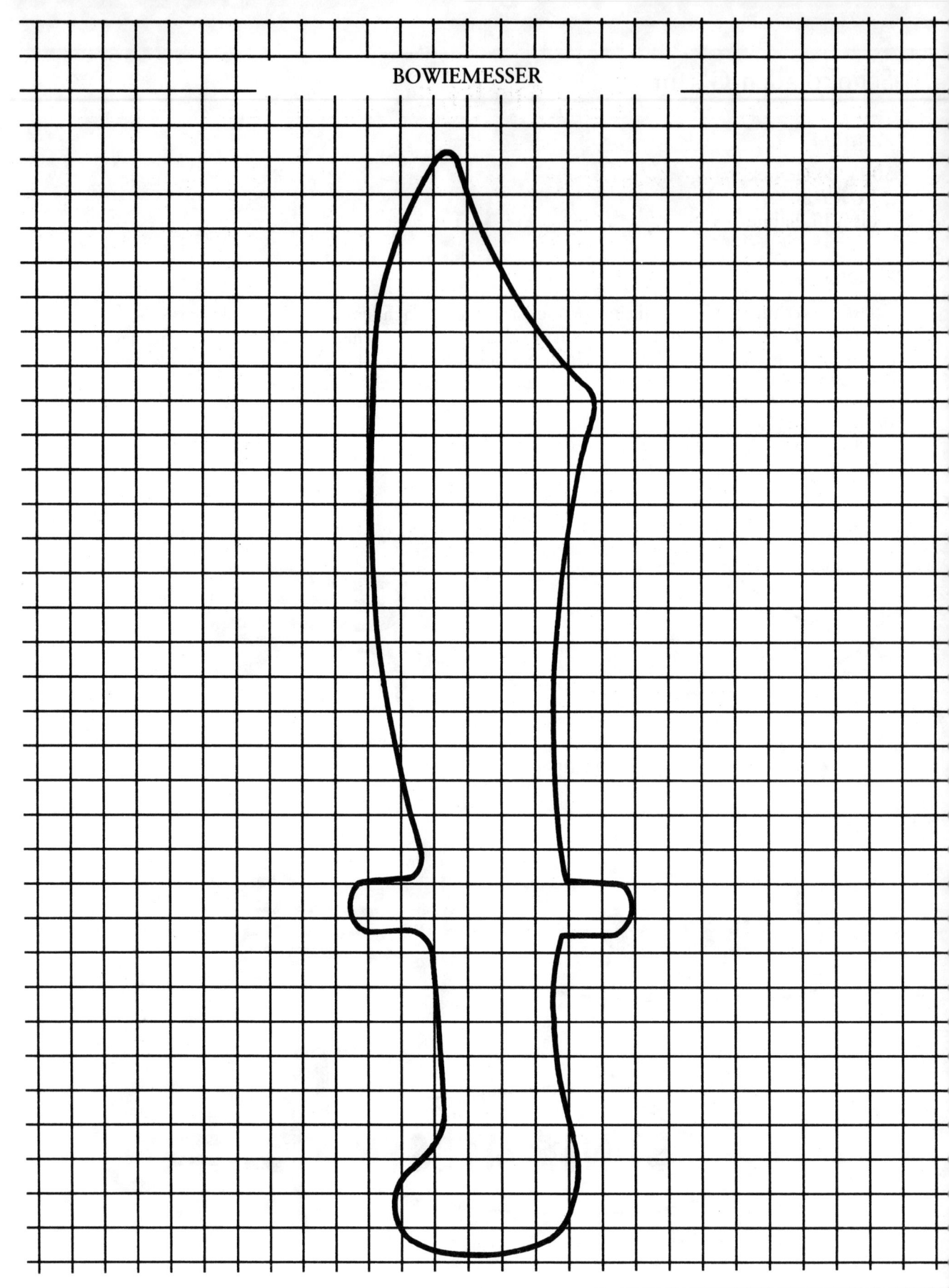

Waschbären-Grinse-Wettbewerb

Man erzählt sich, daß Davy Crockett »jedes Tier in den Wäldern mit seinem Grinsen erledigen konnte«. Einer Geschichte nach grinste er einen Waschbären an, der daraufhin sofort aus seinem Fell sprang! So kam Davy zu seiner berühmten Waschbären-Mütze.

In diesem Spiel versammelt Davy Crockett alle Tiere des Waldes, um sie mit seinem Grinsen zu erledigen. Schreiben Sie die Namen von elf Waldtieren auf selbstklebende Schilder: Waschbär, Eichhörnchen, Biber, Dachs, Streifenhörnchen, Kaninchen, Reh, Fasan, Eule, Bär und Fuchs. Auf ein zwölftes Schild schreiben Sie »Davy Crockett«. Vermischen Sie alle Schilder in einem Hut und lassen Sie die Spieler je eins ziehen. Jedes Kind klebt sich sein Schild an die Brust, und die Waldtiere versammeln sich in einem großen Kreis um Davy, der in der Mitte steht.

Wie bei einem Anstarr-Wettbewerb sieht Davy einen der Spieler starr an. Davy grinst das Tier an, welches sich bemüht, ein ernstes Gesicht zu behalten. Wenn das Tier kichert oder loslacht, nimmt Davy es gefangen, und der Spieler muß sich neben Davy in den Kreis setzen. Wenn Davy kichert oder sein Lächeln zuerst bricht, vertauschen Davy und das Tier die Plätze (und bekommen neue Schilder). Das Spiel wird so lange gespielt, bis alle Tiere gefangen genommen wurden.

Floß-Rennen

Davy Crockett war vielleicht King of the Wild Frontier, aber Mike Fink war König des Flusses. Mike Fink war der beste Kapitän auf den Flüssen Ohio und Mississippi. Als er Davy Crockett und Georgie Russel zu einem Rennen bis nach New Orleans aufforderte, erwartete er keine wirkliche Konkurrenz. Die beiden Gegner bewegten ihre Flöße mit Hilfe von langen Stangen über seichte Flüsse. Davy und Georgie überraschten jeden, als sie das Rennen gewannen, obwohl sie viele Schwierigkeiten, wie zum Beispiel die Stromschnellen, überwinden mußten!

Für dieses Spiel benötigen Sie zwei Skateboards, zwei Stöcke (Skistöcke, Bambusstäbe oder Spazierstöcke) und einige leere Plastikflaschen. Mit den Flaschen stellen Sie Hindernisse auf den »Ohio River«(jede flache Oberfläche, die für Skateboardfahren geeignet ist). Wenn Sie den Fluß herunterfahren, müssen die Spieler um die Hindernisse herumkurven.

Teilen Sie die Spieler in zwei Gruppen: Mike Finks Gruppe auf dem *Gullywumper* und Davy Crocketts Gruppe auf der *Bertha Mae*. Die Gruppen stellen sich nebeneinander in Maysville, Kentucky (dem Start des Rennens) auf. Erklären Sie, wie ein Floß gesteuert und auf dem Fluß bewegt wird. Der Spieler muß im Schneidersitz auf dem Floß (Skateboard) sitzen und es mit dem Stock vorwärtsstoßen. Die Spieler dürfen ihre Hände und Füße *nicht* benutzen! Jede Gruppe schickt einen Spieler flußabwärts, durch die Hindernisse, bis an die Ziellinie, und dann wieder hinauf. Wenn die Spieler zu ihrer Gruppe zurückkehren, nimmt der nächste auf dem Floß Platz. Wenn ein Spieler Hände oder Füße benutzt, die Flaschen umwirft oder das Floß umschlägt, ist er »Mann über Bord«. Jeder Mann über Bord muß nach Maysville zurück und nochmal beginnen. Bei diesem Staffelrennen hat die Gruppe gewonnen, die zuerst fertig ist.

»GEDENKT ALAMO!«

Davy Crockett starb 1836 bei der Verteidigung der Festung Alamo in San Antonio, Texas. Bei diesem Spiel jedoch wird die Geschichte erst noch geschrieben. Aus großen Pappkartons wird eine spanische Mission gebaut (Fig. 1), auf der eine Papierfahne von Alamo weht (Fig. 2). Nun ist Ihr Garten oder Ihr Spielzimmer bereit für die berühmte Schlacht.

Teilen Sie die Kinder in zwei Gruppen: die mexikanische Armee von General Santa Anna und die Unabhängigkeitsbewegung von Texas, unter der sich Davy Crockett, Georgie Russel und Jim Bowie befanden. Als nächstes verteilen Sie die Munition auf beide Gruppen. In diesem Fall haben beide Seiten die gleiche Munition: Popcorn! Die Gruppen stellen sich auf beiden Seiten von Alamo auf und dürfen sich den Mauern nur bis auf einen Meter nähern. Jeder Gruppe wird eine Schachtel Popcorn gegeben, und die Munition wird auf alle Spieler verteilt. Auf ein Signal beginnt die mexikanische Armee mit dem Angriff und schleudert Popcorn auf die Festung. Die Texaner verteidigen sich, indem sie Popcorn auf die Mexikaner werfen. Beide Armeen dürfen die Munition wiederbenutzen, die auf ihre Seite fällt, und ihre Feinde damit bewerfen. Popcorn, das innerhalb von einem Meter vor oder hinter die Mauern fällt, darf nicht berührt werden. Hungrige Soldaten, die ihre Munition lieber aufessen, schaden ihrer Gruppe. Die Schlacht ist entschieden, wenn eine Gruppe kein Popcorn mehr hat. Sie müssen eine weiße Fahne schwenken und sich ergeben.

ALAMO AUS PAPPKARTONS

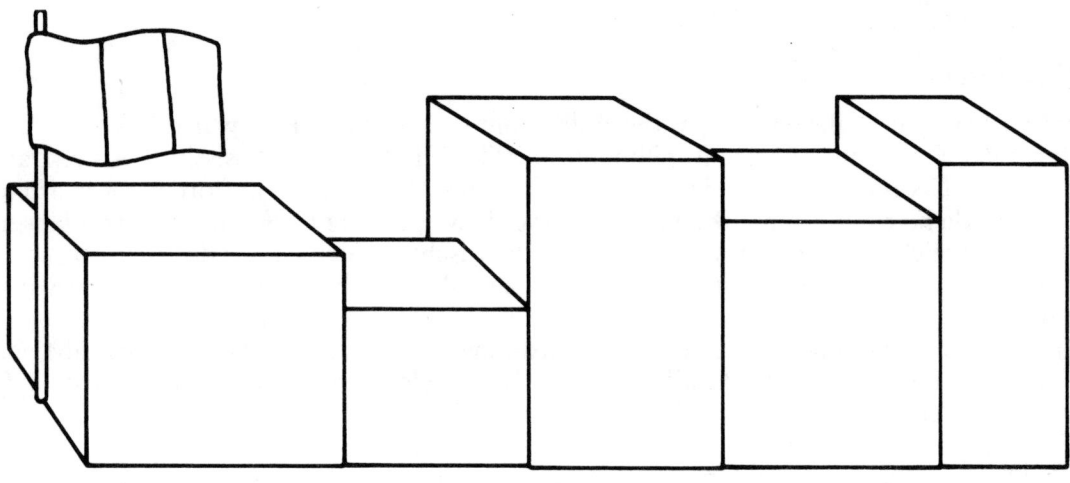

Fig. 1

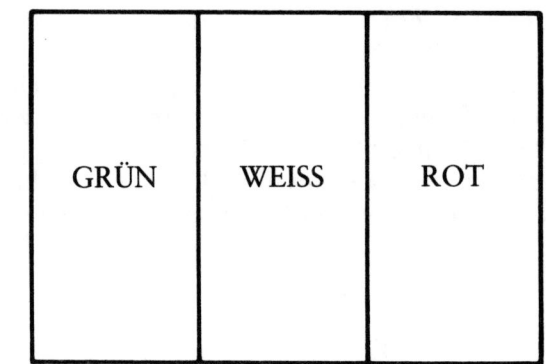

GRÜN	WEISS	ROT

Fig. 2   DIE FAHNE VON ALAMO

Menü

GEMÜSE AUS DEN TÄLERN TENNESSEES

12 Portionen

Die meisten Kinder mögen Farmer-Salatdressing. Diese hausgemachte Buttermilchversion wird mit Dill zubereitet.

Zutaten

20 g rote Salatblätter (zerkleinert)
20 g frische Spinatblätter (zerkleinert)
175 g normale oder halbfette Mayonnaise
150 ml Buttermilch
1/2 TL Selleriesalz
1/2 TL Zwiebelpulver
1/4 TL gemahlener Pfeffer
2 EL frischer Dill (kleingeschnitten) oder 2 EL getrockneter Dill

Anleitung

Den Salat und Spinat waschen. Trocknen und im Kühlschrank bis zum Servieren kühl stellen. Währenddessen die restlichen Zutaten in einer Schüssel verrühren. Mit einem Schneebesen schlagen, bis das Dressing cremig ist. Bis zum Servieren kühlen (mindestens 3 Stunden). Vor dem Servieren die Salat- und Spinatblätter unterheben und in einer Holzschüssel servieren.
   Anmerkung: Das Dressing kann fünf Tage im voraus vorbereitet werden.

Vorbereitungszeit: 30 Minuten
Kühlzeit: 3 Stunden oder länger

GEGRILLTES WILDSCHWEIN

Mindestens 12 Portionen

Die Jagd auf Wildschweine war ein gefährliches Geschäft, denn in den Gewehren war nur ein einziger Schuß. Wenn man das Wildschwein verpaßte, wurde man vielleicht selbst von einem wütenden Schwein gejagt! Für den schußsicheren Pionier Davy Crockett war gebratenes Wildschwein natürlich ein ganz gewöhnliches Essen.
   Dieses sogenannte Wildschwein sieht eher wie ein Spanferkel aus. Es ist ein großes Festessen, auch für 12 hungrige Kinder, denn man benötigt eine Menge Fleisch, um daraus ein Wildschwein zu machen. Aus den Resten lassen sich herrliche Hackbrötchen machen.

Zutaten

4 Eier, leicht geschlagen
300 ml Cidre
750 g Cornflakes, zerkleinert
1 EL Worcestershire-Sauce
1 EL Zwiebelpulver
1 TL Knoblauchpulver
2 TL Selleriesalz
2 TL Geflügelgewürz
1 kg Schweine- oder Rinderhack
1,5 kg Geflügelhack
2 gefüllte Oliven
1 große Kartoffel
2 geschälte Pastinaken
1 Apfel
60 g Apfelgelee
Wildschwein-Grillsauce (Rezept folgt)

Anleitung

Eier, Cidre, Cornflakes und Gewürze in eine große Schüssel geben. So lange rühren, bis alles gleichmäßig verteilt ist. Das Hack zerteilen und mit einem großen Löffel unter die Masse rühren, bis alles gut miteinander vermischt ist.

Ein großes Backblech mit Backpapier auslegen. Die Fleischmasse auf das Blech geben und zu einer schweineähnlichen Figur modellieren (Fig. 1). Die Oliven als Augen in den Kopf drücken. Zwei dicke Kartoffelscheiben abschneiden und in Ohrenform schneiden. In beide Seiten des Kopfes ein Ohr drücken. Zwei Nasenlöcher in die Form stechen. Schieben Sie vorsichtig einen Apfel unter die Nase, so als wäre er im Maul des Schweines. Die Pastinaken etwa 15 cm unter der Spitze abschneiden und als Stoßzähne verwenden (evtl. etwas spitzer zurechtschneiden). Die Zähne neben den Wangen einstecken. (Fig. 2)

Den Ofen auf 175°C/Gas Stufe 2 vorheizen. Das Wildschwein ungefähr eineinhalb Stunden backen. Das schwimmende Fett regelmäßig während des Backens mit einem Schöpflöffel herausnehmen. Aus dem Ofen nehmen und ca. 30 Minuten abkühlen lassen, bis Sie es vom Blech nehmen. Heben Sie das Schwein vorsichtig an, indem Sie zwei breite Tortenheber verwenden. Wenn das Backpapier klebt, heben sie es mit dem Fleisch heraus und ziehen Sie es weg, wenn das Schwein auf die Servierplatte gelegt worden ist.

Anmerkung: Jetzt kann das Wildschwein mit Frischhaltefolie bedeckt für eine Nacht im Kühlschrank aufbewahrt werden.

Kurz vor dem Servieren das Apfelgelee erhitzen, bis es schmilzt. Das Gelee als Glasur über das Wildschwein streichen. Legen Sie Petersilie um das Schwein und servieren Sie es mit Grillsauce.

Wildschwein-Grillsauce

Zutaten

350 ml Chilisauce
225 ml Tomatensauce
125 ml Cidre
1 TL Worcestershire-Sauce
1 TL Rauchsalz
2 EL Rotweinessig
60 g brauner Zucker
1 Lorbeerblatt

Anleitung

Alle Zutaten in einem Topf zum Kochen bringen. 20 bis 30 Minuten köcheln lassen, bis die Flüssigkeit etwas weniger geworden ist.

Vorbereitungszeit für Wildschwein: 45 Minuten
Backzeit für Wildschwein: 1 1/2 Stunden
Vorbereitungszeit für Sauce: 30 bis 40 Minuten

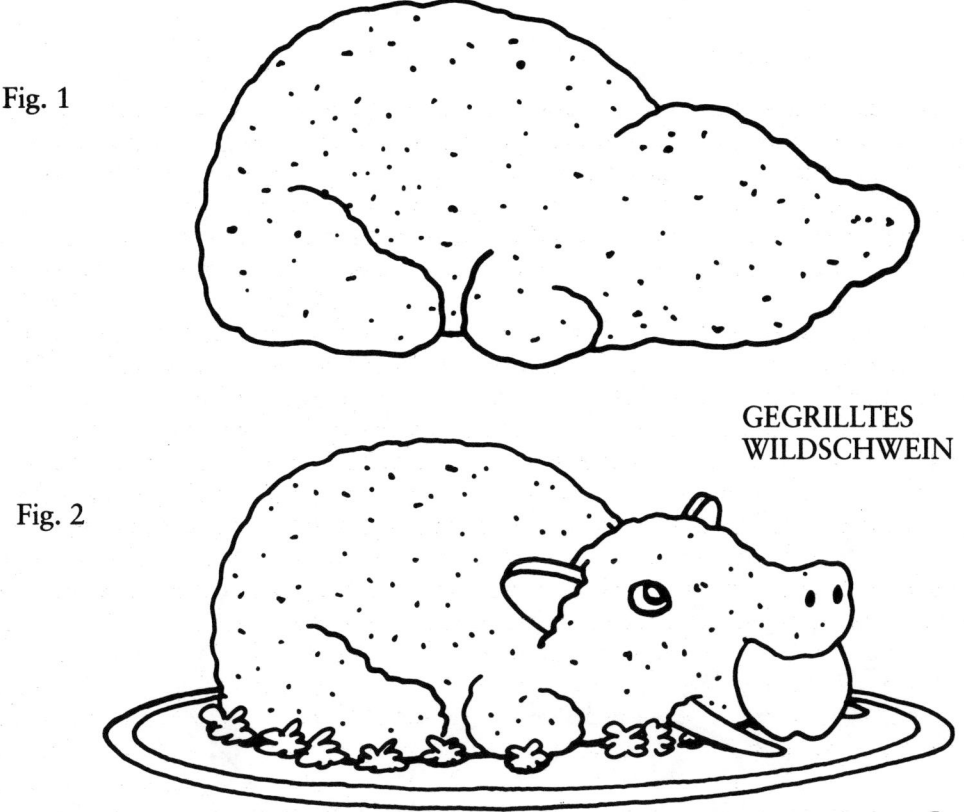

Fig. 1

Fig. 2

GEGRILLTES
WILDSCHWEIN

TOMAHAWK-KARTOFFELN

12 Portionen

Davy Crockett war ein Freund der Indianer. Als die Creeks gegen die Armee der Vereinigten Staaten Krieg führten, kam Davy und stellte den Frieden wieder her. Beide Seiten legten ihre Waffen nieder, und die Indianer außerdem ihre Tomahawks.

Zutaten

12 große Kartoffeln
12 große Laugen- oder Knabberstangen
3 EL Butter oder Margarine
Paprika, nach Geschmack
Salz, nach Geschmack

Anleitung

Die Kartoffeln der Länge nach zweimal durchschneiden (Fig. 1). Die Scheiben sollten ungefähr 3 bis 4 cm dick und auf beiden Seiten flach sein wie der Stein eines Tomahawk. Stechen Sie mit einem Apfelstecher ein Loch von der schmalen Seite aus durch die Kartoffel (Fig. 2). Schmelzen Sie die Butter in einer Pfanne. Die Kartoffelscheiben hineinlegen und wenden. Die Kartoffeln mit Salz und Paprika würzen. Den Ofen auf 180 °C /Gas Stufe 2,5 vorheizen. Die Kartoffeln dreißig Minuten backen. Vorsichtig wenden und wieder mit Salz und Paprika würzen. Noch einmal 30 Minuten backen. Die Kartoffeln aus der Pfanne nehmen und die Knabberstangen *vorsichtig* durch die Löcher schieben (aufpassen, daß die Kartoffel nicht wegbricht). Die Knabberstangen sollten wie die Griffe der Tomahawks aussehen (Fig. 3). Heben Sie die Kartoffel niemals an den Stangen hoch, sonst könnten sie brechen. Warm servieren.

    Anmerkung: Die geschnittenen, vorgebackenen Kartoffeln können in Frischhaltefolie eingewickelt eine Nacht im Kühlschrank aufbewahrt werden. Das ganze Tomahawk kann nicht wieder aufgewärmt werden (da die Knabberstangen anbrennen).

Vorbereitungszeit: 25 Minuten
Backzeit: 1 Stunde

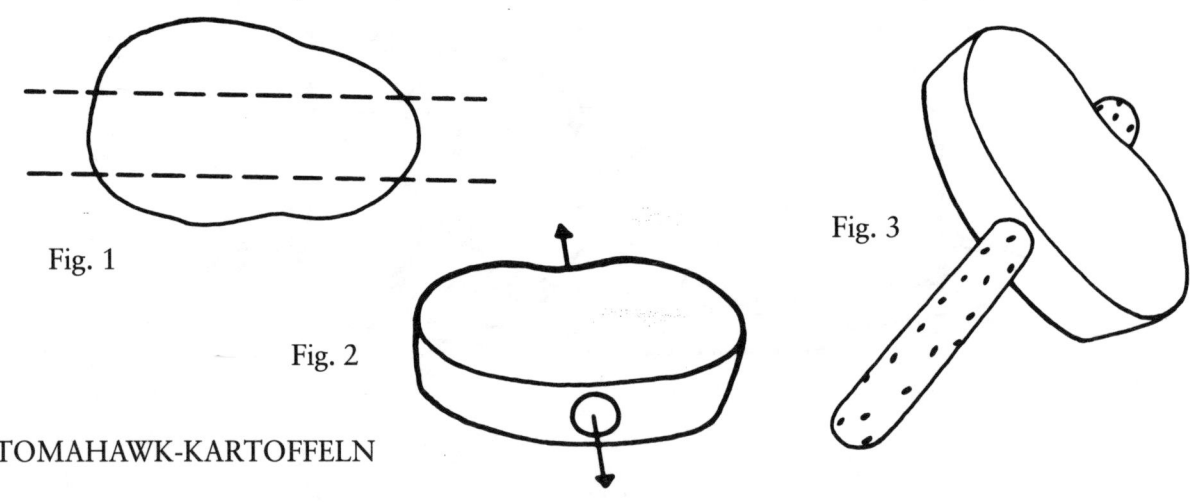

Fig. 1

Fig. 2

Fig. 3

TOMAHAWK-KARTOFFELN

BÄRENTATZEN-KEKSE

(mit Honigbutter)

20 bis 24 Kekse
Die Legende besagt, daß Davy Crockett seinen ersten Bären bereits mit drei Jahren fing. Seit dieser Zeit, sagt man, warfen die Bären einfach ihre Tatzen in die Luft und ergaben sich Davy!

Zutaten

500 g Mehl
2 TL Ingwerpulver
200 g Butter oder Margarine
200 g Zucker
200 g Sirup
8 Dutzend ganze Mandeln
Honigbutter (Rezept folgt)

Anleitung

Mehl und Ingwer sieben. Butter mit dem Zucker schaumig schlagen. Mehl und Sirup hinzufügen und zu einem glatten Teig verkneten. Kühl stellen. Auf einem leicht bemehlten Brett ausrollen und mit einer großen runden Stechform oder einem Glas die Kekse ausstechen. Vier Einschnitte für die Zehen machen (Fig. 1). Die Kekse auf ein mit Backpapier ausgelegtes Blech legen und die Zehen leicht spreizen. Das runde Ende der Mandeln in jede Zehe stecken. Das spitze Ende wird wie eine Kralle aussehen (Fig. 2). Versichern Sie sich, daß die Mandeln bis zur Hälfte im Teig stecken, da sie sonst während des Backens herausfallen könnten. Den Ofen auf 200°C /Gas Stufe 3–4 vorheizen und ca. 20 Minuten backen. Warm mit Honigbutter servieren.

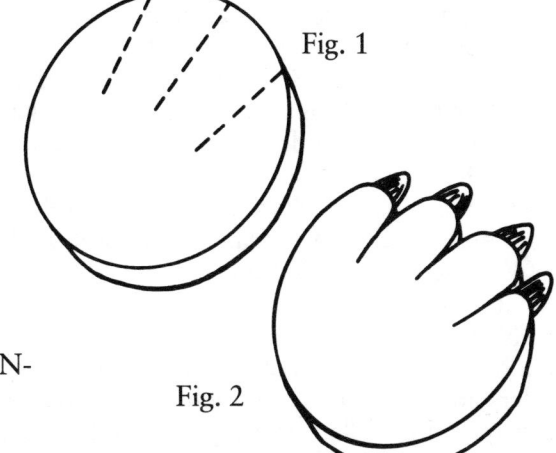

Fig. 1

BÄRENTATZEN-
KEKSE

Fig. 2

Honigbutter

Zutaten

250 g weiche ungesalzene
Butter oder Margarine
80 g Honig
1/4 TL Zimt
1/8 TL Muskat

Anleitung

Die Butter verrühren, bis sie schaumig wird. Langsam den Honig und die Gewürze unterheben und cremig verrühren. Im Kühlschrank aufbewahren, bis Sie servieren.

Anmerkung: Die Kekse werden am besten am Tag der Party vorbereitet. Die Honigbutter kann jedoch eine Woche im voraus gemacht werden.
Vorbereitungszeit: 20 Minuten
Backzeit: 20 Minuten

DAVY CROCKETTS HÜTTENKUCHEN

Mindestens 12 Portionen

Zutaten

500 g Mehl
500 g Zucker
1 TL Backpulver
1/2 TL Salz
250 g Butter oder Margarine
250 ml Malzbier ohne Kohlensäure (oder Wasser)
80 g Kakao
2 Eier
125 ml Buttermilch
1 1/2 TL Vanilleextrakt
Kakaobutter-Glasur (Rezept folgt)
100 g Milchschokolade
grüne Fruchtgummis in Blätterform
Schokosticks oder Borkenschokolade
ganze Zimtstangen
grüne Kokosraspeln (Anleitung folgt)

Anleitung

Mehl, Zucker, Backpulver und Salz in einer Rührschüssel vermischen. Butter, Malzbier und Kakao in einem kleinen Topf zum Kochen bringen. Vom Herd nehmen und über die Zutaten geben. Alles gut verrühren. Eier, Buttermilch und Vanille hinzufügen. Mit einem Handmixer auf kleiner Stufe eine Minute verrühren, bis der Teig dünn wird. Teig in eine 20 x 30 cm große Form geben, die mit Backpapier ausgelegt ist. 30 bis 35 Minuten backen, bis ein Zahnstocher, der in den Teig gestochen wird, sauber herauskommt. Völlig auskühlen lassen und aus der Form stürzen (Papier abziehen).

Eine 45 x 45 cm große Platte mit Folie beziehen und als Kuchenplatte verwenden. Die Glasur wie beschrieben vorbereiten und den Kuchen wie in Fig. 1 gezeigt durchteilen. Messen Sie 12 cm von der schmalen Kuchenseite und schneiden Sie ihn durch. Das übriggebliebene Kuchenstück diagonal durchschneiden. Eine 1 cm dicke Schicht Glasur auf die Fläche des eckigen Stücks streichen. Die dreieckigen Kuchenstücke Fläche an Fläche mit der Glasur zusammenkleben. Das »Dach« auf die Fläche kleben (Fig. 2). Eine Spritztüte mit kleiner Öffnung (siehe Einleitung) mit zwei Dritteln der restlichen Glasur füllen. Striche quer über die Vorder- und Rückseite sowie an den Seiten ziehen, die wie Holzbalken wirken (Fig. 3). Eine weitere Spritztüte mit sehr großer Öffnung füllen und damit Ziegel auf das Dach malen. Eine Tür mit drei zusammenhängenden Riegeln Schokolade bilden und auf die Vorderseite drücken. Die restlichen Schokoladenstücke als Fenster benutzen. Einige Fruchtgummis in Blätterform gegen die Hütte drücken, damit sie wie Büsche aussehen. Einige Zimtstangen übereinanderlegen und sie neben oder hinter die Hütte als Holzstapel plazieren. Die Schokosticks oder Borkenschokolade als Schornsteine nebeneinander in das Dach drücken. Die gefärbten Kokosraspeln als Gras um die Hütte verteilen (Fig. 4).

Anmerkung: Der Kuchen kann drei Wochen im voraus vorbereitet und eingefroren werden. Nach einer Stunde im Gefrierfach in Frischhaltefolie einwickeln.

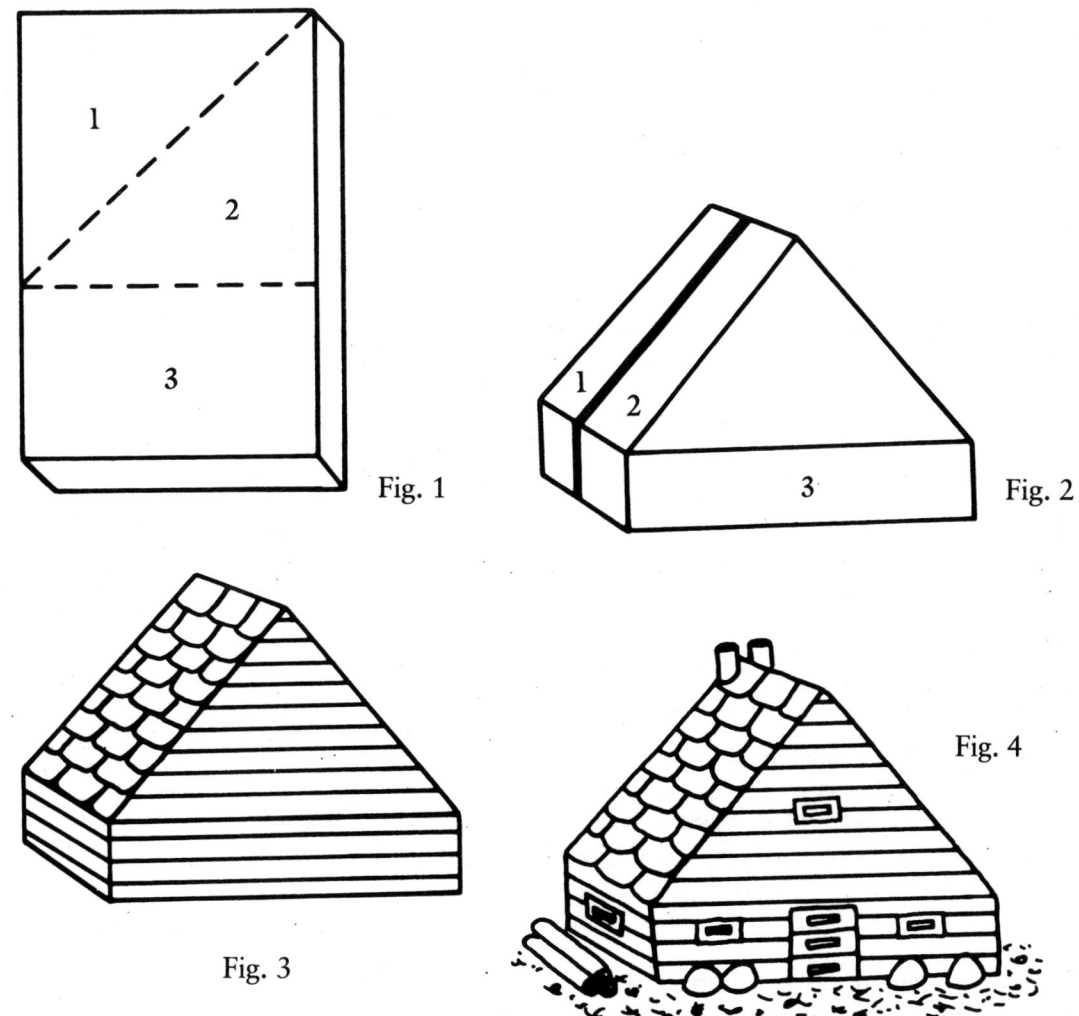

Fig. 1

Fig. 2

Fig. 3

Fig. 4

Kakaobutter-Glasur

Zutaten

750 g Puderzucker
150 g Kakao
150 g weiche Butter oder Margarine
1 EL Vanilleextrakt
6 EL Milch

Anleitung

Die Zutaten in einer Rührschüssel vermengen. Mit einem Handmixer schlagen, bis die Glasur cremig und streichfähig ist. Wenn nötig, etwas mehr Milch hinzugeben.

Grüne Kokosraspeln

Zutaten

500 g Kokosraspeln
1 EL Wasser
grünes Speisefarbengel

Anleitung

Ein oder zwei Tropfen grünes Speisefarbengel in 1 EL Wasser auflösen. In ein großes Glas mit den Kokosraspeln geben. Heftig schütteln, bis die Kokosraspeln gleichmäßig gefärbt sind.

Vorbereitungszeit: 1 1/4 Stunde
Backzeit: 30 bis 35 min.

WASCHBÄREN-EISCREME

12 Portionen

Zutaten

2 l Eiscreme mit Schokoladen- oder Kaffeegeschmack
24 kleine Marshmallows
24 kleine Schokominzen oder mit Schokolade überzogenen Mandeln
250 ml Schokoladensauce (jede Sauce, die bei Kälte dicker und fester wird)

Anleitung

12 große Eiskugeln in gleichmäßigem Abstand auf ein mit Folie belegtes Blech legen. Jede Kugel mit einer kleinen Kugel krönen (Fig. 1). Wenn Sie keinen kleinen Portionierer haben, nehmen Sie einen Melonenportionierer oder zwei Dessertlöffel. Auf jeden Waschbären werden zwei Marshmallows als Augen in das Eis gedrückt. Zwei Pfefferminze oder Mandeln als Ohren auf jede Seite stecken (Fig. 2). Eine kleine Spritztüte (siehe Einleitung) mit Schokoladensauce füllen. Nasen auf die kleinen Eiskugeln drücken. Um die Marshmallows herumspritzen, um eine Maske zu zeichnen, und Pupillen auf die Marshmallows drücken (Fig. 3). Mindestens drei Stunden vor dem Servieren ins Gefrierfach stellen.

Anmerkung: Die Waschbären können eine Woche im voraus vorbereitet werden, wenn Sie die gefrorenen Waschbären in einem Plastikbehälter oder mit Frischhaltefolie bedeckt aufbewahren.

Vorbereitungszeit: 25 Minuten
Gefrierzeit: 3 Stunden oder länger

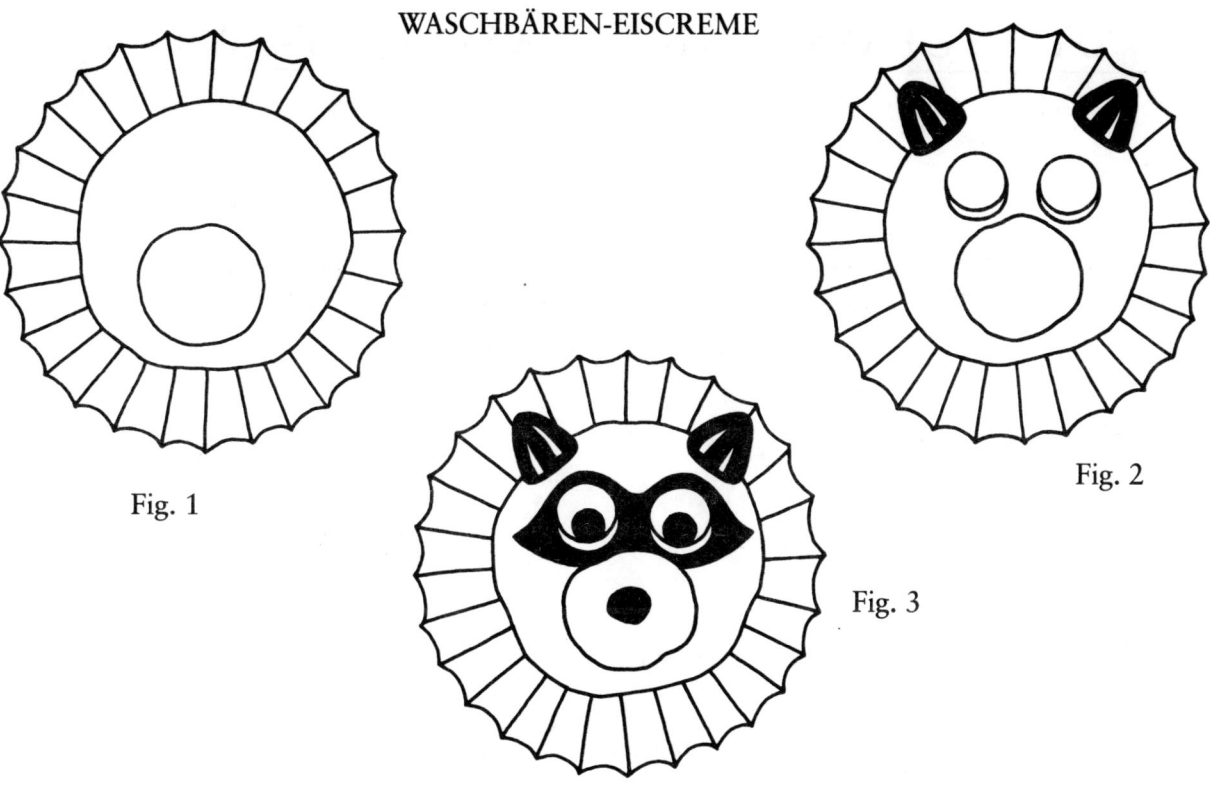

Fig. 1

Fig. 2

Fig. 3

GEORGIES BERGBIER

Mindestens 12 Portionen

Georgie Russel war Davy Crocketts bester Freund und ein Kerl, dessen Prahlerei Davy öfter zum Kochen brachte! Doch nachdem man der Gefahr entronnen ist, kommt einem so ein kühler Erfrischungstrunk gerade recht.

Zutaten

4 l Cidre oder Apfelsaft
2 l gekühltes Ginger-Ale

Anleitung

Vier Eiswürfelbehälter mit Cidre oder Apfelsaft füllen. Mindestens fünf Stunden frieren lassen, bis sie fest sind. Die Eiswürfel in die Becher oder Gläser verteilen. Ein Drittel der Gläser mit dem restlichen Cidre füllen. Den Rest mit dem Ginger-Ale aufgießen.

Vorbereitungszeit: 10 Minuten
Gefrierzeit: 5 Stunden oder länger

DIE·SCHÖNE·UND·DAS·BIEST·PARTY

von 8 bis 12 Jahre

Eine Zauberin verwandelt einen unhöflichen Prinzen in ein Biest und seine Diener in lebenden Hausrat. Um den Zauber zu brechen, muß das Biest lernen, einen anderen Menschen zu lieben; außerdem muß es auch die Liebe dieser Person gewinnen. In einem nahegelegenen Dorf wohnt Belle, ein selbstbewußtes Mädchen mit einer großen Liebe für Bücher und Sehnsucht nach Abenteuern. Eines Tages wird ihr geliebter Vater ein Gefangener des Biestes in dessen Schloß, und Belle bietet tapfer ihre eigene Freiheit im Tausch für die ihres Vaters. Eine ungleiche Liebe entfaltet sich zwischen der Schönen und dem Biest. Ihre Beziehung, die zunächst auf Gefangenschaft beruhte, entwickelt sich zu gegenseitigem Respekt, gegenseitiger Sorge, und schließlich: Liebe.

Einladung: Von Unruhs Zifferblatt
Dekorationen: Motiv französische Landschaft: Spitzentischdecke; Geranien; Kerzenleuchter; lebende Teller und Besteck
Zum Kennenlernen: Der Zauberspiegel
Märchenzubehör: Staubwedel
Spiele: Staubwedel-Hasenrennen; Kerzenleuchter-Wettlauf; Es war einmal
Menü: Verzauberter Rosensalat (mit French-Dressing); Käse-Soufflé; biestige Kartoffeln (mit Käsebutter); Bohnen-Mandel-Gemüse; Kerzenbrötchen; Schokoladeneis-Château; Madame Pottine und Tassilos Englischer Teekuchen; Tassilos Kirschtee

Von Unruhs Zifferblattgesicht

Mit seinem Zifferblattgesicht zeigt Herr von Unruh, die Uhr, den Kindern, wann die Party beginnt.

Material

12 20 cm große Pappteller (wenn möglich, braun)
24 Bögen DIN-A4-Papier, weiß
schwarzer Filzstift
Klammerhefter
12 DIN-A4-Umschläge, weiß

Anleitung

Schneiden Sie 24 fünfzehn cm große Kreise aus dem weißen Papier. Auf zwölf der weißen Kreise malen Sie von Unruhs Gesicht und lassen seine Zeiger auf die Uhrzeit zeigen, wann die Party beginnt (Fig. 1). Auf die anderen zwölf Kreise schreiben Sie folgende Nachricht:

Herr von Unruh sagt,
nun ist es Zeit,
»Sei unser Gast!«
Feier mit Belle und (Name Ihres Kindes)
ein großes Fest
im
Schloß des Biestes
(Adresse, Zeit und Datum)
U.A.w.g.: (Ihre Telefonnummer)

Legen Sie den Kreis mit von Unruhs Gesicht auf den Kreis mit der Nachricht und legen Sie beide Kreise auf einen Pappteller. Heften sie alles oben zusammen (Fig. 2). Wiederholen Sie dies mit jedem Teller und verschicken Sie die Einladungen in den Umschlägen.

Vorbereitungszeit: 1 1/4 Stunde

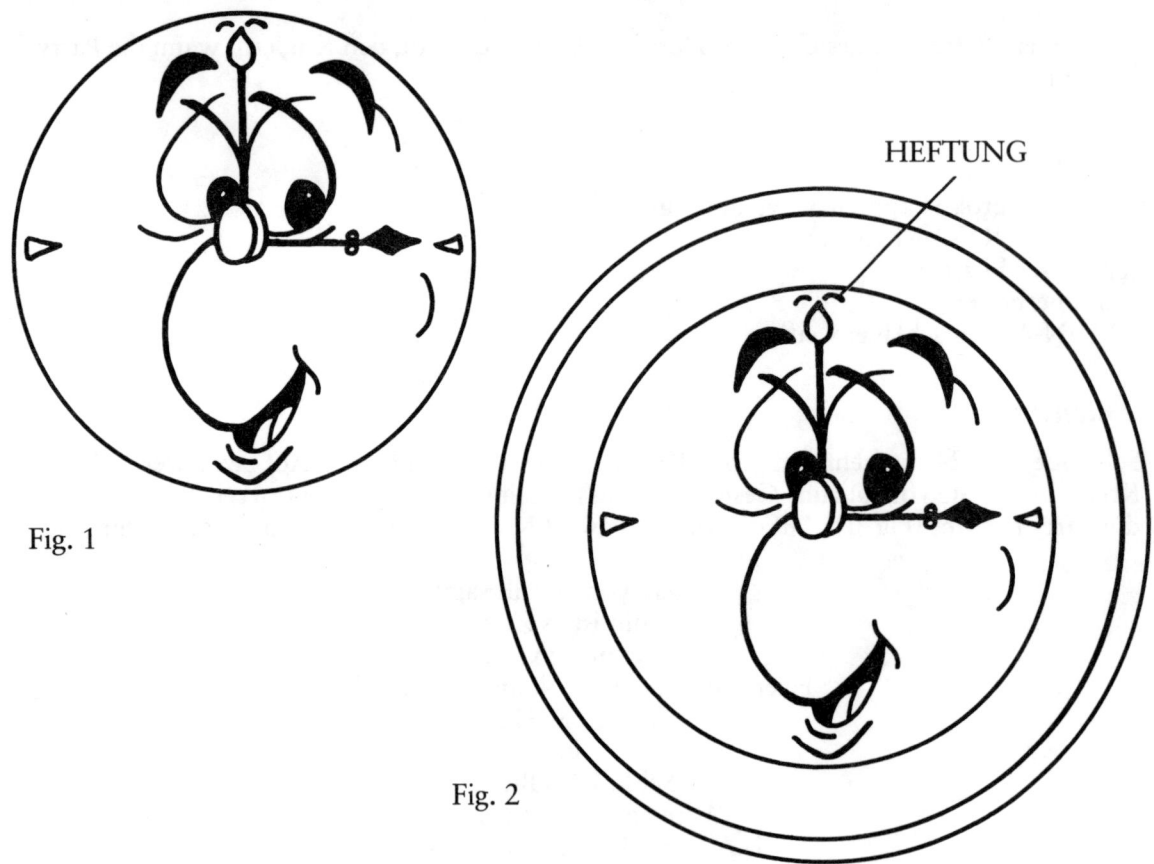

Fig. 1

HEFTUNG

Fig. 2

HERRN VON UNRUHS ZIFFERBLATT-EINLADUNG

DEKORATIONEN

Für Belle ist die Bibliothek der schönste Raum im ganzen Schloß. Deshalb stehen auf der Mitte des Tisches mit der Spitzentischdecke aus Papier einige Bücher mit dem Buchrücken zusammen. Wie wäre es mit einigen Geranientöpfen aus Ton, die Sie auf den Tisch stellen, um das französische Flair zu verstärken? Wenn Sie haben, stellen Sie auf jeden Fall einen Kerzenleuchter dazu. Zum Schluß »beleben« Sie die Teller und Bestecke. Wenn Sie Plastikbesteck benutzen, schneiden Sie aus weißem oder buntem Papier 2,5 cm große Kreise aus. Mit beidseitig klebendem Klebeband auf die Vorder- und Rückseiten der Griffe kleben und mit Filzstift Gesichter malen. Auf die Pappteller mit ungiftigem Filzstift ebenfalls Gesichter malen.

Anmerkung: Benutzen Sie wasserfeste Stifte, sonst verschmieren die Farben, wenn die Teller mit dem feuchten Essen in Berührung kommen.

DIE-SCHÖNE-UND-DAS-BIEST-PARTY mit Schokoladeneis-Château (S. 142)

ZUM KENNENLERNEN

Der Zauberspiegel

Der Zauberspiegel ist für das Biest in seinem einsamen Schloß das einzige Fenster zur Außenwelt.

Wenn die Gäste ankommen, versammeln sie sich um einen großen »Zauberspiegel« und spielen ein Spiel, das wie eine Scharade aufgebaut ist. Die Kinder ziehen Papierstücke aus einem Hut, die mit den Kategorien *Wer*, *Was* und *Wo* beschriftet sind. Jeder Spieler wechselt sich damit ab, ein Bild auf den Spiegel zu malen, das der gezogenen Kategorie entspricht. Es kann ein Wesen, ein Ding oder ein Ort sein. Die anderen Kinder versuchen zu erraten, was es ist. Nehmen Sie Filzstifte zum Abwischen für die Spiegelmalereien und halten Sie einen Glasreiniger und einen Lappen bereit, um den Spiegel zwischen den Bildern abzuwischen.

MÄRCHENZUBEHÖR

Staubwedel

Diese Staubwedel ergeben ein lustiges Märchenzubehör. Außerdem können die Kinder sie bei dem Staubwedel-Hasenrennen benutzen.

Material

12 Farbenanrührer aus Holz (aus dem Heimwerker-Markt)
10 cm dicke farbige Federn (ungefähr 2 Dutzend für jeden Rock)
2 oder 2,5 cm dickes Klebeband
12 Paar Puppenaugen mit beweglichen Pupillen (aus dem Heimwerker- oder Hobbymarkt)
60 cm lange Spitze, 1 cm dick
12 bunte Quasten mit 5 cm langen Bändern
Acryl-Farbe
Kleber
Schere

Anleitung

Am einfachsten werden Ihnen diese Staubwedel gelingen, wenn Sie sie nebeneinanderlegen und jeden Schritt bei allen Staubwedeln wiederholen, bevor Sie den nächsten Schritt machen. Malen Sie zunächst einen Hut oben auf den Stock (in der gewünschten Farbe, die sich dem Federrock anpaßt oder damit kontrastiert). Kleben Sie die Augen unter den Hut und malen Sie rote Lippen und eine Kette, die zu dem Hut paßt (Fig. 1). Lassen Sie die Farbe trocknen. Drehen Sie die Stöcke um, und setzen Sie den Hut und die Kette auf der Rückseite fort. Lassen Sie die Farbe wieder trocknen. Kleben Sie einen Spitzenrand als Hutkrempe um Vorder- und Rückseite. Führen Sie ein Band mit Quaste durch das Loch im Hut (Fig. 2). (Wenn in Ihren Stöcken keine Löcher sind, bohren Sie sie vor dem Bemalen hindurch.)

Befestigen Sie nun die Federn mit dem Klebeband an dem Holz und beginnen Sie 5 cm vom unteren Ende. Kleben Sie bei der ersten »Runde« sechs Federn um den Stock (Fig. 3). Sechs weitere Federn in der zweiten »Runde« befestigen. Winden Sie das Klebeband noch mehrmals herum (Fig. 4).

Vollständige Vorbereitungszeit: 1 3/4 Stunden
Trocknungszeit: 8 Stunden

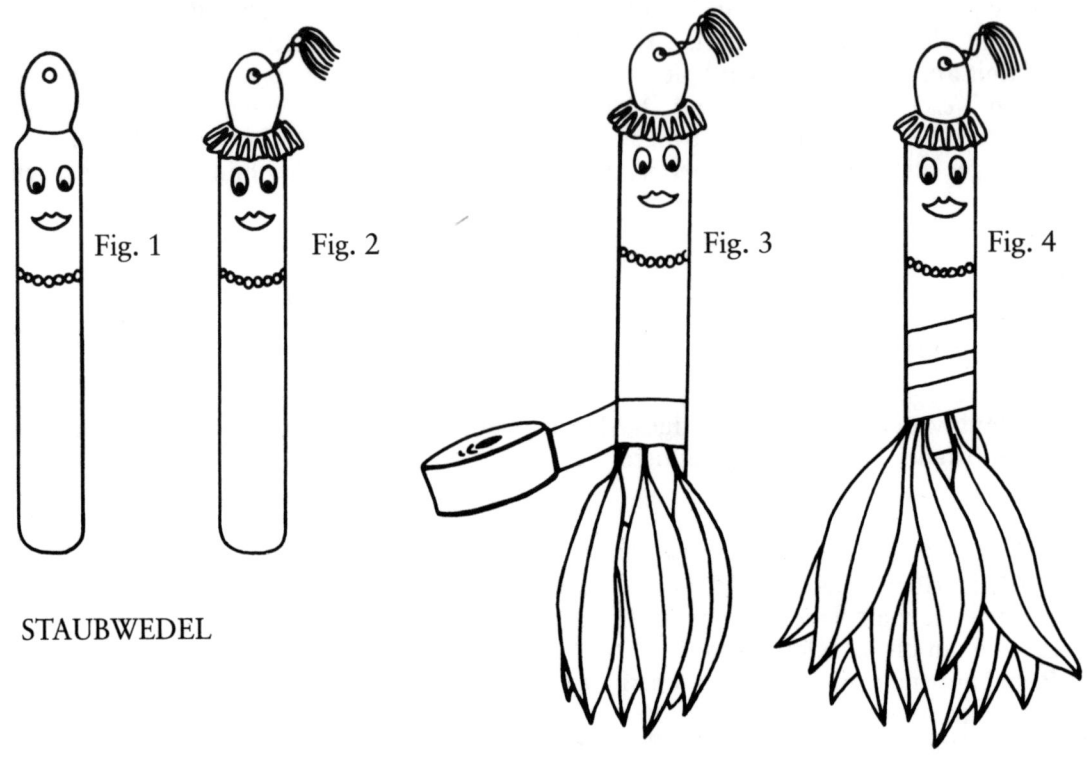

Fig. 1   Fig. 2   Fig. 3   Fig. 4

STAUBWEDEL

SPIELE

Staubwedel-Hasenrennen

Das Staubwedel-Hasenrennen ist ein Spiel, das sich sehr gut auf einer langen, gepflasterten Auffahrt spielen läßt. Wenn Sie drinnen spielen, fügen Sie dem Rennen einige Runden mehr hinzu, damit es spannender wird. Verwenden Sie Wattebäusche oder Softbälle als Hasen. Teilen Sie die Kinder in drei Gruppen. (So kann man leichter übersehen, welcher Hase zu welchem Kind gehört.) Die Kinder reihen sich an der Startlinie auf. Auf ein Signal beginnen die ersten vier Kinder, ihre Hasen mit dem Staubwedel zum Ziel zu fegen. Dann sind die nächsten zwei Gruppen à vier Kinder an der Reihe. Der Gewinner aus jeder Gruppe nimmt an einem Ausscheidungswettkampf teil.

Kerzenleuchter-Wettlauf

Beim Kerzenleuchter-Wettlauf wechseln sich die Kinder dabei ab, den schönen Kerzenleuchter Lumière zu spielen, indem sie Pappkerzen auf dem Kopf und auf den Händen balancieren. (Anleitung für die Kerzen folgt.) Ziel des Spieles ist es, die Kerzen solange wie möglich zu halten. Eine Kerze wird auf dem Kopf des Kindes plaziert, je eine auf jeder Handfläche. Das Kind balanciert auf einer geraden Linie vor und zurück. Ein Schiedsrichter mit einer Stoppuhr mißt, wie lange jeder Spieler balancieren kann. Der Spieler mit der längsten Zeit gewinnt.

Material

3 leere Toilettenpapierrollen
3 Spitzendeckchen aus Goldpapier (20 bis 25 cm)
3 Pappteller
3 Bögen DIN-A4-Papier, weiß
3 30 cm große, rechteckige, gelbe Plastikfolien
Schere
Klebeband

Anleitung

Schneiden Sie aus Goldpapier 6 Spitzendeckchen in 20 bis 25 cm Größe aus, wie in Fig. 1 gezeigt. Schneiden Sie ein X in der Größe der Toilettenrollen in die Mitte der Spitzendeckchen (Fig. 1). Schieben Sie die Toilettenpapierrollen durch die X-Öffnung, so daß die Spitzen sich gleichmäßig am unteren Ende aufrichten (Fig. 2). Kleben Sie die Spitzen an die Rolle und kleben Sie diese auf einen Pappteller. Schneiden Sie ein Stück Papier in der Länge der Rolle aus und schlagen Sie es um die Rolle, um eine weiße Kerze zu erhalten. Zusammenkleben. Stechen Sie das gelbe Plastik in der Mitte eines Vierecks ein und führen Sie die Spitzen wie bei einer Flamme zusammen. Kleben Sie die Flamme in der Rolle fest (Fig. 3). Wiederholen Sie diese Schritte mit der restlichen Plastikfolie und den Spitzendeckchen, bis drei Kerzen fertig sind.

Vorbereitungszeit: 30 Minuten

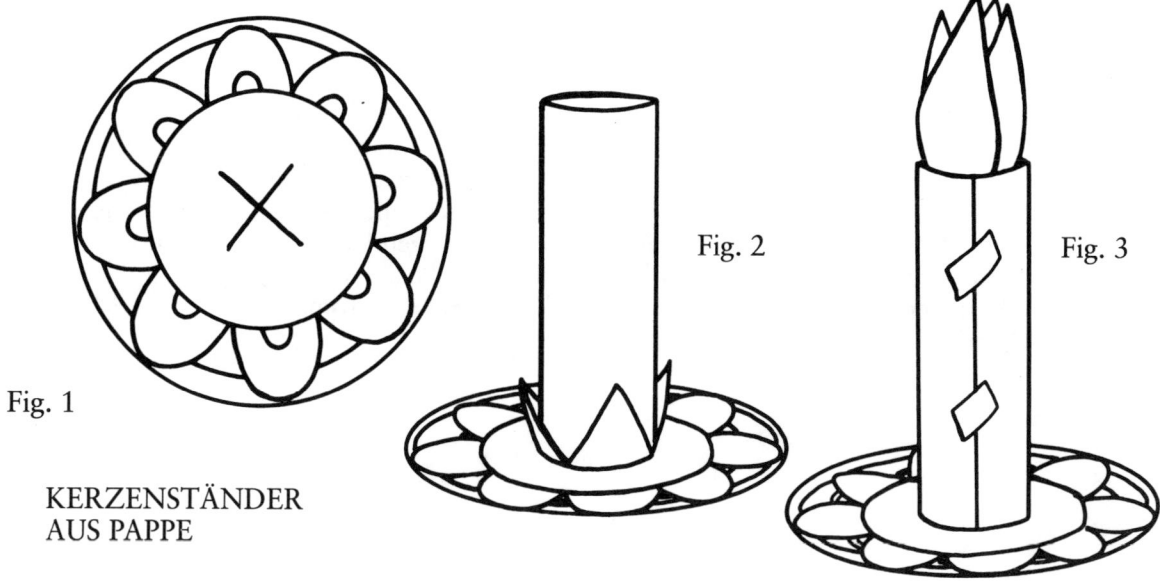

Fig. 1

KERZENSTÄNDER
AUS PAPPE

Fig. 2

Fig. 3

Belle liebt Lesen über alles, und sie bewundert die riesige Bibliothek des Biestes. Hier haben die Partygäste Gelegenheit, ihr eigenes Buch für die Schöne zu schreiben!

In diesem Schreibspiel ist das Ergebnis Gelächter und keine literarische Hochleistung. Jeder Autor erhält einen Schreibblock mit zwölf leeren Seiten (die Anzahl der Seiten sollte die gleiche sein wie die Zahl der Gäste). Jeder Autor denkt sich einen Titel aus und beginnt die erste Seite mit: »Es war einmal«, gefolgt vom Anfang einer Geschichte. Wenn die erste Seite voll ist, reicht jeder Autor das Buch an den nächsten weiter, der neben ihm sitzt. Dieses Kind führt die Geschichte auf der nächsten Seite fort. Die Seiten drei bis zwölf werden auf dieselbe Art und Weise gefüllt. Wenn die Bücher einmal ganz herumgegangen sind, gelangen sie wieder zu ihrem eigentlichen Autoren, der »Ende« unter die Geschichte schreibt und seinen Namen daruntersetzt. Danach wechseln sich die Autoren damit ab, ihre Geschichten laut vorzulesen. Kinder lieben es, über diese merkwürdigen Kompositionen zu lachen, vor allem, wenn sie ihre eigenen Passagen wiedererkennen.

Menü

VERZAUBERTER ROSENSALAT

(mit French-Dressing)

12 Portionen

In *Die Schöne und das Biest* spielt die verzauberte Rose eine Schlüsselfigur in der Geschichte. Eine Tomatenrose ist leicht zu machen und wird zu einem Teil des verzauberten Salates, wenn sie auf Salatblätter gelegt wird.

Zutaten

12 reife Tomaten, fest und ohne Stellen
3 Köpfe grüner Salat
French-Dressing (Rezept folgt)

Anleitung

Mit einem scharfen Schälmesser die Schale von den Tomaten schälen. Beginnen Sie am Stielende und schälen Sie einen 2 cm breiten Streifen rundherum nach unten. Dieser kreisrunde Schnitt geht am leichtesten, wenn Sie die Tomate drehen, während Sie schneiden (Fig. 1). Formen Sie eine Rose, indem sie den Streifen eng zusammenrollen (Fig. 2). Bereiten Sie alle Tomaten einen Abend vor der Party in dieser Weise vor. Legen Sie die Schalen auf eine Platte und bedecken Sie sie mit Frischhaltefolie. Waschen Sie die Salatköpfe und lösen Sie die Blätter heraus. Verteilen Sie die Blätter auf Teller und legen Sie eine Tomatenrose in die Mitte jedes Tellers. Öffnen Sie die Rose etwas (Fig. 3).

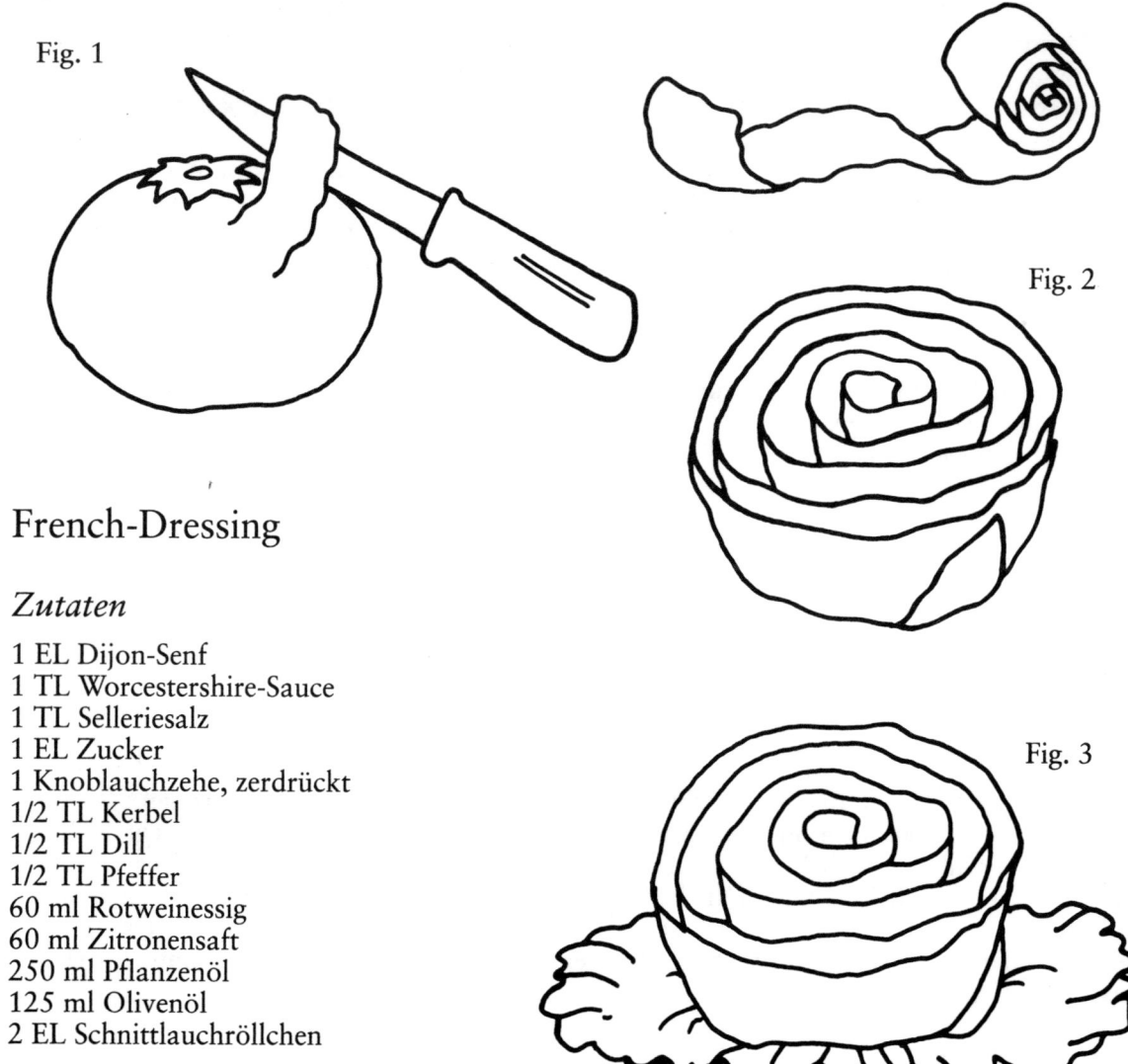

Fig. 1

Fig. 2

Fig. 3

French-Dressing

Zutaten

1 EL Dijon-Senf
1 TL Worcestershire-Sauce
1 TL Selleriesalz
1 EL Zucker
1 Knoblauchzehe, zerdrückt
1/2 TL Kerbel
1/2 TL Dill
1/2 TL Pfeffer
60 ml Rotweinessig
60 ml Zitronensaft
250 ml Pflanzenöl
125 ml Olivenöl
2 EL Schnittlauchröllchen

Anleitung

Verrühren Sie Senf, Worcestershire-
Sauce, Selleriesalz, Zucker, Knoblauch, Kerbel, Dill, Pfeffer und einen EL Essig in einer
Rührschüssel. Schlagen Sie die Masse mit einem Schneebesen durch, bis alles gut vermischt
ist. Rühren Sie den restlichen Essig und den Zitronensaft unter. Vermischen Sie die beiden
Öle in einer Tasse und gießen Sie sie langsam in einem dünnen, gleichmäßigen Rinnsal in die
Schüssel. Die Schnittlauchröllchen unterheben. Das Dressing mindestens acht Stunden vor
dem Servieren kühlen.

Anmerkung: Das Dressing kann bis zu einer Woche im voraus vorbereitet und in einem
Schraubglas im Kühlschrank aufbewahrt werden. Vor dem Servieren gut schütteln.

Vorbereitung für den Salat: 34 Minuten
Vorbereitung für das Dressing: 12 Minuten
Kühlzeit für das Dressing: 8 Stunden

KÄSE-SOUFFLÉ

12 Portionen

Als Belle im Schloß des Biestes ein Fest feiert, wird ihr eine ganze Reihe leckerer französicher Gerichte vorgesetzt, unter anderem das Käse-Soufflé.

   Das traditionelle Käse-Soufflé hat nur einen Nachteil – es fällt in sich zusammen. Das Soufflée in diesem Rezept ist viel leichter vorzubereiten und fällt nicht zusammen. Es wird sogar einen Tag im voraus zubereitet und über Nacht in Kühlschrank aufbewahrt (das ist das Geheimnis der souffléartigen Konsistenz).

Zutaten

12 Scheiben Toastbrot, einen Tag alt oder leicht trocken
500 g Schweizer Käse, gerieben
180 g Cheddar-Käse, gerieben
60 g Parmesankäse
6 Eier
875 ml Milch
1 TL Senf
1 1/2 TL Salz
3 Frühlingszwiebeln, gehackt
eine Prise Pfeffer

Anleitung

Das Brot in 1 cm große Rechtecke schneiden. Den Boden einer 20 x 30 cm großen Auflaufform mit dem Brot und dem Käse auslegen. Die Eier schaumig schlagen. Die Milch, Senf, Salz, Frühlingszwiebeln und Pfeffer unterrühren. Die Eiermischung über Brot und Käse geben. Die Form mit Frischhaltefolie bedecken und acht Stunden oder über Nacht in den Kühlschrank stellen. Den Ofen auf 150°C/Gas Stufe 1 vorheizen und das Soufflé eine Stunde backen, oder bis ein halbeingestochenes Messer sauber herauskommt. Fünf Minuten stehen lassen, dann servieren.

Vorbereitungszeit: 15 Minuten
Backzeit: 1 Stunde
Kühlzeit: 8 Stunden

BIESTIGE KARTOFFELN

(mit Käsebutter)

12 Portionen

Dies ist ein einfaches, aber witziges Gericht, bei dem Ihr Kind Ihnen helfen kann. Wenn Sie gebacken sind, werden die warmen Kartoffeln mit Käsebutter serviert.

Zutaten

12 mittelgroße Kartoffeln, gewaschen und abgetrocknet
24 Rosinen
24 Zahnstocher (siehe Anmerkung, Seite XI)
2 bis 4 Dutzend geschälte Mandeln
2 EL Butter oder Margarine, geschmolzen
Käsebutter (Rezept folgt)

Anleitung

Jede Kartoffel wie in Fig. 1 gezeigt einkerben. Die herausgenommenen Stücke in Ohrenform schneiden und auf beiden Seiten jeder Kartoffel mit Zahnstochern feststecken. Vertiefungen für die Pupillen schneiden und die Rosinen *fest* in die Höhlen drücken (Fig. 2). (Die Rosinen müssen fest in den Augen stecken, sonst springen sie während des Backens heraus.) Schneiden Sie zwei kleine Kerben für die Nasenlöcher und eine große Kerbe darunter für den Mund. Stecken Sie Mandelhälften als Zähne hinein (Fig. 3). Den Ofen auf 175°C /Gas Stufe 2 vorheizen. Bestreichen Sie die Kartoffeln leicht mit der geschmolzenen Butter und legen Sie sie in eine tiefe Pfanne oder Backform. Die Kartoffeln eine Stunde backen, bis sie weich sind. Servieren Sie sie warm mit einigen Schüsseln Käsebutter, die sie an die Tischenden stellen.

Anmerkung: Gebackene Kartoffeln halten sich nicht gut im Kühlschrank, also sollten Sie sie besser am Tag der Party vorbereiten.

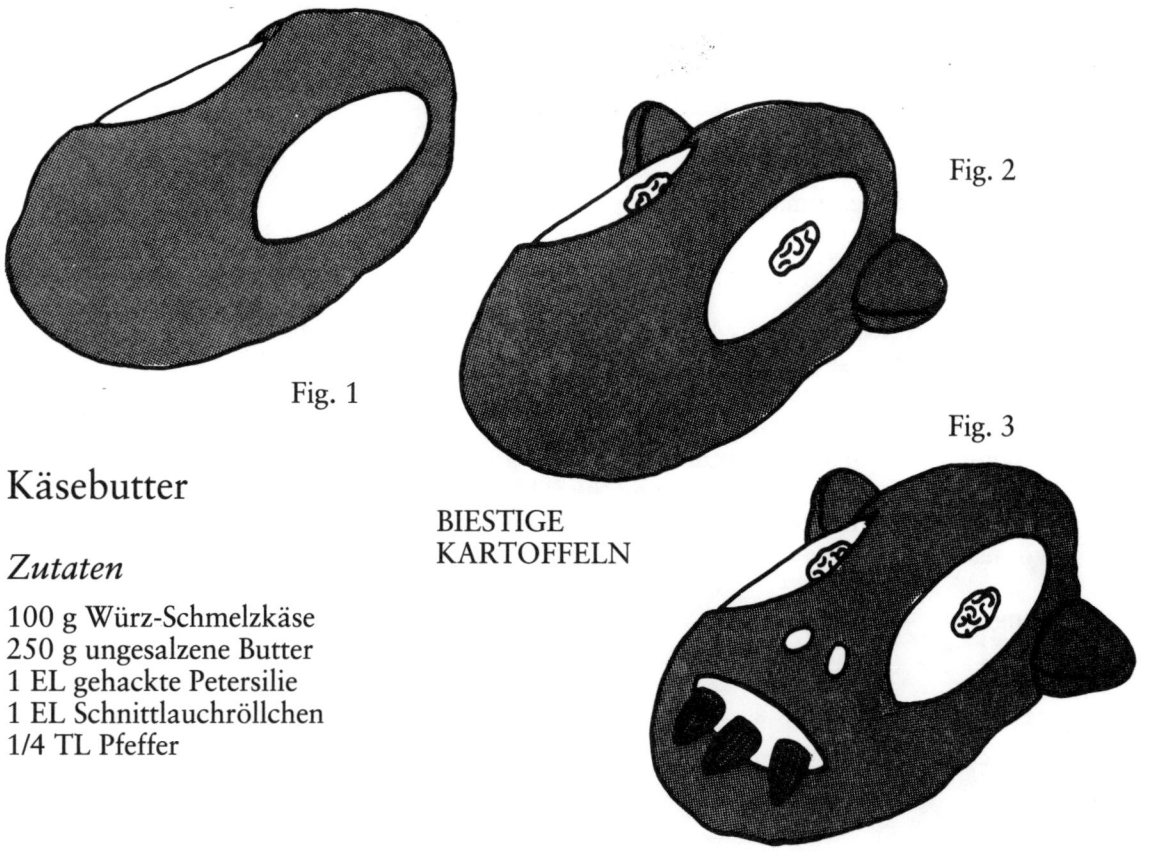

Fig. 1

Fig. 2

Fig. 3

BIESTIGE
KARTOFFELN

Käsebutter

Zutaten

100 g Würz-Schmelzkäse
250 g ungesalzene Butter
1 EL gehackte Petersilie
1 EL Schnittlauchröllchen
1/4 TL Pfeffer

Anleitung

Den Käse und die Butter bei Zimmertemperatur weich werden lassen. Beide Zutaten mit einem Handmixer schaumig verrühren. Die Petersilie, den Schnittlauch und den Pfeffer einrühren. Die Mischung auf zwei oder vier kleine Schüsseln verteilen.

Anmerkung: Die Käsebutter kann mindestens eine Woche im voraus vorbereitet und im Kühlschrank aufbewahrt werden.

Vorbereitungszeit für Kartoffeln: 35 Minuten
Backzeit für Kartoffeln: 1 Stunde
Vorbereitungszeit für Butter: 10 Minuten

BOHNEN-MANDEL-GEMÜSE

12 Portionen

Schöne, dünne *haricots verts* sind teuer, schwierig zu finden und zu extravagant für Kinderpartys. Sie können genausogut auch einfache grüne Schnittbohnen nehmen.

Zutaten

1 kg grüne Bohnen oder je 500 g grüne Bohnen und gelbe Wachsbohnen
1 L Wasser
1/2 TL Salz
2 Hühnerbrühwürfel
3 bis 4 EL Butter oder Margarine, nach Geschmack
180 g Mandelsplitter
1 TL getrocknetes Basilikum
Salz und Pfeffer, nach Geschmack

Anleitung

Die Bohnen putzen und waschen. Mit einem Messer schräg einschneiden. Das Wasser in einem großen Topf mit Salz und den Brühwürfeln zum Kochen bringen. Die Bohnen hineinschütten und unbedeckt sechs bis sieben Minuten kochen lassen. Aus dem Wasser nehmen und in einem Sieb abtropfen lassen. Währenddessen die Butter in einem großen Topf schmelzen lassen und die Mandeln darin schmoren, bis sie goldbraun sind. Die Bohnen dazugeben und sie mit den gebutterten Mandeln vermischen. Mit Basilikum, Salz und Pfeffer würzen.

Anmerkung: Das Gemüse kann sehr gut in der Mikrowelle aufgewärmt und deshalb zwei Tage im voraus zubereitet werden.

Vorbereitungszeit: 30 Minuten

KERZENBRÖTCHEN

12 Portionen

Was für eine witzige Art, Brötchen zu servieren: als Kerzenhalter für Knabberstangen-Kerzen mit einer Butter-Flamme!

Zutaten

12 Knabber- oder Laugenstangen
250 g weiche Butter oder Margarine
12 frische Brötchen

Anleitung

Legen Sie die Knabberstangen in einem Abstand von 3 cm nebeneinander auf ein Tablett, das mit Frischhaltefolie ausgelegt ist. Eine Spritztüte mit einem Sternenaufsatz (siehe Einleitung) mit Butter füllen. Ungefähr 2 cm vom Ende jeder Knabberstange eine Butterflamme spritzen. Benutzen Sie keine geschlagene oder weiche Butter; sie ist zu weich und hält sich nicht. Legen Sie die Knabberstangen mindestens eine Stunde in den Kühlschrank, damit die Butter fest wird. Kurz vor dem Servieren ein Loch in jedes Brötchen drücken. Picken Sie die Brotkrumen vorsichtig von der Folie, damit die Flammen nicht abfallen. Jede Knabberstange in das Loch stecken und einmal durch das Brötchen drücken, bis sie gut steht. Sofort servieren.

Vorbereitungszeit: 15 Minuten
Kühlzeit: 1 Stunde

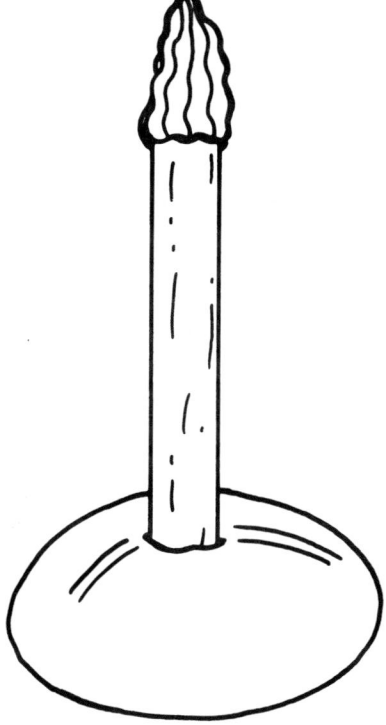

KERZENBRÖTCHEN

SCHOKOLADENEIS-CHÂTEAU

12 Portionen

Ein Eiscreme-Schloß – oder Château, wie ein Schloß auf französisch heißt – gehört zu jedem großen Kindertraum. Jetzt wird dieser Traum Wirklichkeit!

Zutaten

3 l Schokoladen- oder Chocolate-Chip-Eiscreme, möglichst in rechteckigen Kartons (oder Eiscreme mit dem Lieblingsgeschmack Ihres Kindes – Himbeer sieht wunderschön aus), sehr fest gefroren
1 Tafel Milchschokolade, in 12 Stücke gebrochen
2 Tafeln Toblerone
3 Eiswaffeln mit flachem Boden, mit Schokolade überzogen (Rezept folgt)
grüne oder blaue Kokosraspeln (Anleitung folgt)

Anleitung

Da Sie etwas Platz um das Schloß herum benötigen, nehmen Sie eine Platte (oder ein mit Folie belegtes Brett), das mindestens 25 x 30 cm groß ist. Wenn diese Platte nicht in Ihren Tiefkühlschrank paßt, können Sie das Château immer noch in letzter Minute auf die Servierplatte transportieren. Wenn Ihr Tiefkühlschrank nicht hoch genug ist, können Sie die Waffeln kurz vor dem Servieren aufsetzen.

Beginnen Sie, indem Sie alle nötigen Zutaten bereitlegen, denn Sie müssen *schnell* arbeiten. Die Schokolade sollte Zimmertemperatur haben, damit sie leicht zu brechen ist. Brechen Sie Fenster und Türen heraus. Die Toblerone als Zinnen bereitlegen, evtl. um ein Stück verkürzen (Fig. 1).

Stürzen oder wickeln Sie zwei der drei Eisdesserts aus der Verpackung und legen sie sie übereinander in die Mitte einer kalten Unterlage, so daß Sie eine rechteckige Form erhalten. Drücken Sie die Türen und Fenster auf die Vorder- und Rückseite in das Eis. Legen Sie die Toblerone als Zinnen oben auf den Eisblock (Fig. 2). Das dritte Eisdessert benutzen Sie, um daraus Türme zu machen, wobei Sie alle Reste auf der Party servieren können. Plazieren Sie drei Eiskugeln nebeneinander auf dem Block, genau zwischen den Zinnen. Eine weitere Eiskugel auf die mittlere Kugel drücken. Die mit Schokolade überzogenen Waffeln auf jeden Turm setzen (Fig. 3). Das ganze Schloß sofort wieder in den Tiefkühlschrank stellen. Wenn Sie genug Platz und Eiscreme haben, können Sie je eine weitere Kugel auf jeden Turm setzen (Fig. 4). Vor dem Servieren das Schloß mit Gras aus grünen Kokosraspeln oder mit einem Burggraben aus blauen Kokosraspeln umgeben.

Anmerkung: Das Château kann drei Tage im voraus vorbereitet werden. Es muß mindestens acht Stunden vor dem Servieren im Gefrierschrank stehen.

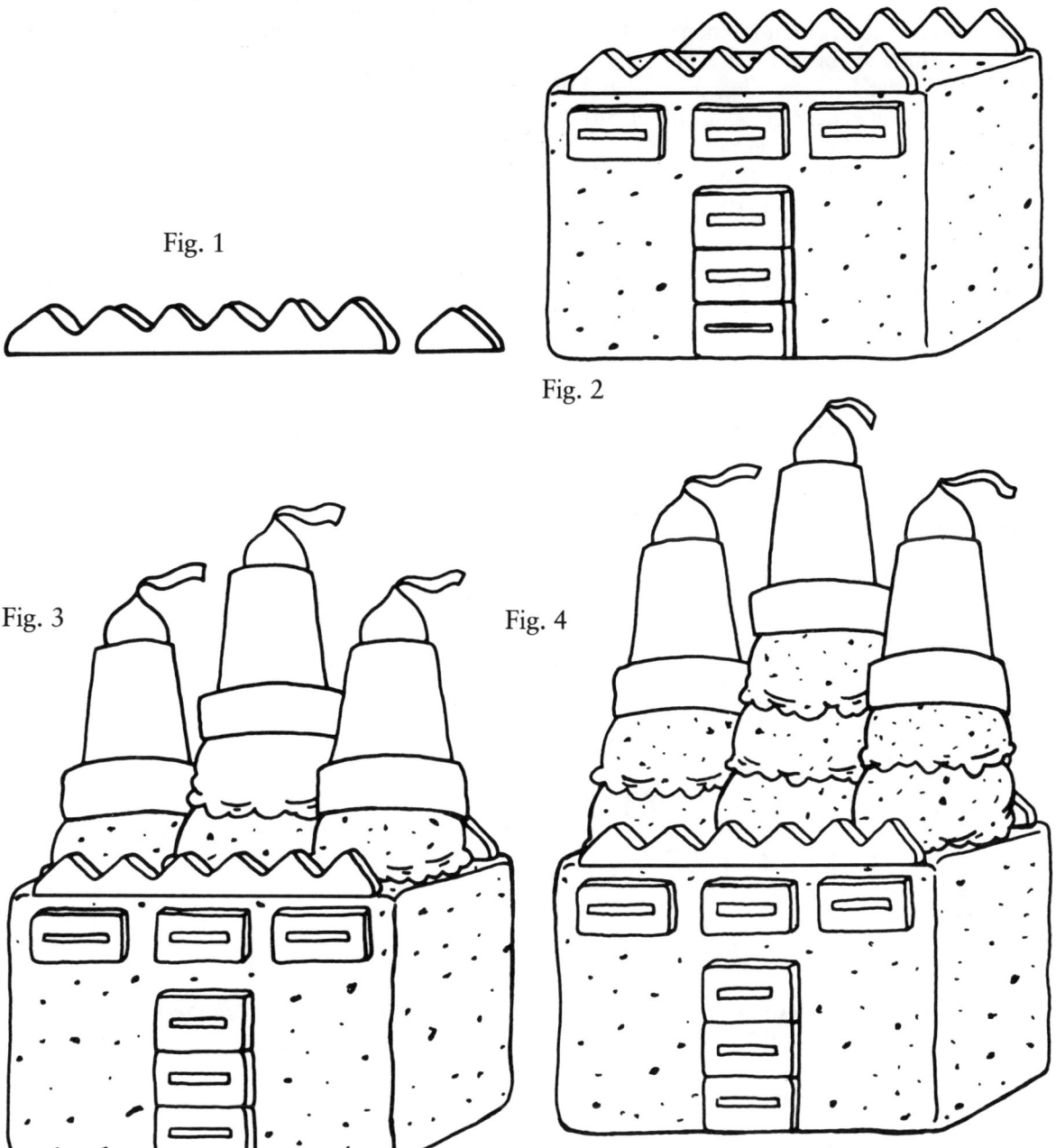

Fig. 1

Fig. 2

Fig. 3

Fig. 4

Waffeln mit Schokoladenüberzug

Zutaten

50 g Milchschokolade
2 TL Margarine
3 Eiswaffeln mit flachem Boden
3 mit Goldfolie verpackte Süßigkeiten (Pralinen)

Anleitung

Die Schokolade in einen kleinen Topf brechen und die Margarine hinzugeben. Bei schwacher Hitze schmelzen, bis sie weich ist. (Dies geht auch sehr gut auf einem heißen Teller oder zwei Minuten in der Mikrowelle.) Jede Waffel über einen Teller halten und mit der Schokolade bestreichen. Überflüssige Schokolade auf den Teller tropfen lassen, bis die Waffel vollständig überzogen ist. Jede Waffel auf eine Folie stülpen. Eine Praline vorsichtig auf die Spitze drücken und den Papierschwanz so herausdrehen, daß er wie eine Fahne flattert. Die Waffeln kühl stellen, damit die Schokolade fest wird.

Grüne oder blaue Kokosraspeln

Zutaten

500 bis 750 g Kokosraspeln
1 EL Wasser
grünes oder blaues Speisefarbengel

Anleitung

Einen oder zwei Tropfen Speisefarbengel in einem EL Wasser auflösen. Die Kokosraspeln in ein großes Glas geben und die Speisefarbe hinzugießen. Das Glas heftig schütteln, bis die Kokosraspeln gleichmäßig gefärbt sind.

Vorbereitungszeit: 35 Minuten
Gefrierzeit: 8 Stunden oder länger

MADAME POTTINES UND TASSILOS
ENGLISCHER TEEKUCHEN

12 Portionen

Für ein besonderes Geschmacksvergnügen wird in diesem Kuchenteig Orange-Pekoe-Tee verwendet!

Zutaten

1 Backmischung Zitronenkuchen
300 ml starker Orange-Pekoe-Tee, abgekühlt
1 EL Orangenschale, gehackt
80 ml Öl
3 Eier
Orangenbutter-Glasur (Rezept folgt)
5 große, rote Fruchtgummis
4 Gummischlangen, rot oder gelb
1 großer Marshmallow
2 kleine Marshmallows
Speisefarbe (blau, lila und schwarz)

Anleitung

Geben Sie die Backmischung, Tee, Orangenschale, Öl und Eier in eine große Rührschüssel. Mit einem Handmixer bei kleiner Stufe verrühren. Dann zwei Minuten bei höchster Geschwindigkeit schlagen. Den Teig in zwei 20 cm große runde Backformen geben, die mit Backpapier ausgelegt wurden. Im vorgeheizten Ofen bei 165°C/Gas Stufe 2 25 bis 30 Minuten backen, bis ein Zahnstocher, der in die Mitte des Kuchens gestochen wird, sauber herauskommt. Die Kuchen vollständig abkühlen lassen und aus den Formen stürzen. Das Papier abziehen.

Einen Kuchen wie in Fig. 1 gezeigt ausschneiden. Eine 35 x 40 cm große Platte mit Folie auslegen. Die Teile wie in Fig. 2 gezeigt auf die Platte legen. Die Glasur vorbereiten und die Oberfläche und Seiten der Kuchen bestreichen. Die restliche Glasur in drei Teile teilen. Einen Teil blau, einen lila und den dritten schwarz färben. Kleine Spritztüten (siehe Einleitung) mit den Glasuren füllen. Ein blaues Band unter dem Hut (Deckel) von Madame Pottine und an ihren und Tassilos Fuß spritzen. Den großen Marshmallow in ein Oval ziehen und als Auge in den Teekannen-Kuchen drücken. Kleine Marshmallows als Augen für Tassilo in den Tassen-Kuchen drücken. Blaue Iris auf die Marshmallows spritzen. Den oberen Teil von Madame Pottines Hut mit lila Glasur beziehen. Eine lila Schlangenlinie an den blauen unteren Rändern der Teekanne und Tasse ziehen (Fig. 3).

Drei Fruchtgummis halbieren und sie auf dem blauen Hutband als Rüsche plazieren. Einen ganzen Fruchtgummi oben auf den Hut setzen. Vier Stücke Gummischlange als Goldrand über die Rüschen sowie über und unter die Füße der beiden Kuchen legen. Eine halbe Gummischlange aufrollen und als Henkel für Tassilo verwenden. Zwei Gummischlangen zusammendrehen und als Tassilo für Madame Pottine verwenden. Den letzten Fruchtgummi halbieren und als Lippen für Madame Pottine und Tassilo auf die Kuchen drücken. Zum Schluß die Augen mit schwarzer Glasur umranden und Pupillen, Augenbrauen und Wimpern malen. Den Mund umranden und (mit Strichen) Wangen und Kinn andeuten (Fig. 4).

Orangenbutter-Glasur

Zutaten

250 g weiche Butter oder Margarine
2 EL Vanilleextrakt
1 kg Puderzucker
4 bis 6 EL Orangensaft

Anleitung

Butter und Vanille schaumig rühren. Den Puderzucker und soviel Orangensaft hinzugeben, bis die Masse eine weiche und streichfähige Konsistenz hat.

Anmerkung: Der Kuchen und die Glasur können bis zu drei Wochen im voraus vorbereitet und eingefroren werden. Eine Stunde unbedeckt frieren lassen, dann mit Frischhaltefolie bedecken.

Vollständige Vorbereitungszeit: 1 1/2 Stunden
Backzeit: 25 bis 30 Minuten

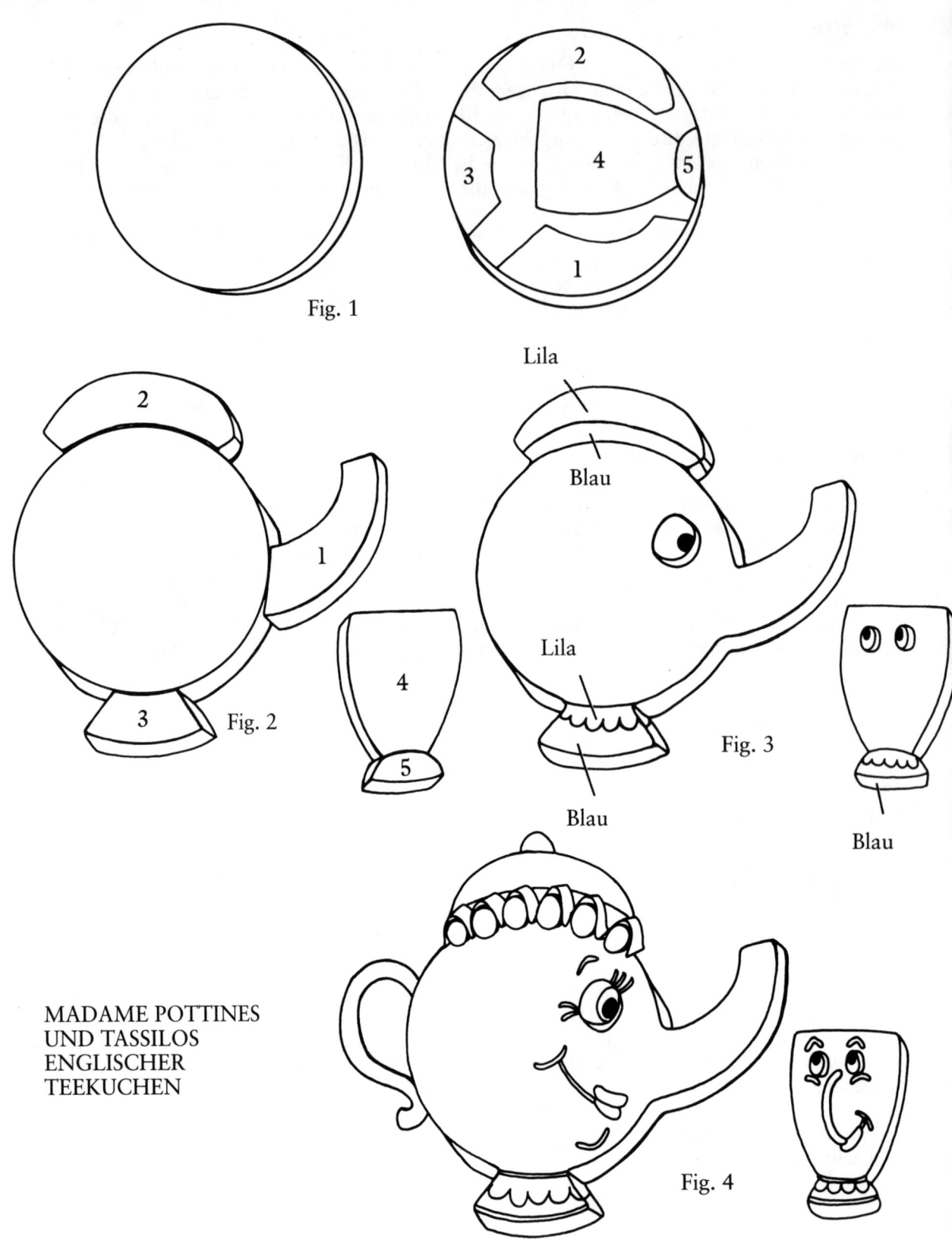

Fig. 1

2

3 4 5

1

Lila

Blau

Fig. 2

2

1

3

4

5

Lila

Blau

Fig. 3

Blau

MADAME POTTINES
UND TASSILOS
ENGLISCHER
TEEKUCHEN

Fig. 4

TASSILOS KIRSCHTEE

12 Portionen

Die meisten Kinder mögen lieber kalten Früchtetee als heißen Tee, aber Sie können ihn trotzdem in einer richtigen Teekanne servieren.

Zutaten

4 l frisch aufgekochten Orange-Pekoe-Tee
250 ml Kirschsaft (aus dem Glas)
125 ml Sirup
2 EL Zitronensaft
48 Maraschinokirschen, abgetropft

Anleitung

Den Tee, Kirschsaft, Sirup und Zitronensaft in einer großen Schüssel verrühren (in zwei Portionen teilen, wenn nötig). Je eine Kirsche in jedes Eiswürfelfach von vier Eiswürfelbehältern legen. Den Tee in die Fächer geben und fünf Stunden oder länger frieren lassen. Währenddessen den restlichen Tee kühl stellen. Zum Servieren die Eiswürfel in Tassen verteilen und den kalten Tee darübergießen.

Anmerkung: Dies kann eine Woche im voraus vorbereitet werden.

Vorbereitungszeit: 30 Minuten
Gefrier- und Kühlzeit: 5 Stunden oder länger

DORNRÖSCHEN-PARTY

von 8 bis 12 Jahre

Die böse Fee Malefiz legt einen Zauber über die neugeborene Prinzessin Aurora, wie sie im Film heißt: an ihrem sechzehnten Geburtstag soll sie sich an einer Spindel in den Finger stechen und in einen totenähnlichen Schlaf sinken. Drei gute Feen namens Flora, Fauna und Fiona führen Aurora heimlich aus dem Schloß und verstecken sie in einer Hütte im Wald. Sie geben ihr sogar einen neuen Namen: Dornröschen. Aber an Dornröschens sechzehntem Geburtstag geht der Zauber der bösen Fee in Erfüllung, und die Prinzessin fällt in tiefen Schlaf. Durch Prinz Phillip wird Malefiz, die sich selbst in einen schrecklichen Drachen verwandelt hat, getötet und der Zauber gebrochen. Aurora wird von einem Kuß des mutigen Prinzen geweckt.

Einladung: Schloßkarte
Dekorationen: Motiv Mittelalter: Wandteppiche und Fahnen aus braunem Packpapier; Papp-Schilde; Schwerter aus Folie; Alufolie-Thron
Zum Kennenlernen: Erdnußbutter-Popcorn-Palast
Märchenzubehör: Zauberstäbe
Spiele: Schauergeschichten-Wettbewerb; Garn spinnen; schlafende Hoheiten
Menü: Dornröschen-Sandwiches; Übernachtungsparty-Salatbar (mit Drachen-Dressing); Eis-Feen; Holzfäller-Kuchen; verzauberte heiße Schokolade
Frühstück: Auroras Orangen-Toast; Kronen aus Melone; rosa Prinzessinnen-Ananassaft

DORNRÖSCHEN-PARTY mit Dornröschen-Sandwiches (S. 156)

Burgkarte

Eine Dornröschen-Übernachtungs-Party »schreit« geradezu nach einer Burgeinladung. Die Nachricht wird hinter die Zugbrücke geschrieben.

Material

12 Bögen hellblaue Pappe
12 Bögen beige oder graue Pappe
Pauspapier
Bleistift
weiße Kreide
Schere
1 Bogen dünne Pappe
schwarzer Filzstift (dünn)
brauner Filzstift (dick)
Kleber
Klammerhefter
12 DIN-A4-Umschläge

Anleitung

Malen Sie mit der weißen Kreide auf jeden Bogen blaue Pappe einige Wolken auf den oberen Teil (Fig. 1). (Diese Einladungen werden querseitig verfertigt.) Mit Pauspapier und Bleistift das Burgmotiv auf Seite 150 abpausen. Die Form ausschneiden und auf die dünne Pappe kleben. Eine Burgschablone aus der Pappe schneiden und mit ihrer Hilfe zwölf Burgen aus den beigen Pappen schneiden. Einen Teil für die Zugbrücke herausschneiden (welche wieder auf die Einladung geklebt wird) und Mauern auf die Burgen malen (Fig. 2).

Malen Sie mit dem braunen Filzstift breite Balken auf die Zugbrücke (Fig. 3). Kleben Sie die Burg auf die blaue Pappe und schreiben Sie folgende Nachricht auf die Zugbrücken-öffnung:

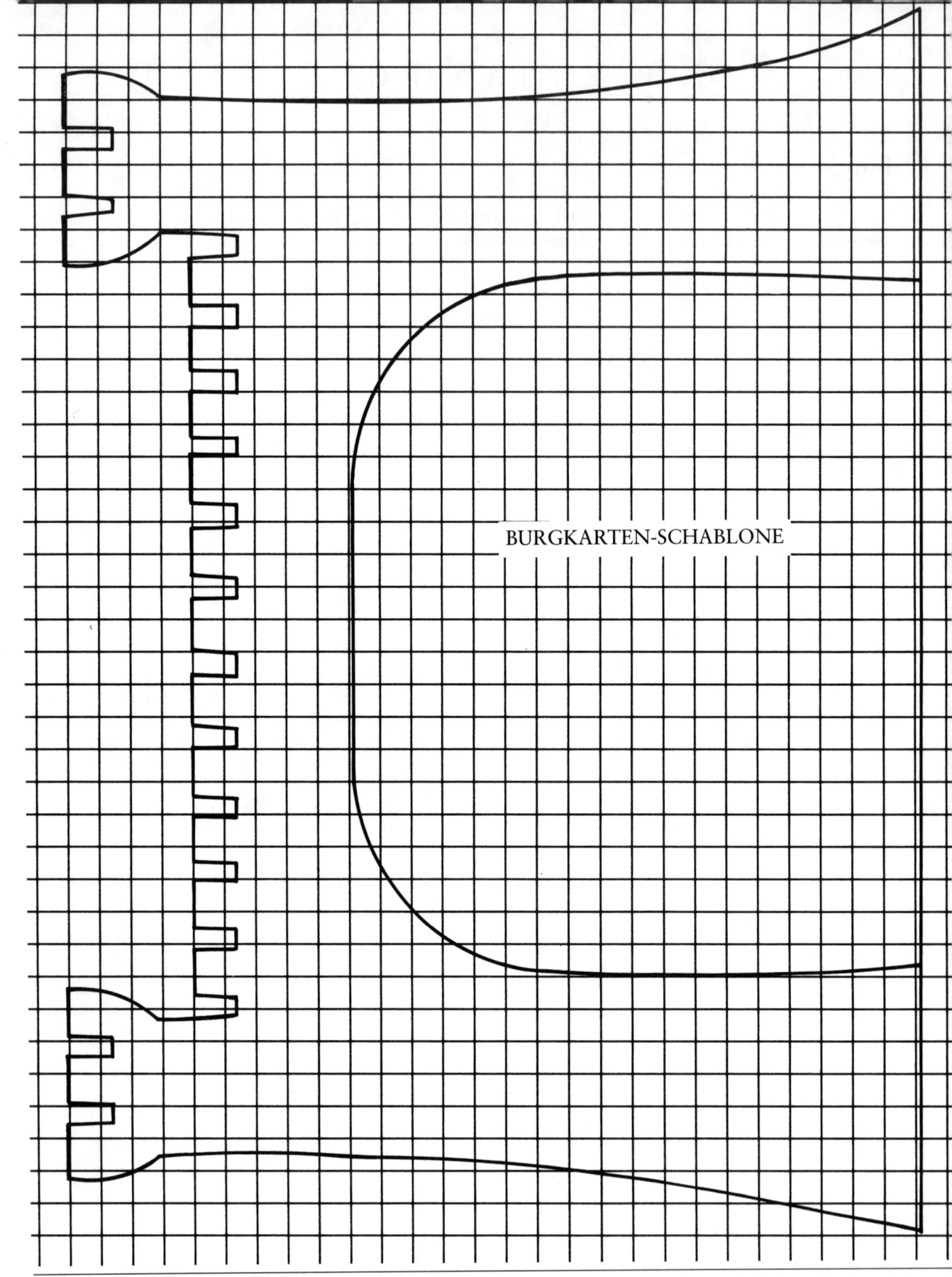

BURGKARTEN-SCHABLONE

Komm zu (Name Ihres Kindes) Burg
zu einer
Dornröschens-Geburtstags-Übernachtungs-Party
in (Ihre Adresse) am (Datum und Zeit)
U.A.w.g.: (Ihre Telefonnummer)

BURGKARTEN-EINLADUNG

Fig. 1

Fig. 2

Fig. 3

Fig. 4

Heften Sie die Zugbrücke über die Nachricht am unteren Rand der Burg zweimal zusammen (Fig. 4). Die Zugbrücke muß also heruntergezogen werden. Verschicken Sie die Einladungen in großen Umschlägen.

Vorbereitungszeit: 1 Stunde

DEKORATIONEN

Für eine Dornröschen-Übernachtungs-Party müssen Sie sich ins Mittelalter versetzen. Suchen Sie nach Dekorationen, die dieses Flair in ihrem Haus verstärken. Beginnen Sie damit, Wandteppiche auf braunes Packpapier zu malen. Diese können Szenen aus dem Märchen darstellen (machen Sie sich keine Gedanken, wenn Sie kein großer Künstler sind). Hängen Sie die Wandteppiche zusammen mit bunten Schilden aus Pappe und Schwertern aus Alufolie an die Wand. Ein Stuhl, der mit glänzender Folie bezogen wurde, stellt einen schönen Thron dar. Mittelalterliche Fahnen, die auch aus braunem Packpapier gemacht werden, sehen sehr dramatisch aus, wenn sie über dem Tisch von der Decke hängen. Pappteller und Becher können mit Wappen bemalt werden (Bilder mit Burgen, Kronen oder Löwen). Schließlich benötigen Sie in der Mitte des Tisches Platz für den Erdnußbutter-Popcorn-Palast.

ZUM KENNENLERNEN

Erdnußbutter-Popcorn-Palast

Popcorn und Übernachtungsparties gehören irgendwie zusammen. Die Gäste versammeln sich in der Küche, um klebrige Massen von Popcorn zu einem Gebäude zusammenzukleistern, das man essen kann!

Wenn die Mädchen ankommen, teilen Sie sie in Gruppen auf, so daß Sie drei Gruppen mit je vier Mädchen erhalten. Jede Gruppe erhält ein Rezept. Zum Schluß arbeiten alle zusammen daran, das Fundament und die Türme des Palastes zu bauen.

Zutaten

3 Portionen à 250 g weiche Erdnußbutter
3 Portionen à 350 g Karamel, gehackt
900 g Popcorn
mit Schokolade bezogene Eiswaffeln mit flachem Boden (siehe Seite 143, Rezept verdreifachen)
Pralinen
200 bis 300 g Milchschokolade

Anleitung

Für jeden Teig 250 g Erdnußbutter mit 350 g Karamel im Wasserbad (oder in der Mikrowelle) verschmelzen lassen. Die Masse cremig rühren und dann über eine mit 300 g Popcorn gefüllte Schüssel geben. Lassen Sie die Mädchen das Popcorn mit der Creme verrühren, bis das Popcorn gleichmäßig überzogen ist. Bedecken Sie eine 50 x 50 cm große Pappe mit Alufolie. Beginnen Sie den Bau des Palastes, indem die erste Portion Popcornteig als Grundmauer, die zweite und dritte Portion als Wände und Türme verwendet wird. Setzen Sie die mit Schokolade überzogenen Waffeln auf die Türme und schmücken Sie die Wände mit Pralinen als Zinnen. Schokoladenstücke werden als Türen, Fenster und Zugbrücke verwendet.

Denken Sie daran: Bei dieser Beschäftigung ist alles erlaubt. Hier zählt Kreativität. Wenn der Palast erst einmal steht, kann es einige Stunden dauern, bis die Karamelmasse fest wird. Benutzen Sie ihn als Mittelpunkt für das Abendessen und später als Snack!

MÄRCHENZUBEHÖR

Zauberstäbe

Als die drei guten Feen Fauna, Flora und Fiona mit ihren Zauberstäben durch die Luft fuhren, flogen Funken umher und sorgten für einigen Aufruhr. Ein Zauberstab ist ein wunderbares Andenken an eine Übernachtungsparty – man kann damit schlafende Freundinnen verzaubern oder sie mit ein paar leichten Klopfern auf den Kopf wieder aufwecken! (Allerdings wird es mit diesen Zauberstäben schwierig sein, auch nur eine Fliege zu verärgern.)

Material

1 Bogen buntes Papier
1 Bogen rotes Papier
1 Bogen grünes Papier
1 Bogen blaues Papier
1 Bogen Goldpapier
12 leere Haushaltspapier-Rollen
Schere
Klebeband
Geschenkband zum Kräuseln (in jeder Metall-Farbe, die zu einer der Papierfarben paßt)

Anleitung

Legen Sie die Papierbögen außer dem Goldpapier übereinander und falten Sie sie einmal längs, wie in Fig. 1 gezeigt. Schneiden Sie 2 cm breite Streifen ab (Fig. 1). Streichen Sie die Streifen gerade und verteilen Sie die Farben auf zwölf bunte Büschel. Nehmen Sie die Büschel an einem Ende zusammen und kleben Sie sie in die Innenseite einer leeren Haushaltspapier-Rolle (Fig. 2).

Schneiden Sie zwölf 15 x 50 cm lange Streifen aus dem Goldpapier und wickeln Sie es fest um die Papprollen. An der Naht zusammenkleben (Fig. 3). Verknoten Sie die Enden mit dem Kräuselband (Fig. 4).

Vorbereitungszeit: 1 Stunde

Fig. 1

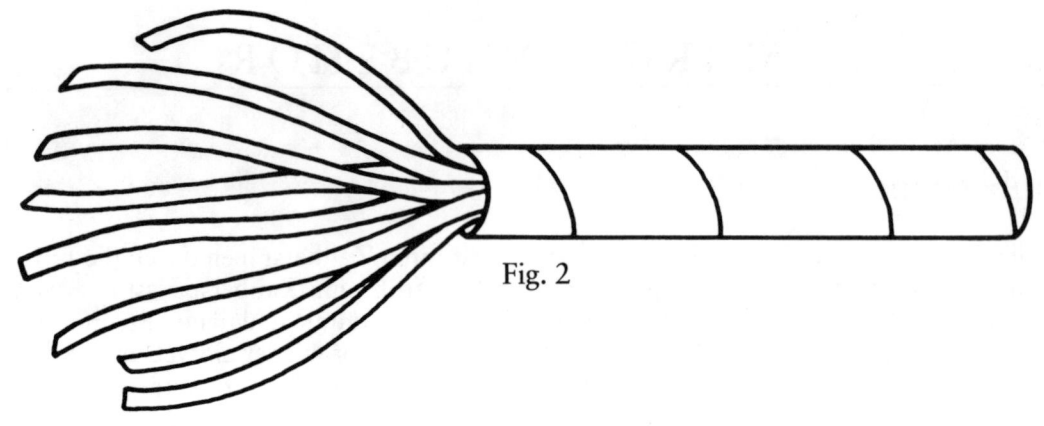

Fig. 2

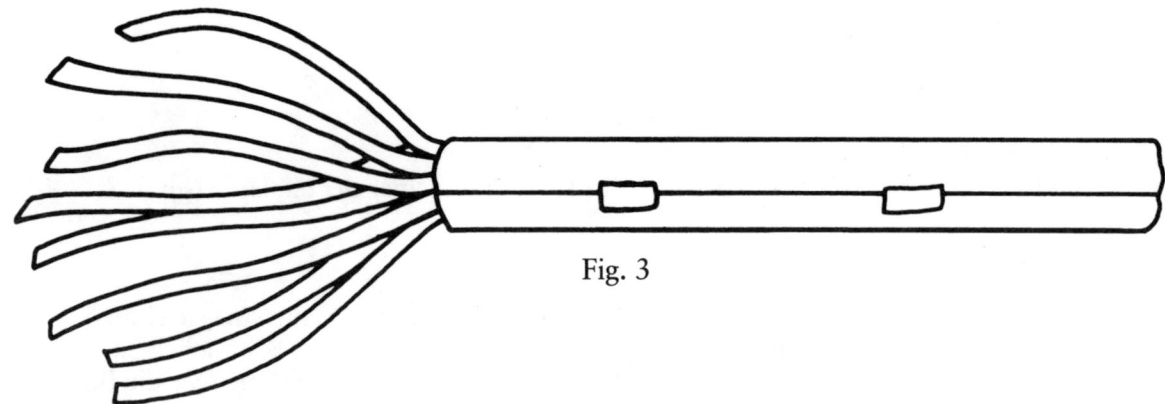

Fig. 3

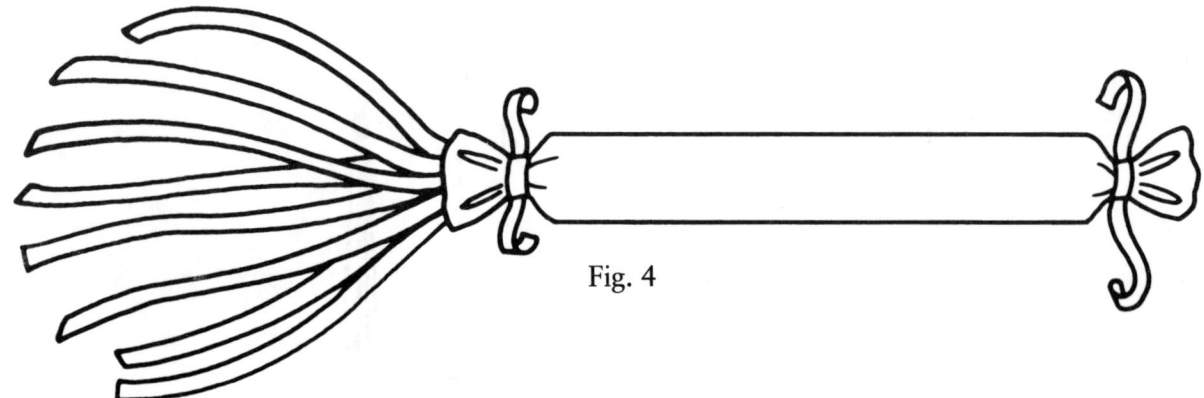

Fig. 4

Schauergeschichten-Wettbewerb

Schauer- und Spukgeschichten gibt es nicht nur zur Geisterstunde – sie gehören ebenso zu jeder Übernachtungsparty. Bei diesem Spiel wechseln sich die Mädchen dabei ab, ihre eigenen Geschichten von schrecklichen Hexen, bösen Feen, schlimmen Drachen und schaurigen Verliesen zu spinnen. Alle sitzen in einem Kreis, das Licht wird heruntergedreht, und eine Geschichte beginnt. Der Anfang heißt »Es war einmal...«, dann folgen zwei oder drei Sätze von jedem Geschichtenerzähler. Die Geschichte, die reihum geht, muß nur einer Spielregel folgen. Irgendwie muß alles mit dem Satz enden: »Und so lebten sie glücklich bis an ihr Lebensende.«

Garn spinnen

Spinnräder kommen immer wieder in Märchen vor, angefangen von *Rumpelstilzchen* bis zu *Dornröschen.*

Bei diesem Spiel stellen sich die Mädchen vor, sie seien Prinzessinnen, die um die Wette spinnen müßten. Die Spieler werden in sechs Gruppen aufgeteilt, um zu sehen, wer ein Wollknäuel am schnellsten ab- und wieder aufwickeln kann. Jedes Paar setzt sich in einem Abstand von etwa 1,50 m gegenüber. Ein Spieler wickelt ein Wollknäuel mit normaler Wolle ab, wobei der andere Spieler versucht, es gleichzeitig so schnell wie möglich um seine Hände zu wickeln, wobei die Woll-Linie von einem zu anderen Spieler stets straff sein muß. Wenn sich die Wolle verknotet oder reißt, muß sie erst wieder ent- oder verknotet werden, bevor die Spieler weitermachen können. Das Paar, das zuerst fertig ist, wird zur »Königin« gekrönt.

Schlafende Hoheiten

Als sich Prinzessin Aurora mit der Spindel in den Finger gestochen hatte und in einen tiefen Schlaf gesunken war, legten die guten Feen den Zauber über das ganze Königreich. Aurora und der ganze Königshof schliefen ein, und die Zeit stand still. Erst Prinz Phillip weckte Aurora und brachte wieder Leben in das Königreich.

Dieses Spiel ist eigentlich ein Versteckspiel mit Schlafsäcken. Ein Mädchen übernimmt die Rolle von Malefiz (die böse Fee) und geht aus dem Zimmer. Die anderen Mädchen vertauschen ihre Schlafsäcke und verstecken sich tief darin. (Für dieses Spiel nehmen wir an, daß Malefiz die Bemühungen der guten Feen zerstören und den schlafenden Königshof aufwecken will.) Wenn Malefiz wieder in das Zimmer kommt, beginnt jedes Mädchen zu schnarchen. Malefiz geht von einem Schlafsack zum anderen und versucht zu raten, wer drinsteckt. Sie hält an jedem und befiehlt beispielsweise: »Prinzessin Sandra... wach auf oder stirb!« Wenn es wirklich Sandra ist, muß sie aufwachen und aus ihrem Versteck kommen. Wenn es nicht Sandra ist, muß, wer immer es ist »sterben« (aufhören zu schnarchen). Die letzte Prinzessin, die stirbt, spielt in der nächsten Runde Malefiz, und alle vertauschen wieder die Schlafsäcke.

DORNRÖSCHEN-SANDWICHES

12 Portionen

Diese belegten Brötchen sehen so aus, als würde Dornröschen auf ihnen schlafen.

Zutaten

6 Brötchen
125 g Senf
2 Dutzend Scheiben Käse (Cheddar oder Schweizer)
250 g normale oder halbfette Mayonnaise
12 grüne Salatblätter, gewaschen und abgetupft
3 Dutzend dünne Scheiben Schinken oder Putenbrust
750 g Schmelzkäse, weiß
250 g Schmelzkäse, gelb
3 Oliven, gehackt
12 kleine Nelken

Anleitung

Die Brötchen in zwei Hälften schneiden und auf eine Arbeitsfläche legen. Die Hälften mit Senf bestreichen und mit je zwei Scheiben Käse belegen. Mayonnaise auf die Käsescheiben streichen und ein Salatblatt darauflegen. Zwölf Scheiben Schinken zu einer viereckigen Form falten (Fig. 1). Die restlichen zwei Dutzend zu Dreiecken falten (Fig 2). Legen Sie auf jede Brötchenhälfte zwei dreieckige und eine viereckigen Scheibe Schinken auf den Salat, um ein Kleid mit langem Rock und einem Oberteil zu erhalten (Fig. 3). Füllen Sie eine Spritztüte (siehe Einleitung) mit einer großen Öffnung mit weißem Schmelzkäse. Spritzen Sie Arme und einen Kopf auf jedes Brötchen. Mit dem gelben Schmelzkäse blondes Haar spritzen. Augen aus zwei kleinen Olivenstücken sowie den Mund mit einer kleinen Nelke darstellen (Fig. 4).

   Anmerkung: Die Sandwiches sollten am besten kurz vor dem Servieren vorbereitet werden. Vielleicht können die Mädchen sogar ihre eigenen Sandwiches machen.

Vorbereitungszeit: 30 Minuten

Fig. 1

Fig. 2

Fig. 3

Fig. 4

DORNRÖSCHEN-SANDWICHES

ÜBERNACHTUNGSPARTY-SALATBAR

(mit Drachen-Dressing)

12 Portionen

Würziges Taco-Dressing heizt einem Salat ein wie der Atem eines Feuerdrachen. Zusammen mit knusprigen Chips rundet es das Sandwich-Menü ab. Stellen Sie die Salatbar auf einen Teewagen, damit die Mädchen sich selbst bedienen können.

Zutaten

4 Köpfe Römischer Salat, gewaschen, abgetupft und kleingeschnitten
2 Dutzend Cocktail-Tomaten, halbiert
4 Paprika, gehackt
1 kg rote Kidney-Bohnen aus der Dose, abgetropft
750 g Cheddar-Käse, gerieben
3 Tüten Chips
Drachen-Dressing (Rezept folgt)

Anleitung

Servieren Sie die Salatzutaten in verschiedenen Schüsseln auf einem Teewagen oder einem Tisch. Legen Sie Salatbesteck und eine Kelle für das Dressing dazu.

Drachen-Dressing

Zutaten

450 g mildes Taco-Dressing (oder Steak-Sauce)
250 g normale oder halbfette Mayonnaise
500 g Sour-Cream oder crème fraiche
80 g gehackte Frühlingszwiebeln
1/2 TL Rauchsalz

Anleitung

Die Zutaten in eine Rührschüssel geben und mit dem Schneebesen verrühren. Bis zum Servieren kühl stellen.

Anmerkung: Das Dressing kann bis zu drei Tage im voraus vorbereitet werden. Salate erst am Tag der Party vorbereiten, damit sie frisch sind.

Vorbereitungzeit: 30 Minuten
Kühlzeit: 2 Stunden oder länger

EIS-FEEN

12 Portionen

Flora, Fauna und Fiona tragen hohe, typisch mittelalterliche Hüte, die Eiswaffeln ausgesprochen ähnlich sehen!

Zutaten

12 Eiswaffeln mit flachem Boden (möglichst bunt)
grünes, blaues und rosa Krepp-Papier
1 l Vanilleeis
12 ganze Mandeln
3 Tuben Zuckerschrift (braun, blau und rot)
300 g geschlagene Sahne, sehr steif (oder Sprühsahne)

Anleitung

Bereiten Sie zunächst die Hüte vor, bevor Sie das Eis aus dem Tiefkühlfach nehmen. Stechen Sie mit dem Messer ein kleines Loch in den Boden jeder Waffel, und schneiden Sie vier 30 cm breite Vierecke aus jedem Krepp-Papier. Nehmen Sie die Vierecke in der Mitte hoch und stecken Sie das Krepp-Papier in die Waffeln, damit sie einen Schleier ergeben (Fig. 1). Wenn Sie bunte Waffeln gefunden haben, nehmen Sie rosa Papier zu roten Waffeln, grünes Papier zu grünen Waffeln und blaues Papier zu den Schokoladenwaffeln.

Bedecken Sie ein Backblech mit Alufolie und plazieren Sie 12 große Eiskugeln in gleichmäßigem Abstand darauf. Drücken Sie eine Mandel mit der spitzen Seite nach oben als Nase in die Mitte jeder Kugel. Malen Sie die Augen und Augenbrauen mit brauner Zuckerschrift. Füllen Sie die Augen mit blauer Zuckerschrift und fügen Sie einen braunen Klecks als Pupille hinzu. Malen Sie rote Lippen. Füllen Sie eine Spritztüte mit einem großen Sternenaufsatz (siehe Einleitung) mit der geschlagenen Sahne und spritzen Sie Haar-Schnecken an jeden Kopf. Stülpen Sie auf jeden Kopf einen Waffelhut (Fig. 2). Bis zum Servieren ins Tiefkühlfach stellen.

Anmerkung: Diese Feen können bis zu drei Tagen im voraus vorbereitet und mit Folie bedeckt im Tiefkühlfach aufbewahrt werden. Allerdings ist dies ein Gericht, das die Mädchen vielleicht auch gern selbst zubereiten möchten.

Vorbereitungszeit: 20 Minuten
Gefrierzeit: Gleich servieren oder bis zu 3 Tage im voraus

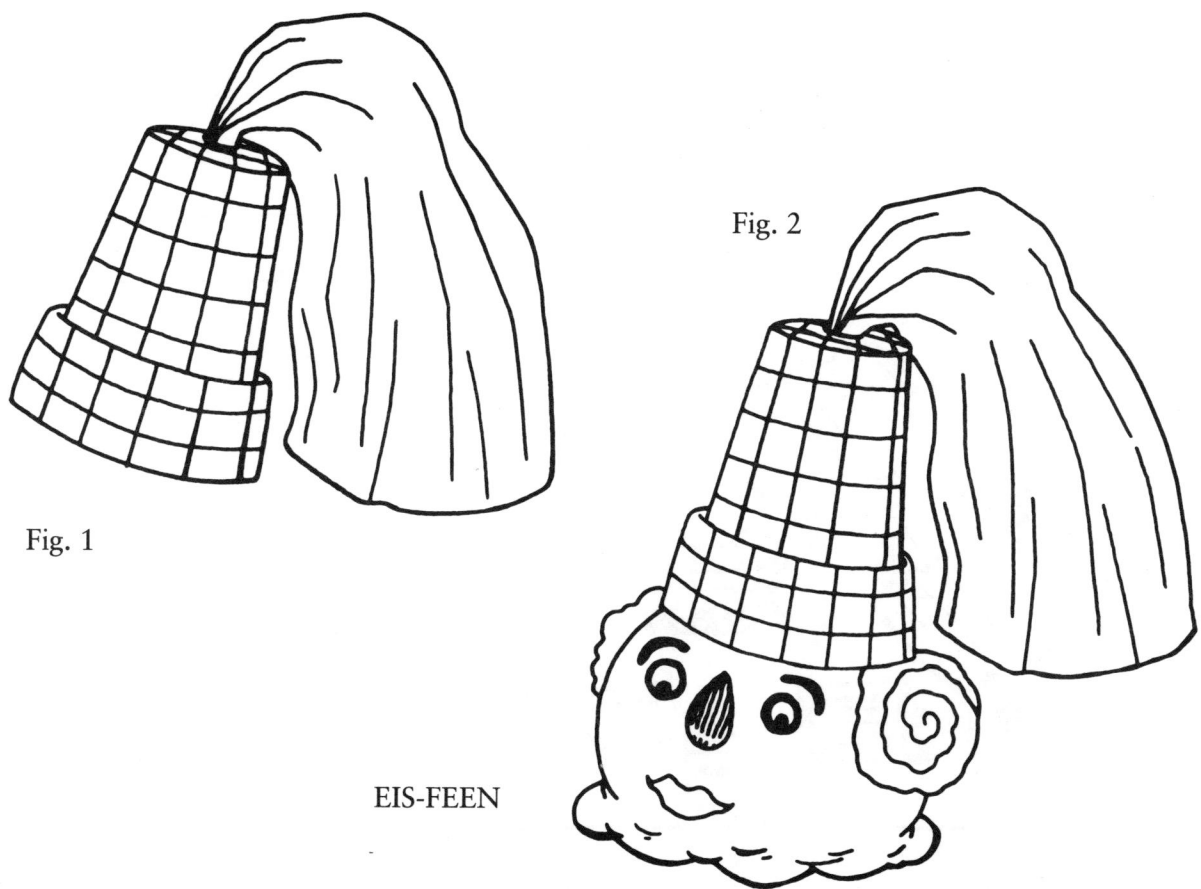

Fig. 1

Fig. 2

EIS-FEEN

HOLZFÄLLER-KUCHEN

Mindestens 12 Portionen

Als Malefiz ihren bösen Zauber auf das Baby Aurora legte, trugen die guten Feen die Prinzessin in den Wald, um sie in Sicherheit zu bringen. Hier lebte sie in einer Holzfäller-hütte.

Dieser Kuchen ist genauso gemacht wie Davy Crocketts Hüttenkuchen. Er hat dieselben Grundmauern und erhält nur einige architektonische Veränderungen (wie das Keksdach).

Bereiten Sie Davy Crocketts Hüttenkuchen vor (siehe S. 126). Teilen Sie ihn wie in Fig. 1 und kleben ihn wie in Fig. 2 gezeigt zusammen. Bereiten Sie die Glasur wie im Rezept beschrieben vor, aber reduzieren Sie den Kakao auf 60 g und die Milch auf 5 EL. Anstatt Holzbalken zu spritzen, streichen Sie die Glasur einfach über die Kuchenoberfläche.

Sie brauchen noch einige weitere Zutaten: eine Packung große Weizenkekse, 8 bis 16 Stück Borkenschokolade (je nachdem, wie viele Fenster Sie auf den Kuchen setzen), vier bis acht Zuckerwaffeln und kleine Fruchtgummis.

Legen Sie die Weizenkekse etwas geschachtelt auf das Dach, um es wie ein Reetdach aus-sehen zu lassen. Benutzen Sie die Borkenschokolade als Fensterläden neben den Fenstern. Plazieren Sie eine Zuckerwaffel unter jedes Fenster und belegen Sie sie mit den kleinen Fruchtgummis, damit sie wie Blumenkästen aussehen (Fig. 3).

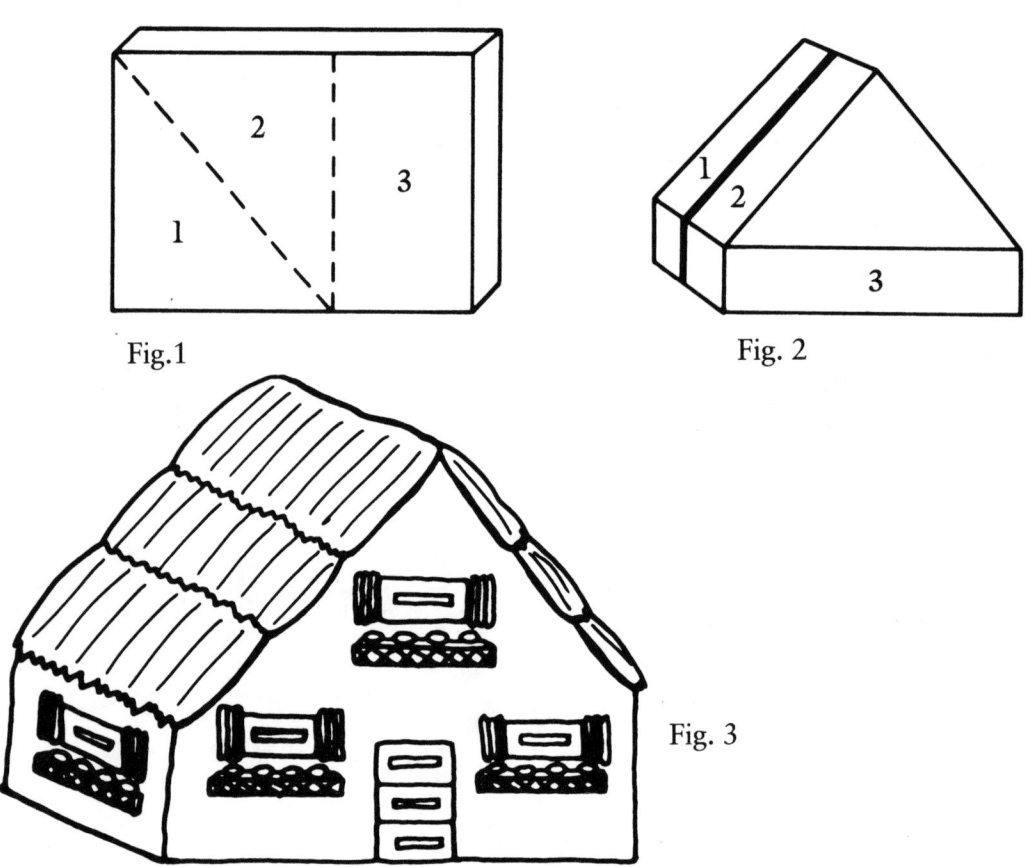

Fig.1

Fig. 2

Fig. 3

HOLZFÄLLER-KUCHEN

VERZAUBERTE HEISSE SCHOKOLADE

12 Portionen

Heißer Kakao, der mit Zimt und Apfel gewürzt wird, ergibt ein belebendes Hexen-Gebräu. Noch besser sieht es aus, wenn obenauf ein Marshmallow schwimmt.

Zutaten

180 g Kakaopulver, ungesüßt
180 g Zucker
5 TL Zimt
250 ml heißes Wasser
170 ml Apfelsaft
3 l Milch
kleine Marshmallows
12 Zimtstangen, nach Wunsch

Anleitung

Vermischen Sie den Kakao und den Zucker in einem großen Topf. Zimt, Wasser und Apfelsaft hinzurühren. Die Mischung zum Kochen bringen und eine Minute kochen lassen. Die Milch einrühren und erhitzen (nicht mehr kochen). Den Kakao in Becher füllen und Marshmallows darauflegen. Ganze Zimtstangen geben noch mehr Geschmack und können zum Umrühren oder als Strohhalm benutzt werden.

Vorbereitungszeit: 12 Minuten

Frühstück

AURORAS ORANGENTOAST

Mindestens 12 Portionen

Ein einfacher Zimttoast mit Orange ist ein schönes Frühstück für die Dornröschens, wenn sie aufgewacht sind. Bereiten Sie erst den Orangenzucker vor und stellen Sie ihn zum Bestreuen in Schüsseln auf den Tisch.

Zutaten

1 kg Zucker
2 EL Zimt
Schale von einer ungespritzten Orange, kleingehackt
2 Rosinenbrote
250 g weiche Butter oder Margarine

Anleitung

Zucker, Zimt und Orangenschale mit dem Pürierstab pürieren, bis die Orangenschale sehr fein gehackt ist. In Schüsseln verteilen. Lassen Sie die Mädchen ihr Brot selbst toasten, wie sie es mögen, mit Butter bestreichen und mit dem Zucker bestreuen.

Vorbereitungszeit: 8 Minuten

KRONEN AUS MELONE

12 Portionen

Melonen-Kronen sind eine königliche Mahlzeit, die auch aus Grapefruit hergestellt werden kann. (Schälen Sie die Grapefruit nicht, wenn Sie daraus Kronen machen.)

Zutaten

6 kleinen Honigmelonen (oder Grapefruits)
1 kg Blaubeeren, Erdbeeren oder Rosinen
3 Pakete Party-Zahnstocher (siehe Anmerkung, Seite XI)

Anleitung

Schneiden Sie die Melonen in einer Zick-Zack-Linie in zwei Hälften (Fig. 1). Schneiden Sie eine Scheibe von jeder Hälfte ab, so daß sie einer Krone ähnelt und flach auf einer Platte liegen kann (Fig. 2). Schälen Sie die Melone. Lassen Sie die Mädchen die Blaubeeren, Erdbeeren oder Rosinen auf die Zahnstocher ziehen und die Spitzen der Krone mit Juwelen schmücken (Fig. 3).

Vorbereitungszeit: 25 Minuten

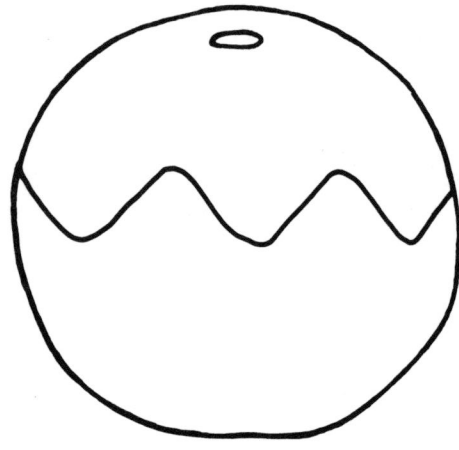

Fig. 1

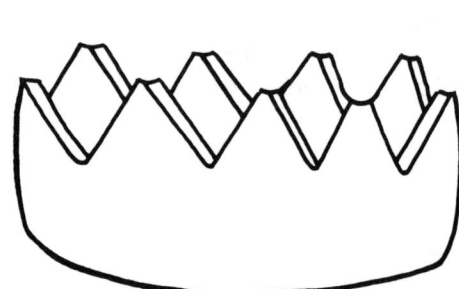

Fig. 2

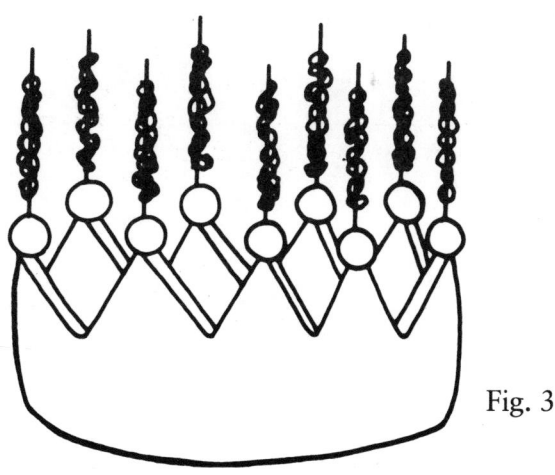

Fig. 3

KRONEN AUS MELONE

ROSA PRINZESSINNEN-ANANASSAFT

12 Portionen

Ein bißchen Grenadine bringt Pfiff in einen normalen Ananassaft.

Zutaten

1/2 l Ananassaft
125 ml Grenadin-Sirup
12 Scheiben frische Ananas, nach Wunsch

Anleitung

Vermischen Sie den Saft und den Grenadin-Sirup. Über Nacht abkühlen lassen. In Gläser oder Pappbecher füllen. Jede Ananasscheibe einmal durchschneiden und über den Rand der Gläser hängen.

Vorbereitungszeit: 5 Minuten
Kühlzeit: über Nacht